O PODER DO INSTINTO

LESLIE ZANE

O PODER DO INSTINTO

AS NOVAS REGRAS DA PERSUASÃO NOS NEGÓCIOS E NA VIDA

Tradução de Vitor Freitas

Rocco

Título original
THE POWER OF INSTINCT
The New Rules of Persuasion in Business and Life

Copyright © 2024 by Leslie Zane

Todos os direitos reservados.
Nenhuma parte desta obra pode ser reproduzida
no todo ou em parte sob qualquer forma.

A editora não tem nenhum controle ou assume qualquer responsabilidade por websites (ou conteúdos de terceiros) que não sejam de sua propriedade.

Edição brasileira publicada mediante acordo com PublicAffairs, um selo da Perseus Books, LLC, uma subsidiária da Hachette Book Group, Inc. New York, New York, USA. Todos os direitos reservados.

Direitos para a língua portuguesa reservados
com exclusividade para o Brasil à
EDITORA ROCCO LTDA.
Rua Evaristo da Veiga, 65 – 11º andar
Passeio Corporate – Torre 1
20031-040 – Rio de Janeiro – RJ
Tel.: (21) 3525-2000 – Fax: (21) 3525-2001
rocco@rocco.com.br|www.rocco.com.br

Printed in Brazil/Impresso no Brasil

Preparação de originais
JOÃO RODRIGUES

CIP-BRASIL. CATALOGAÇÃO NA PUBLICAÇÃO
SINDICATO NACIONAL DOS EDITORES DE LIVROS, RJ

Z32p

Zane, Leslie
   O poder do instinto : as novas regras da persuasão nos negócios e na vida / Leslie Zane ; tradução Vitor Lopes de Freitas. - 1. ed. - Rio de Janeiro : Rocco, 2025.

   Tradução de: The power of instinct : the new rules of persuasion in business and life
   ISBN 978-65-5532-522-5
   ISBN 978-65-5595-329-9 (recurso eletrônico)

   1. Instinto. 2. Persuasão (Psicologia). 3. Processo decisório - Aspectos psicológicos. 4. Sucesso nos negócios. I. Freitas, Vitor Lopes de. II. Título.

25-96574
CDD: 650.1019
CDU: 005.336:159.943.6

Meri Gleice Rodrigues de Souza - Bibliotecária - CRB-7/6439

Aos meus incríveis pais, Charlotte e Pierre Picot, que me ensinaram a ter um desrespeito saudável pelas autoridades, e também que eu poderia alcançar qualquer coisa a que me dedicasse.

As pessoas não compram por necessidade ou lealdade; elas compram por instinto.

SUMÁRIO

Introdução 11
   Capítulo 1: O modelo de marketing consciente está morto 27
   Capítulo 2: O centro instintivo 51
   Capítulo 3: O atalho para a escolha instintiva 76
   Capítulo 4: A maldição das associações negativas 100
   Capítulo 5: O efeito da montanha coberta de neve 131
   Capítulo 6: Por que construir camadas é melhor
      do que se concentrar em uma só 160
   Capítulo 7: A necessidade inconsciente pela fantasia 186
   Capítulo 8: Abrace o novo 215
   Capítulo 9: Deixe o funil no passado 237
   Capítulo 10: A marca imortal 261
Conclusão 288
Agradecimentos 298
Bibliografia 302

INTRODUÇÃO

Os seres humanos são irredutíveis. São obstinados. De mente fechada. Céticos. Resistentes à mudança. Na década de 1980, os gerentes de marca da equipe de cuidados infantis da Johnson & Johnson tentavam revitalizar havia anos os negócios da empresa, que se encontravam em declínio. Marcas próprias, com um logotipo de lágrima de aparência semelhante, e a Mennen Baby Magic haviam ganhado participação de mercado. Em resposta, a Johnson & Johnson tentou lançar novos produtos, promovendo-os como algo que poderia ser usado tanto em bebês como em adultos, e criou campanhas comoventes, como "Porque você nunca para de se cuidar" (nada funcionou). A participação de mercado estava em queda, e ninguém parecia encontrar uma solução. Obviamente, isso era um problema. Salvo o Tylenol como possível exceção, o xampu para bebês da Johnson era a galinha dos ovos de ouro da gigante de produtos de uso pessoal e farmacêuticos. E algo estava errado. Durante a maior parte da vida da empresa, a fórmula para anunciar produtos para bebês era como uma estampa carimbada: uma imagem repetitiva de jovens mães segurando bebês na tradicional pose de "Madona e o menino". Qualquer outra coisa era heresia. No entanto, mesmo sendo jovem na equipe de marketing de cuidados infantis, eu havia notado algo. Quando era um *pai* empurrando um carrinho de bebê pela rua, as mães viravam a cabeça para olhá-lo.

Entrei de cabeça nas tendências quantitativas e descobri que os pais começavam a se envolver mais no cuidado dos filhos. Testei pesquisas de comportamento e tive como resultado que a fixação de mães com pais carinhosos estava no topo da lista. Então coloquei saltos altos, echarpe com um laço no pescoço e um tailleur (a versão feminina dos poderosos ternos masculinos dos anos 1990), e marchei até o escritório do meu chefe.

— Sei o que precisamos fazer para consertar o negócio — falei. Ele parecia desanimado, mas eu não me deixei abalar. — Precisamos colocar nosso primeiro pai em um comercial de cuidados infantis.

Em seguida sorri em triunfo, esperando que uma lâmpada se acendesse sobre a cabeça dele, ou que fogos de artifício iluminassem o céu. Era *isso*. Uma ideia que surge uma vez na vida.

Com três palavras, todo o meu ânimo foi pelo ralo.

— Você está louca. — Antes que eu pudesse intervir, ele continuou: — São as mães que compram esses produtos, *não os pais*. Não temos nenhuma pesquisa que sugira que elas querem ver os pais cuidando dos bebês e, mesmo se tivéssemos, não há provas de que seria bom para os negócios. — E, com isso, me conduziu para fora do escritório.

Mas continuei batendo nesta tecla, defendendo-a sempre que surgia uma oportunidade. Expliquei como poderíamos ser a primeira empresa no ramo de cuidados infantis a assumir esse ponto de vista não convencional. Ainda assim, ninguém se interessou. Então veio minha avaliação de desempenho daquele ano, com um comentário que nunca esquecerei: "Leslie é aficionada por colocar pais na publicidade, o que demonstra um foco excessivo na execução de marketing, em vez de um pensamento estratégico." Enquanto estive na Bain & Company, em Harvard e, depois, na Procter & Gamble, me diziam que o pensamento estratégico era meu superpoder. Na verdade, eu me definia a partir dele. Ler essa frase na minha avaliação foi devastador. Mas isso não me parou. Trouxe a ideia para reuniões de equipe, conversas a dois, o bebedouro. Estava obcecada.

Se eles enfim cederam porque acreditaram de verdade na minha ideia ou porque se cansaram de mim, ninguém jamais saberá, mas eles por fim colocaram o primeiro pai em um comercial de xampu para bebês da Johnson. E sabe de uma coisa? Foi o comercial com a maior pontuação na história da empresa. O negócio começou a crescer mais uma vez. A gestão ficou radiante.

Eu havia encontrado meu primeiro código megapotencializado: uma passagem secreta para a mente inconsciente dos consumidores que tem poder para mudar toda a trajetória de um negócio. O pai, em vez da mãe, dando banho no bebê estimulou associações familiares (cuidado, ternura, carinho), mas o fez de uma maneira nova, distinta e surpreendentemente poderosa. Agora, a marca não apenas cuidava de seus consumidores, como também era progressista. O comercial apelava para o lado sensível dos homens, mostrando o tipo de marido participativo que toda mãe desejava, enquanto dava à esposa uma pausa muito bem-vinda. O notável contraste entre um corpo masculino forte e um bebê frágil e delicado também era cativante do ponto de vista visual e se infiltrava na mente das pessoas, construindo uma estrutura de memória. A princípio, o anúncio estava vendendo xampu infantil; mas, no inconsciente, estava relacionando todas essas associações positivas à marca, um fenômeno que tinha uma conexão direta com as vendas.

Essa experiência me levou a uma constatação gritante. Não podemos *convencer* ninguém de nada, não importa como tentemos. As escolhas das pessoas não são baseadas em um pensamento consciente. Ninguém toma decisões motivado por fatos nem por notar uma necessidade. Não se compra um produto ou serviço movido por lealdade ou emoção. No fundo, a grande maioria das decisões vem da escolha instintiva que vive no inconsciente, desde nossa marca preferida de água engarrafada até o candidato à presidência em que votamos. É como uma lâmpada se acendendo em um quarto em completo breu: arregalamos os olhos e tudo simplesmente faz sentido, sem que seja preciso refletir. Para simplificar a complexidade da tomada de decisões humanas, eu me refiro aos dois mecanismos distintos do cérebro como a mente consciente e a inconsciente. Embora exista apenas um cérebro que funciona de forma holística, é a mente inconsciente que exerce a maior influência em nossas decisões do dia a dia.

Mas, para muitos, essa é uma ideia contraintuitiva. Isso porque a crença na tomada de decisões de modo consciente tem reinado por muito tempo. Em nenhum lugar essa ideia está mais enraizada do que no mundo do marketing e da publicidade, uma indústria que, somente nos Estados Unidos, vale mais de 350 milhões de dólares. Departamentos de marketing, agências publicitárias e um sem-fim de empresas de pesquisa e consultoria foram construídos para influenciar o público, usando regras desenvolvidas em meados do século XX, antes que qualquer pessoa percebesse como nós, de fato, tomamos decisões.

Essas regras ultrapassadas do marketing penetraram nossa compreensão social de tudo que fazemos, desde como vendemos produtos e serviços a como formamos um argumento. E elas estão profundamente enraizadas. Até mesmo as crianças reconhecem es-

Introdução

sas regras como leis não verbalizadas. Quando meu filho estava concorrendo a representante de turma aos doze anos, insistiu que os cartazes dele deviam se destacar com uma mensagem única e visual. Essa regra (parte do Marketing Para Leigos) é inerente ao manual social que todos temos em nossa mente a respeito de como vender qualquer coisa. Mas, na verdade, o cérebro humano é programado para se conectar com o que é *familiar*, e não com o que é único.

O marketing tradicional, e sua influência na cultura em geral, nos levou ao erro, fazendo com que acreditássemos que a mente consciente é persuadível, que as regras clássicas do marketing são infalíveis. Mas estou aqui para dizer que não são. E a razão disso é que a mente consciente é cética, ciente de que está sendo alvo de marketing e, portanto, resistente à mudança. Além disso, a mente consciente é responsável por apenas 5% das nossas decisões, como sugerido pelo professor Gerald Zaltman, da Harvard Business School, e pelo economista comportamental Daniel Kahneman. Pense nisso por um momento: impressionantes 95% das nossas escolhas são feitos pelo inconsciente. Ainda assim, todos os aspectos dos mundos dos negócios, da política e da publicidade dependem desse modelo consciente de marketing. Essas ideias são institucionalizadas, ensinadas e postas em prática em todos os lugares, desde os departamentos de marketing da P&G aos programas de MBA em torno do mundo. Essa abordagem é como tentar vender para uma porta.

Por mais de cinquenta anos, profissionais de marketing seguiram esse modelo tradicional de persuasão: reúna mais argumentos, bombardeie as pessoas com mensagens, gaste mais do que os concorrentes e assim você dominará o mercado. Mas nós entramos em uma nova era: *a Era do Instinto*. E, assim como outras eras culturalmente transformadoras de nossa história, do Renascimento à Era

Industrial à Revolução Tecnológica, todas impulsionadas por um progresso estrondoso em uma bolha em particular, esta não é diferente. Hoje, esse progresso se assentou em nossa compreensão do cérebro humano. E os efeitos são sentidos em todas as áreas da vida contemporânea (da economia à política, da educação aos cuidados de saúde).

A verdade é difícil de engolir para muitas pessoas: a tradicional abordagem do marketing de modelo consciente está morta. Na verdade, empresas, políticos, organizações sem fins lucrativos e líderes de todos os tipos estão seguindo um método que não só está ultrapassado e, em grande parte, é ineficaz, mas que também vai *contra* o funcionamento do nosso cérebro. Não é de se surpreender que tantos esforços do marketing e da publicidade não tenham um bom retorno em relação ao investimento. Isso ajuda a explicar por que o crescimento dos cem maiores anunciantes diminuiu 4% de 2009 a 2019. Só é possível gritar com as pessoas por um tempo até elas pararem de dar ouvidos, ou começar a dar descontos atrás de descontos até estar oferecendo o produto ou o serviço de graça. É hora de abandonar o antigo modelo de persuasão e abraçar um novo, um que seja embasado no modo como o cérebro realmente funciona.

O AMADURECIMENTO DA CIÊNCIA COMPORTAMENTAL

Depois de começar a carreira no marketing da Procter & Gamble e, mais tarde, mudar para a Johnson & Johnson, logo percebi que, quando se está dentro de grandes corporações, espera-se que você siga uma ortodoxia de marketing convencional. Minhas ideias eram diferentes das de todos os outros. Eu defendia que o que as pessoas *dizem* em pesquisas não é confiável, que sugestões telegráficas são mais eficazes do que a persuasão direta, e que marcas

Introdução

bem-sucedidas têm múltiplas associações para os consumidores, em vez de um único traço definidor de identidade. Essas ideias e minhas pesquisas aos poucos foram se consolidando em um modelo, um que era completamente diferente do modelo convencional de marketing, e o qual ia bem na contramão do cerne do treinamento da P&G. Não foi muito bem-recebido.

Como a maioria dos pensadores não convencionais, em especial as pensadoras, muitas vezes eu era ignorada ao expressar essas crenças pouco ortodoxas. Mas continuei persistindo. Sentia que precisava fazer isso. Em muitas das empresas em que trabalhei no início da carreira, várias marcas do portfólio tinham um crescimento vagaroso. Ninguém parecia entender por quê. Ali estava eu, no centro das capitais de marketing do mundo, trabalhando para empresas renomadas pelo gerenciamento de marca, mas ninguém sabia como fazer os negócios crescerem com consistência. Se eles não sabiam como encontrar o rumo para um crescimento sustentável, então quem sabia?

Um atrás do outro, vi gerentes de marca tentarem desvendar os mistérios da conversão de clientes e do crescimento empresarial com resultados incertos. Eles se amparavam demais em incentivos promocionais, como cupons, compre-um-leve-dois e programas de recompensa para os clientes. E também aceitavam de olhos fechados o que os clientes relatavam nas pesquisas, mesmo que, muitas vezes, isso não fosse refletido nos resultados do mercado. Vi a mesma coisa acontecer em campanhas políticas: as pesquisas apontavam para uma direção, mas os votos seguiam por outro caminho. Ninguém estava nem um pouco mais perto de descobrir a essência do que, de fato, faz alguém escolher uma marca, votar em um candidato ou apoiar uma causa específica.

Então fui até os consumidores. Ouvi-os com muita atenção enquanto confidenciavam os motivos pelos quais eram leais às marcas que compravam, e notei que, quando observava o real comportamento deles em, por exemplo, um supermercado, essas razões pareciam ser deixadas de lado. Ali, agiam no piloto automático. Suas escolhas eram instintivas, automáticas. Sem contemplação. Sem nenhum "motivo". Eles simplesmente pegavam. Explicavam por que escolhiam a mesma marca de sabão ou de cereal todas as vezes que iam ao mercado; mas, na realidade, isso era uma racionalização que ocorria *depois* de fazerem a escolha. Nas pesquisas, o que as pessoas diziam ser o motivo para escolherem uma marca raras vezes coincidia com os verdadeiros motivadores de tal escolha. O mesmo ocorria quando faziam doações para certas instituições de caridade, ou votavam em um partido político em vez de em outro. Algo maior estava em jogo.

Em 1995, deixei o mundo corporativo para fundar a Triggers®, a primeiríssima empresa de estratégia criada com base nos princípios da ciência comportamental. A Triggers também é a primeira empresa de pesquisa e estratégia de marca fundada por uma mulher que ainda existe. Desde então, eu e meus colegas trabalhamos lado a lado com as mesmas empresas da Fortune 500 que eu havia deixado para trás, ajudando-as a mudar, com consistência, o comportamento instintivo de compra de seus clientes e consumidores. Juntos, nossa equipe de estrategistas experientes tem orientado grandes empresas, como McDonald's, Pernod Ricard, PepsiCo e Mars, a alcançar um crescimento mais rápido e sustentável. Os resultados falam por si só: quando os clientes executam nossas recomendações com precisão, eles assistem às taxas de crescimento ficarem duas ou três vezes maiores em relação ao ano anterior.

Mas isso não quer dizer que foi fácil. De muitas maneiras, estávamos cerca de vinte anos à frente do nosso tempo. Discutíamos atalhos cognitivos que funcionam no nível inconsciente muito antes da ciência comportamental começar a se infiltrar nos negócios e na cultura popular. *Previsivelmente irracional*, de Dan Ariely, não seria publicado até 2008, e *Rápido e devagar: Duas formas de pensar*, de Daniel Kahneman, só foi dar as caras em 2011. E, quando surgiram, não mudaram para valer o modo como os líderes comandavam seus respectivos negócios. A economia comportamental ainda era vista como uma prática nichada interessante, mas que não era essencial para a construção das marcas.

Ao longo da última década, contudo, o interesse em ciência comportamental estourou. Toda grande empresa de consultoria e toda agência de publicidade têm cientistas comportamentais a uma ligação de distância, isso se já não constarem na folha de pagamento. É muito mais comum ver empresas da Fortune 100 rastreando os componentes da disponibilidade mental (saliência perceptual, relevância da categoria e distinção) para medir a saúde da marca. Mas a maioria dessas abordagens ainda se concentra na teoria; não é de se admirar que 42% dos cientistas de comportamento relatam que estão enfrentando dificuldade em aplicar a prática nas organizações.

Tivemos a sorte de ter a vida real como nosso laboratório. Também tivemos o raro privilégio de trabalhar com líderes de marketing com as ideias mais visionárias, executivos frustrados pelo *status quo* na busca de uma maneira confiável de conduzir mudanças mais ousadas. Clientes de diversos setores confiavam em nós para resolver os maiores desafios de suas marcas, e a gente não tinha escolha (era preciso mudar o comportamento das marcas concorrentes e sem usuários). Não havia tempo para teoria, apenas para ação. E assim aprendemos o que realmente funcionava. Nos propusemos a descobrir o segredo de como os humanos escolhem, e descobrimos mesmo: a central de controle das decisões das pessoas. E, com essa descoberta, percebemos que todos nós temos o poder de mudar a mente de qualquer um (mesmo quando os instintos deste parecem estar bem enraizados). Ao utilizar os caminhos neurais físicos e integrados que formam no cérebro nossas associações e lembranças, e ao construir novos, é possível influenciar as escolhas que as pessoas fazem para chegar ao sucesso em qualquer área.

TODOS NÓS SOMOS MARKETEIROS

Todos os dias, sem exceção, cada um de nós tenta "vender" alguma coisa a alguém. Talvez seja um produto ou um serviço. Mas também poderia ser uma ideia no trabalho ou na sala de aula, ou onde jantar em um encontro, ou em quais propostas votar a favor ou contra nas eleições de meio de mandato. Ou talvez seja nossa personalidade, habilidades ou experiências. No fundo, todos nós somos marketeiros. Caso esteja tentando expandir seu negócio ou marca pessoal, eleger um candidato, ou até mesmo convencer as pessoas a apoiarem sua ideia ou causa social, você vai precisar abordar o processo como se estivesse construindo uma marca.

Para que sua marca seja aceita e ganhe espaço no mercado, ela deve primeiro crescer na mente dos consumidores. Esse elo crucial está começando a mudar a dinâmica nas empresas. Cerca de 85% dos CEOs não confiam em seus diretores de marketing porque acham que estes estão muito concentrados em chamadas criativas, e não no desempenho dos negócios. Realmente, muitos líderes consideram os esforços de desenvolvimento de marca como uma disciplina à parte, com pouco impacto direto no crescimento da receita e na participação de mercado. Essas noções não poderiam estar mais equivocadas. Construir uma marca grande e próspera na mente dos consumidores é a diferença entre o sucesso e o fracasso financeiro.

Desde o começo, eu e minha equipe começamos a usar atalhos cognitivos no marketing e na publicidade para ajudar a fazer com que os usuários dos concorrentes optassem pelas marcas de nossos clientes. Mostramos que as escolhas das pessoas não eram tão motivadas pela lógica do consumo como eram "movidas pelo cérebro". Ao criar disponibilidade mental para nossos clientes, e fazendo com que seus potenciais consumidores reconhecessem ou pensassem em suas marcas em específico ao considerar uma compra, garantimos que fossem sempre a prioridade. Os clientes das blue-chips ficaram impressionados com o desempenho dessa nova abordagem. Depois de gastar milhões com grandes empresas globais de consultoria (mil vezes maiores que a nossa) sem conseguir resultados, eles, enfim e sem demora, começaram a ganhar participação de mercado a uma fração do custo e do esforço.

Não estávamos enfocando a disputa por espaço nas prateleiras dos supermercados nem a vitória de mais espaço na publicidade. Nosso foco estava em vencer a batalha acirrada na cabeça dos consumidores de nossos clientes, tudo para garantir que suas marcas obtivessem a Instinctive Advantage™ [Vantagem Instintiva, em tradução literal] sobre a concorrência. A teoria da vantagem competitiva considera que tomamos decisões com base nos custos reais e na diferenciação de produtos e serviços. Bom, nós não fazemos isso. Embora o mundo real nos influencie, a única realidade que importa é aquela que existe em nossa cabeça. A vantagem competitiva foi desenvolvida em um momento em que líderes empresariais achavam que as pessoas tomavam decisões conscientes tomando a realidade como base. Mas as percepções superam a realidade o tempo todo. Obter a vantagem instintiva é a evolução da vantagem competitiva com base na ciência comportamental aplicada, o que mostra que você pode se tornar a primeira escolha em qualquer esfera caso alcance os instintos das pessoas. Ao abandonar o antigo modo de pensar e adotar as novas regras do comportamento instintivo, é possível mudar a trajetória da sua marca pessoal, do seu desempenho pessoal, da sua vida.

ACESSANDO O INACESSÍVEL

Na maioria das vezes, as organizações dão de cara com problemas porque não têm ideia do que se passa no inconsciente dos consumidores. Associações negativas se acumulam na mente das pessoas, em geral em relação a outras ofertas ou tendências (e a marca falha em evoluir e manter-se relevante). Aos poucos, a marca começa a ser tomada por essas associações negativas, sua presença diminui, assim como o crescimento da sua receita. A maioria dos líderes empresariais vê esse declínio como resultado de forças externas: a economia, o mercado de ações, uma recessão global.

Na verdade, há muitos exemplos de empresas que *conseguem* manter-se em alta em tempos difíceis impulsionando o crescimento mesmo diante da ascensão de novos concorrentes. O segredo é fazer com que sua marca cresça no inconsciente de potenciais consumidores. Mas, se você não estiver prestando atenção em como sua marca está se saindo no inconsciente deles, não saberá o que está acontecendo com a marca até que seja tarde demais. A mente inconsciente, ou instintiva, é o primeiro lugar em que isso acontece. O mercado é o último lugar em que isso aparece. De um modo significativo.

Nas páginas seguintes, apresento minha metodologia, comprovada pela ciência e testada na prática, para direcionar a área da mente que é responsável pela tomada de decisões. Como estrategista de marca e praticante da ciência comportamental que dedicou a vida toda a entender como as pessoas fazem escolhas, exponho o primeiro e único caminho sistemático para expandir a presença física de uma marca na mente das pessoas. É isso mesmo: quanto mais conexões neurais uma ideia ocupa no cérebro, mais poder ela tem. Nossa abordagem direta abriu portas para que empresas de todos os setores aproveitassem as lembranças e associações dos consumidores para aumentar as vendas, e agora você pode usá-la para acelerar o sucesso de qualquer coisa em que esteja trabalhando. Ao longo destes capítulos, eu mostro como é possível aumentar o tamanho físico e as dimensões do seu Brand Connectome® [Conectoma de Marca], que é o centro de comando para escolhas instintivas que reside dentro do inconsciente.

O que as pessoas mais desejam é validação (querem ser informadas de que estão corretas). Por isso, a única maneira de ter sucesso é aproveitando gatilhos já conhecidos na mente das pessoas, gatilhos que estão a favor da mente, e não contra. Isso não é um tipo de publicidade subliminar. E certamente não acontece por meio da criação de uma comunicação mais emocional. Isso acontece ao plantar uma semente, nutri-la e expandir suas raízes (na mente das pessoas). À medida que a árvore cresce (o Conectoma de Marca), também sua empresa, causa ou ideia crescerá, garantindo sucesso no longo prazo, e um método infalível para fazer pessoas comprarem, votarem ou fazer o que deseja que elas façam.

A saúde e o tamanho do Conectoma de Marca na mente dos consumidores têm uma correlação direta com o crescimento da empresa e a saúde de seu demonstrativo de lucros e perdas (P&L, em inglês). Quando associações positivas na mente dos consumidores atingem um ponto, eles compram a marca no "piloto automático". Isso explica por que algumas marcas pessoais alcançam um crescimento sustentável, enquanto outras, não. No cenário político, esse fenômeno explica por que eleitores votam no mesmo partido sem parar, eleição após eleição. E, para empresas, isso significa que um Conectoma de Marca saudável e em constante crescimento é absolutamente crucial para as metas financeiras. Ao adicionar associações positivas por meio de Growth Triggers® [Gatilhos de Desenvolvimento], qualquer marca, candidato ou ideia pode se tornar a escolha automática certeira. Isso quer dizer que você será escolhido 100% das vezes? Claro que não. Os consumidores costumam comprar de marcas diversas dentro de uma mesma categoria. Mas esse método garante que sua marca terá mais disponibilidade mental do que a dos concorrentes, e se tornará a primeira escolha do seu público com mais frequência.

Este livro é mais do que uma visão interna da indústria do marketing ou da mais nova psicologia pop, ele fornece a compreensão definitiva das forças escondidas que moldam o mundo e suas regras de engajamento. É uma maneira científica de usar o poder do instinto, que tem implicações profundas para qualquer pessoa que queira expandir os negócios ou movimentar as coisas com mais rapidez aproveitando-se de poucos recursos e causando um maior impacto. Mas o sucesso exige um novo conjunto de instruções. Em cada capítulo compartilho novas regras, sendo todas elas as que usei para ajudar novas marcas a decolar e para permitir que empresas já estabelecidas (mas com dificuldades) executassem reviravoltas dramáticas. Uma vez que se conhece essas regras, você verá o mundo por intermédio de uma nova ótica. Sendo uma pioneira no uso da ciência comportamental em situações práticas, vi isso funcionar repetidas vezes nos negócios, na política e até na ven-

Introdução

da de ideias. Também testemunhei empresas quebrarem quando se recusaram a se afastar dos princípios do marketing do passado.

Embora as raízes da minha experiência estejam em ajudar empresas da Fortune 500, as técnicas que forneço são válidas para melhorar a eficácia pessoal, para promover um pequeno negócio, defender uma causa ou um candidato, ou ser aceito na faculdade de escolha. Este livro descarta as regras desgastadas do marketing e da persuasão tradicionais, elaboradas há mais de cinquenta anos, quando ainda se acreditava que o cérebro consciente influenciava as decisões. Mas não é assim que funciona. Nós podemos achar que controlamos nossas decisões, mas não é bem desse jeito. É por isso que precisamos de um novo conjunto de princípios baseados na ideia de que o cérebro inconsciente é o protagonista. Ao contrário das antigas regras, esses novos princípios embasados pelo instinto caminham *lado a lado* ao cérebro das pessoas, e não na direção *contrária*, tudo para mudar o comportamento delas da forma mais rápida e eficaz. Compreender esse conceito não só ajudará a construir sua própria marca, mas também lhe permitirá reconhecer quando sua mente inconsciente estiver sendo explorada, quando estiverem tentando fazer com que tome uma decisão que pode prejudicá-lo, em vez de ajudá-lo.

Seja você um empreendedor tentando criar a próxima sensação do momento, alguém que está à procura de um emprego com um cargo mais bem remunerado, um autônomo prospectando projetos, alguém que deseja construir uma marca pessoal ou até mesmo querendo se tornar um influenciador nas redes sociais, você precisa das novas regras. Se é um CEO, um gerente de crescimento ou um diretor de marketing que busca crescimentos desafiadores, ou se é um gerente de inovação que está monitorando a participação de mercado, a disponibilidade mental ou a saúde das marcas que gerencia, este livro enfim lhe dará os meios para aumentar significativamente suas métricas. Pense nele como o primeiro manual de instruções para marketing voltado à mente inconsciente. Ao usar essas regras, é possível acelerar o ritmo de quaisquer oportunidades (levando as pessoas a comprar, votar ou contribuir no piloto automático) vezes e mais vezes. Essa abordagem facilmente replicável garante que, quando a escolha é feita, não se trata de uma escolha, mas de um instinto.

CAPÍTULO 1

O MODELO DE MARKETING CONSCIENTE ESTÁ MORTO

Regra do instinto: A persuasão tradicional é uma batalha difícil, e é por isso que você precisa tomar um caminho alternativo.

A apresentação de Ana não tinha saído como ela esperara. Ao entrar no espaçoso escritório de diretora-executiva vestida com um elegante terno branco, ela fechou a porta, soltou um suspiro e foi até a janela, buscando um momento de descanso enquanto contemplava a impressionante vista do Central Park. Tendo crescido em uma cidade industrial na Carolina do Sul, ela sempre sonhou em morar e trabalhar na cidade de Nova York. Mas, ao olhar para o verde encaixado no meio da grade de arranha-céus de Manhattan, ela se perguntava se tinha cometido um erro.

Ana havia recém-ingressado em uma das maiores empresas de cosméticos dos Estados Unidos e acreditava que tinha sido contratada para mudar as coisas. Agora líder de mercado de uma indústria de beleza avaliada em meio trilhão de dólares, não foi nada agradável ver que a empresa tinha caído publicamente da primeira para a terceira posição. Durante a entrevista de emprego com o presidente de operações estadunidenses da empresa, o futuro chefe dela detalhou como a marca estava precisando de um reposicionamento. Ele queria novas ideias, abordagens inovadoras e alguém que pudesse "dar uma catapultada no crescimento". E o presidente achava que ela poderia ser essa pessoa. Quando saiu da entrevista, Ana, que era uma estrela em ascensão na indústria, concordou.

Na apresentação daquela manhã, Ana argumentou que as supermodelos mais célebres da empresa eram muito inacessíveis. Que aquilo de que a marca precisava era mostrar os bastidores da vida das modelos, expondo os desafios delas com a beleza, para combater a ideia equivocada de que "elas acordam lindas" e deixar claro que eram os cosméticos da empresa que estavam melhorando a aparência delas. Ana se dedicou à apresentação por semanas, ajustando cada detalhezinho. Preocupada que o chefe descobrisse no que ela estava trabalhando antes que pudesse apresentar o caso, ela manteve a ideia guardada a sete chaves. Quando se levantou em frente ao presidente e a todo o restante da equipe de liderança executiva, sentiu-se confiante de que a apresentação cobria todos os pontos importantes, e que deixaria uma boa impressão. A resposta do presidente foi, na melhor das hipóteses, morna. Ele a contestou.

— Nós tentamos algo semelhante três anos atrás e não deu certo. Os consumidores não queriam ver nossas modelos sem maquiagem.

Então ela insistiu e insistiu mais uma vez, tentando discutir a questão da melhor maneira possível. Apresentou pesquisas de mercado com páginas e mais páginas que continham informações precisas, com gráficos e tabelas que sustentavam suas recomendações. Tudo foi em vão. O presidente tinha se convencido de que não funcionaria. Disse que simplesmente "não via isso acontecendo". E, quanto mais Ana tentava convencê-lo, mais inflexível o homem se tornava. O restante da equipe executiva permaneceu em silêncio.

De volta ao escritório, olhando pela janela, Ana teve uma epifania repentina. Não havia nada errado com sua ideia; havia algo errado com o modo como a havia apresentado. Ela decidiu que não abordaria a apresentação seguinte com uma abundância de fatos, números e pesquisas tentando persuadir o chefe a tomar seu partido. Em vez disso, abordaria a venda de seu plano da mesma forma que lançava uma nova marca no mercado. Esse era apenas um tipo diferente de mercado; ela precisava apenas do aval do chefe em vez do aval do consumidor. Ana criaria uma campanha de marketing em torno de sua ideia.

O primeiro destino dela na campanha, a qual chamou de "Beleza Revolucionária", foi o Departamento de Pesquisa e Desenvolvimento, onde aprendeu a respeito da tecnologia do produto que mantinha a cor aplicada nos lábios por oito horas. Nenhum concorrente havia feito essa descoberta até então, e isso era um avanço significativo que, na opinião de Ana tinha sido negligenciado.

— Essa tecnologia é um tesouro — disse ao vice-presidente do departamento, que concordou entusiasmado.

Então, ela foi ao Departamento de Vendas, cuja prioridade era gerar um fluxo de transmissão contínuo de novidades para atrair clientes para redes de farmácia, como CVS e Walgreens. Ana explicou que a "Beleza Revolucionária" prestava homenagem ao legado da marca como inovadora, enquanto reconhecia a necessidade de evolução na indústria. Com mais especificidade, a campanha proporcionaria um benefício inovador: cores de batom de longa duração que influenciadores de maquiagem poderiam compartilhar com o respectivo público, o que o levaria correndo até as ilhas de cosméticos das drogarias de todo o país. A diretora de vendas gostou do que ouviu. Em seguida, foi a vez do conselho jurídico da empresa. Em geral, a perspectiva de um advogado só seria necessária para garantir que não houvesse nenhuma violação de marcas registradas, mas o advogado em questão era um amigo pessoal e confiável do presidente da divisão estadunidense, que gostava de ter a opinião consultada. Ana compartilhou com ele o que pensava.

Quando o dia da apresentação chegou, em vez de exibir um PowerPoint típico, Ana começou com uma imagem de uma célebre e amada supermodelo, que também era porta-voz da empresa, posicionada no topo de uma imponente montanha. Vestindo uma camiseta estampada com o logo da empresa, os cabelos ao vento, a famosa supermodelo erguia um grande número 1 dourado sobre a cabeça. Mais abaixo, na encosta da montanha, excursionistas vestindo camisetas com os logos dos concorrentes lutavam para alcançá-la.

Algumas pessoas na sala riram. O presidente assentiu e disse:
— É lá que queremos estar... no topo. — E, antes que Ana passasse para o slide seguinte, o presidente mencionou que tinha ouvido coisas positivas quanto à ideia dela.

Ana sorriu antes de explicar a campanha em torno da nova tecnologia de cor de longa duração, e o modo como isso construiria a participação de mercado não apenas com o batom, mas também com o rímel, a sombra para olhos e a base, três categorias em que os concorrentes atualmente tinham vantagem. Ela encerrou tratando das expectativas de cobertura de imprensa que a empresa receberia. Enquanto manchetes positivas hipotéticas piscavam na tela, ela podia ver as pessoas na sala sorrindo, incluindo o chefe.

Alguém pode dizer que Ana teve êxito em persuadir o chefe, mas persuasão não tem nada a ver com o que aconteceu. Durante a primeira apresentação, Ana havia se sustentado em cima de informações factuais e de toda espécie possível de argumentos persuasivos, mas tudo isso só fez com que o chefe dela ficasse mais resistente às recomendações feitas por ela. Na segunda vez, foi o completo oposto. O chefe de Ana aceitou de bom grado os símbolos telegráficos e os visuais apresentados. Referências aos anos dourados da empresa deram a ele tom de familiaridade e conforto. A imagem da porta-voz da empresa escalando a montanha associava a companhia (e, claro, o chefe) a conquistas. Era como se tivessem tomado um caminho alternativo, ignorando todas as objeções do chefe ao longo do caminho. Ao surfar na onda das associações positivas que constavam em sua memória, as recomendações de Ana fluíram na mente dele sem resistência.

Uma atrás da outra, referências memoráveis na apresentação adicionaram associações positivas sobre uma base existente que havia sido construída pela "rádio corredor do escritório". Ainda assim, Ana não precisava necessariamente construir primeiro um consenso por intermédio do departamento de Pesquisa e Desenvolvimento, o de Vendas e o advogado da empresa. Aproveitar esses influenciadores era apenas uma das maneiras de influenciar o chefe. Por exemplo, se o presidente tivesse sido receptivo a isso, ela poderia ter colaborado com ele desde o início, construindo um plano juntos em uma série de reuniões. Qualquer que fosse a abordagem, o chefe precisava de exposições positivas consecutivas à ideia de Ana (o quanto antes e diversas vezes) para que a rede neural dessa ideia crescesse fisicamente na mente dele. Mas isso não se tratava apenas da frequência das mensagens. Era uma questão de conteúdo.

Por que os outros membros da equipe executiva concordaram desta vez? Porque antes da reunião, Ana havia aumentado na mente deles a rede neural de associações positivas para seu plano. Em essência, eles chegaram à apresentação mais receptivos em relação à ideia. Embora a recomendação geral de Ana fosse a mesma, o modo como ela a apresentou da segunda vez foi muitíssimo diferente. Ao apelar para a mente oculta deles, ela mudou a decisão do chefe de rejeição para aceitação e criou adesão de toda a equipe executiva.

Como Ana descobriu, seja no mercado de ideias do escritório, no mercado da política, na escola de seu filho ou na faculdade para a qual está se candidatando, todos operam da mesma maneira. Para obter sucesso, é necessário se conectar com a mente inconsciente do público. No entanto, as velhas regras do marketing nos dizem outra coisa, afetando negativamente nossas chances de sucesso em seja lá qual for o mercado em que estivermos trabalhando. E mesmo que algumas dessas regras funcionassem no passado, quando havia menos concorrência e menos ruído no mercado, elas não são mais relevantes na Era do Instinto.

Há uma infinidade de empresas que prosperaram, em algum momento, usando táticas de marketing antigas, mas cujo crescimento desacelerou, parou ou declinou, seja de forma gradual ou rápida. Na verdade, um estudo recente mostrou que, de 3.900 marcas analisadas ao longo de três anos, apenas 6% conseguiram ganhar participação de mercado, 60% dessas foram capazes de sustentar esses ganhos, e menos ainda foram as que conseguiram acelerar após o crescimento inicial. Essa tendência é observada com centenas de marcas de renome, em todas as categorias, deixando os profissionais de marketing em todo o mundo coçando a cabeça.

A FALÁCIA DA PERSUASÃO

O modelo de persuasão consciente empregado por profissionais do marketing é baseado em três coisas: mais, mais e mais. Pense nisso:

lojas de varejo e supermercados oferecem mais cupons. Políticos, mais argumentos sobre seus posicionamentos. Assistência médica e indústria farmacêutica? Mais dados por meio de testes clínicos. Advogados fornecem mais provas. E a maioria dos gerentes de marca e líderes de agências de publicidade acredita ser necessário gastar mais para causar um impacto.

Esse foco no "mais" cria um mundo em que os profissionais de marketing gritam o tempo todo na cara do público, pressionando-os a comprar e incitando-os a escolher o que estão oferecendo, em uma tentativa de convencê-lo a ceder ao desejado. Mas a verdade é que isso entra por um ouvido e sai pelo outro, ou desliga as pessoas de uma vez por todas. Ainda assim, esse modelo é empregado por profissionais do marketing e agências de publicidade em todo o mundo, enganando a maioria de nós a pensar que é a melhor maneira de convencer alguém a votar em um candidato político, a contribuir para uma causa ou instituição de caridade, ou a vender uma casa. A ideia é a de que, se apenas gritarem mais alto, gastarem mais e apresentarem mais argumentos, o consumidor sem dúvida cederá, se renderá e obedecerá. Isso é, supostamente, o modo como "persuadir" a mente consciente. Mas a mente consciente é obstinada. Ela é, na verdade, irredutível.

Esse modelo pode ser mais visível no marketing digital para as redes sociais do que em qualquer outro lugar. As empresas acreditam que, para vender produtos hoje, devem manter um diálogo 24 horas por dia, sete dias por semana, com os consumidores. Se não continuarem com a enxurrada de posts e anúncios digitais nas redes sociais, temem ficar de fora dessas "conversas contínuas" e também que os concorrentes prevaleçam. Mas, com um ecossistema digital tão vivo, é mais provável que a mensagem deles se perca do que seja ouvida. O estadunidense médio em 2022 viu entre quatro mil e dez mil anúncios por dia, o dobro do que era exposto em 2007. Nessa busca incessante por mais conteúdo, mais interações e mais curtidas, a reputação de uma marca pode até acabar prejudicada à medida que a mensagem se dilui ou desaparece no caos de milhares de anúncios.

Enquanto isso, essas empresas gastam milhões na expectativa de que, quanto mais dinheiro investirem, mais atenção vão gerar. Isso se acumula: em 2022, empresas estadunidenses gastaram um total de 56 bilhões de dólares em publicidade nas redes sociais. Por todo o mundo, as marcas gastaram mais de 173 bilhões de dólares em anúncios do tipo, um valor projetado para alcançar 385 bilhões de dólares até 2027. Mas esse modelo de "mais" é um relicário do passado, parte da falha abordagem tradicional de marketing. Direcionado à mente racional e consciente, é a técnica errada porque, na realidade, essa não é a parte do cérebro que está no controle. Ainda assim, profissionais do marketing e líderes empresariais passaram as últimas dez décadas tentando persuadir as pessoas a consumirem suas marcas, seus produtos e serviços por meio de uma variedade de técnicas provenientes de um manual desatualizado. Eles não conseguem evitar as antigas regras. Não é culpa deles, pois aprenderam com elas; subiram na hierarquia corporativa as utilizando. Elas se tornaram enraizadas em nossa compreensão coletiva de como o marketing funciona. O problema é que também foram desenvolvidas em um mundo que tinha uma compreensão bastante diferente de como o cérebro funciona.

Na Harvard Business School, fomos ensinados que a vantagem competitiva vem de ser o fornecedor de baixo custo, de ter um produto diferenciado ou de enfocar um nicho particular. Parece razoável, mas isso deixa de fora o fator mais importante de todos: as percepções. Marcas diferenciadas, até mesmo superiores, nem sempre recebem esse crédito no mercado; vez após vez, são superadas por produtos páreos aos delas, mas com superioridade *aparente*. Essa é a vantagem competitiva definitiva porque existe na mente das pessoas. Outro princípio bem estabelecido é a teoria do ciclo da vida, que propõe que marcas e produtos exibam maior crescimento quando são mais jovens e um mais vagaroso à medida que envelhecem. Mas há muitas exceções à regra. Marcas que já existem entre cinquenta e cem anos (como Coca-Cola, Target e McDonald's) ainda podem passar por um surto de crescimento.

Do mesmo modo, muitas das ferramentas de pesquisa em que os líderes de métricas confiam, desde estudos de rastreamento de saúde até o Net Promoter Score (NPS), ou seja, uma métrica de defesa do cliente baseada na probabilidade de um consumidor recomendar uma marca que já usou, são baseadas em perguntas a que as pessoas respondem com a *mente consciente*. Apesar do que dizem, os consumidores não têm ideia de por que compram as marcas que compram, o que significa que suas respostas a pesquisas, questionários e perguntas de grupos focalizados são, em grande parte, não confiáveis. Reconhecendo a limitação de tais abordagens conscientes, o campo de neuromarketing desenvolveu uma série de soluções, desde exames cerebrais, como eletroencefalogramas e exames de ressonância, até o rastreamento de emoções e codificação de expressões faciais.

Infelizmente, essas novas ferramentas também têm as próprias lacunas. Apesar de irem além do modelo de persuasão consciente, elas não nos dizem o que realmente está acontecendo "nos bastidores". Exames cerebrais, por exemplo, são ótimos para mostrar como um estímulo afeta o cérebro de uma pessoa (como certa porção se acendendo quando a pessoa sente empatia, tristeza ou senso de comunidade), mas não explicam o *porquê*. Por que olhar para uma determinada imagem nos causa alegria? A menos que olhemos para associações subjacentes, não conseguimos saber. Essas técnicas mais recentes são encorajadoras, pois começam a mover pesquisadores para uma ênfase maior na mente inconsciente. No entanto, não fornecem informações suficientes acerca da rede de lembranças e associações que influenciam as decisões de uma pessoa.

A verdade que é mudar as percepções e o comportamento das pessoas não se trata de uma questão de emoção. Trata-se de uma questão de lembranças. Não é uma questão de codificar as expressões faciais delas em resposta a estímulos. Isso é externo. Não é uma questão de atributos. É uma questão de entender as associações que vivem em nossas vias neurais. Além disso, todas as técnicas que o marketing tradicional utiliza para impulsionar os negócios (desde inundar as pessoas com postagens em redes sociais até incentivos promocionais) têm como objetivo mudar a mente consciente. Nenhuma das técnicas tradicionais cujo foco é persuadir a mente consciente, nem as novas técnicas que afirmam saber o caminho certo para o cérebro, tem se mostrado frutífera em impulsionar com consistência o crescimento e a participação de mercado.

O CAMINHO DE MAIOR RESISTÊNCIA

Fatos não têm o poder de afetar nossas decisões tanto quanto gostaríamos de pensar. No entanto, estamos felizes em acreditar em informações de qualquer tipo que confirmem a visão de mundo que temos, aquilo que podemos apontar de modo consciente quando queremos provar aos outros, e a nós mesmos, que estamos certos. Esse viés de confirmação é a base das bolhas em redes sociais que contribuíram para tamanha divisão na política e na sociedade dos Estados Unidos. Quanto mais ouvimos ou lemos um ponto de vista que afirme o nosso próprio, mais clicamos nele e mais interagimos com ele. Enquanto isso, rejeitamos ideias que não se adequam à nossa visão de mundo.

Quanto mais clicamos, mais enraizado nosso ponto de vista se torna. E, como sociedade, nos tornamos cada vez mais polarizados. Da mesma forma que Gaston usou a retórica inflamatória ("A Fera vai apavorar os seus filhos… Vai persegui-los à noite") para incitar a multidão na cidadezinha provinciana em *A Bela e a Fera*, fazendo com que os moradores acendessem tochas e caçassem a Fera, o Facebook alimenta multidões enfurecidas on-line. E é óbvio que isso apresenta um problema: se as pessoas estão tão presas a seus próprios modos que não estão dispostas a ouvir outro ponto de vista, como podemos esperar mudar a opinião, preferência ou comportamento de alguém?

Ao trabalhar *com* a mente inconsciente, é possível acessar as lembranças existentes das pessoas e influenciar suas decisões. Nesse processo, você segue pelo caminho de *menor* resistência. O professor Adam Grant, autor de *Pense de novo*, chegou a uma conclusão semelhante ao considerar dois tipos de mentalidade. Na mentalidade adversarial, uma pessoa assume o papel de pregador, político ou de promotor ao se comunicar com os outros ou argumentar a respeito de algo. Essa mentalidade leva as pessoas a expor o ponto de vista sem ouvir a outra parte envolvida. Em essência, esse é o modelo de persuasão consciente em ação, em que se *empurra* a audiência rumo a uma escolha. Grant contrasta essa mentalidade com uma que é colaborativa, na qual pessoas assumem o papel de um cientista. Nessa, elas ouvem com curiosidade e mantêm um senso de humor para tentar encontrar um significado mais profundo e um território que lhes seja comum. Não é de se surpreender que a mentalidade colaborativa seja mais eficaz em mudar as escolhas das pessoas.

Embora Grant apresente argumentos excelentes, ele não explica exatamente por que a mentalidade colaborativa funciona e como podemos usá-la para afetar decisões alheias. O que de fato está acontecendo aqui é que, em vez de trabalhar *contra* a mente *consciente*, uma mentalidade colaborativa trabalha *a favor* da mente *inconsciente*, influenciando o comportamento instintivo das pessoas ao se conectar com o que já existe na mente delas. A mentalidade colaborativa aproveita o funcionamento do nosso cérebro; já a mentalidade adversarial trabalha contra isso.

Por exemplo, em 2020, quando o amado apresentador de longa data do *Jeopardy!*, Alex Trebek, tragicamente morreu de câncer de pâncreas, a Sony Pictures testou uma série de apresentadores convidados para substituir o insubstituível. Estavam tentando encontrar a fórmula certa, mas adotaram uma mentalidade adversarial utilizando uma abordagem de persuasão consciente. Lembra-se de em que essa abordagem se baseia? Isso mesmo, em *mais*.

Um dia, testaram o astro do futebol americano Aaron Rodgers. Em outro, a memorável jornalista Katie Couric. Anderson Cooper também teve uma chance. Para os telespectadores, foi um pouco como levar um choque. Os resultados falaram por si: os pontos de audiência continuaram caindo, de 6,1 em janeiro de 2021 para 4,8 em maio. Os produtores acharam que as pontuações eram um reflexo do interesse dos telespectadores em cada novo apresentador. Mas não era esse o caso. Na verdade, à medida que os pontos de audiência diminuíam, uma deterioração gradual da marca *Jeopardy!* estava ocorrendo na mente dos telespectadores.

Você é capaz de entender por que, a princípio, os produtores do programa se voltaram para essas celebridades. Eles precisavam de um substituto; e por que não escolher alguém famoso? Talvez tenham pensado que uma pessoa famosa iria repercutir com a audiência como uma entidade conhecida e até mesmo tornar o programa mais popular. Mas no que eles não prestaram atenção foi que os novos apresentadores não tinham *nada* a ver com as lembranças acumuladas pelos fãs do *Jeopardy!* quanto ao programa. Eles não eram adequados. O *Jeopardy!* precisava introduzir *gradualmente* um novo apresentador para a audiência, criando uma evolução da marca em vez de uma ruptura com o passado. Em vez disso, cada vez que testavam um novo apresentador, na verdade criavam uma dissonância cognitiva com a imagem da marca que os telespectadores tinham. A audiência se deparava com algo novo que não se encaixava com a ideia prévia do *Jeopardy!* que tinha. Não só nenhum desses apresentadores não era o Trebek, como a maioria deles parecia estranha ao programa.

Ao fazer mudanças significativas na marca querida pelo público, em vez de construir algo em cima do que já existia, o *Jeopardy!* contrariou as expectativas da audiência. Foi como entrar no cômodo favorito da sua casa, o mais confortável, e de repente reparar que ele está cheio de móveis diferentes. Com cada apresentador novo, os pontos de audiência caíram um pouco mais, o que a direção interpretou como uma avaliação de cada novo apresentador. No entanto, nosso entendimento do instinto sugere que cada pontuação diária não era um julgamento de cada apresentador. Pelo contrário, a queda nas avaliações foi um caso que se deveu ao que chamo de "atrofia da marca": uma perda de Saliência da Marca na mente da audiência. E, quanto mais o tempo passava, mais desbotada se tornava a memória do programa de Trebek. O que a Sony precisava fazer era escolher uma pessoa com base em um critério simples: quem tinha a conexão mais forte com Trebek e o programa? Em vez de tentar empurrar novos apresentadores goela abaixo na audiência (abordagem adversarial), era preciso encontrar alguém cuja associação com o programa, e com Trebek em especial, evocasse sentimentos de familiaridade e continuidade. A equipe do programa precisava contornar o instinto dos telespectadores de rejeitar qualquer novo apresentador ("Nenhum desses é o Trebek") e influenciar a mente inconsciente deles.

Um dos apresentadores convidados se encaixava com perfeição: o conhecido ex-participante do *Jeopardy!* Ken Jennings, que ainda detém o recorde de 74 vitórias consecutivas no programa, totalizando 2,52 milhões de dólares ganhos em prêmios. Embora a Sony tenha acabado optando por um modelo de apresentação conjunta, incluindo a premiada atriz Mayim Bialik, Jennings foi aclamado por salvar o *Jeopardy!* em 2022, quando foi escolhido como o segundo coapresentador. Ele era reconhecível e tinha história com o programa. Todos os fãs de carteirinha que assistiram à sua série de vitórias em 2004 o viram ao lado de Trebek ao longo de 74 jogos consecutivos.

Trebek tinha sido o rosto da marca desde 1984. Introduzir um rosto totalmente novo era o mesmo que relançar a marca. Seria como se a Disney trocasse o Mickey Mouse pelo Snoopy, ou se a Aflac trocasse seu famoso pato branco pelo Garibaldo. Mas, ao trazer aos fãs outro rosto familiar, já existia uma associação entre o ex-apresentador, o programa e Jennings. Quando ele apareceu como apresentador, as lembranças existentes entraram em ação, e os telespectadores já tinham uma inclinação positiva e automática em relação a ele. O viés positivo é a base de qualquer preferência de marca (seja para seu programa de TV ou partido político preferidos), e é baseado em lembranças acumuladas, sejam elas positivas ou negativas. Mais uma vez, ao aproveitar um viés positivo, você segue pelo caminho de menor resistência. Isso porque está aproveitando sua ideia, opinião ou produto em associações que a pessoa que você está tentando influenciar já tem. Esta abordagem é muito mais fácil do que começar do zero.

Em geral, quando pensamos em lembranças, imaginamos algo vago ou sem forma. Mas, na realidade, as recordações e as associações que existem em nossa mente são científicas, mensuráveis. Pode ter se tornado um hábito para a indústria do marketing confiar em conversões, cliques e visualizações como indicadores de preferência e ação do consumidor, mas nenhuma dessas métricas ajuda de fato a prever o que os consumidores vão fazer em seguida. A razão fundamental pela qual as pessoas escolhem uma marca em vez de outra, ou preferem um apresentador de TV em vez de outro, está relacionada com *o espaço que ela ocupa em nosso cérebro*. É tudo físico.

NOSSO CÉREBRO FÍSICO

Nossa compreensão do cérebro humano evoluiu muitíssimo ao longo dos últimos cinquenta anos. Antes da década de 1960, pensava-se que o cérebro era muito mais estático do que se sabe ser hoje. Na verdade, os cientistas acreditavam que a estrutura física do cérebro só poderia mudar quando éramos bebês e crianças. Na fase jovem adulta, pensava-se que a estrutura do nosso cérebro era praticamente permanente e incapaz de mudança. No entanto, com os avanços da tecnologia, a colaboração entre diferentes campos e o crescimento das pesquisas em neurociência, essa teoria se desfez. Já na década de 1990, com a descoberta das células-tronco no cérebro adulto, os cientistas começaram a considerar que a neurogênese, na qual novos neurônios são formados no cérebro, era possível. A neurogênese no hipocampo agora é considerada um papel importante em nossa memória, humor e capacidade de aprender coisas novas.

E ela é apenas um aspecto da plasticidade cerebral, que é a capacidade do cérebro de mudar fisicamente como resultado de novos aprendizados, informações e experiências em geral. Isso significa que nossas redes neurais podem ser alteradas ou reorganizadas, e que outras novas podem crescer. Embora exista mais de um tipo de plasticidade cerebral, quando a estrutura física do cérebro muda como resultado do que aprendemos, isso é chamado de *plasticidade estrutural*, algo que ocorre ao longo da nossa vida à medida que continuamos aprendendo. Portanto, a estrutura física do cérebro adulto pode ser alterada, e isso realmente acontece o tempo todo.

Há o exemplo bem conhecido dos motoristas de táxi de Londres, cujo conhecimento específico e íntimo acerca das ruas sinuosas e complicadas da cidade estimula o desenvolvimento do cérebro. Um estudo de cinco anos, concluído em 2011, mostrou que, por meio de treinamento, os hipocampos desses taxistas de fato se tornaram maiores do que a média. E, como descreveu um dos taxistas quando perguntado sobre como é quando eles pegam um passageiro e recebem um destino: "É como uma explosão no cérebro. Você vê no mesmo instante." O teste para se tornar um motorista de táxi na cidade é conhecido como o Conhecimento de Londres, um exame tão difícil que já foi chamado de "o teste mais difícil, de qualquer espécie, em todo o mundo". Memorizar cada rua da cidade (todas as 25 mil delas), cada ponto de referência e monumento, indo do maior ao mais minúsculo, ocupa tanto espaço físico no cérebro que outras partes de massa cinzenta são deslocadas. Pesquisas apontam que, de fato, a memória em curto prazo dos taxistas de Londres é pior do que a de um grupo de controle, assim como a capacidade deles de formar novas associações por meio de informações visuais. Parece que O Conhecimento de Londres domina o cérebro dos taxistas, excluindo todo o mais. Quando esses motoristas se aposentam e não mais precisam usar O Conhecimento, seus hipocampos começam a encolher de volta para a média. Ou seja: quando as pessoas aprendem algo novo, o cérebro delas cresce.

Cada interação significativa com uma ideia, na qual a ideia se torna memorável e "gruda" na mente, reorganiza nosso cérebro. E isso também vale para qualquer interação "pegajosa" com uma empresa, marca ou programa de TV. Aprender sobre o CEO de uma empresa em um documentário, crescer com uma mãe leal a um determinado suco, ver uma postagem cativante nas redes sociais... Qualquer encontro significativo muda a estrutura física dentro da nossa cabeça. No processo, lembranças e associações são formadas.

Quando se trata de fazer escolhas, o cérebro não é um banco de dados organizado e arrumado. Ninguém consulta uma lista interna de prós e contras para cada opção disponível antes de escolher um carro, um tubo de creme dental clareador ou um candidato a um emprego. Em vez disso, todas as nossas escolhas são baseadas em associações e lembranças que existem nos caminhos neurais do nosso cérebro. E esses caminhos criam vastos vetores interconectados de atividade neural.

Conforme explicado por Geoffrey Hinton (ex-engenheiro e pesquisador na Google Brain e psicólogo cognitivo conhecido como "O Padrinho da IA"), esses vetores interagem entre si, levando às preferências e aos comportamentos instintivos de uma pessoa. E os instintos são motivados pelo que o cérebro humano faz muito bem: raciocínio analógico. Anteriormente, pensava-se que o cérebro era uma "máquina de raciocínio deliberado"; mas, na verdade, Hinton explica que a mente humana está o tempo todo fazendo analogias entre trilhões de associações, lembranças, imagens, sons e mais, chegando rapidamente a conclusões intuitivas. A inteligência artificial (IA) funciona de uma maneira semelhante. Na verdade, é essa compreensão aprofundada de como o cérebro humano opera que possibilitou um grande salto na tecnologia de IA, que opera com um modelo analógico espelhando o modo como o cérebro humano e o Conectoma de Marca funcionam. Mas, enquanto modelos de linguagens grandes, como o primeiro popularizado pelo ChatGPT em novembro de 2022, têm entre meio trilhão e um trilhão de conexões, Hinton aponta que "nosso cérebro tem 100 trilhões de conexões".

Esse processo de tomada de decisões inconsciente, que agora acredita-se controlar 95% das escolhas que fazemos ao longo do dia, envolve um pensamento consciente mínimo. Ele é ditado principalmente por essas redes neurais. Na verdade, acredita-se que nossos pensamentos conscientes sejam mais uma racionalização posterior do que sentimos e fazemos de modo intuitivo. É por isso que o modelo de persuasão consciente favorecido pelo marketing tradicional é tão ineficaz em mudar mentes. Se você só diz a alguém no que deve acreditar, em quem se deve votar ou qual produto é melhor que outro, ele não vai ouvir, e você não fará nenhuma impressão nessas redes de vetores interconectados. O que é preciso fazer, em vez disso, é tomar esse caminho alternativo (o da mente inconsciente) e mudar, de fato, os caminhos neurais físicos no cérebro das pessoas. Quando se consegue fazer isso, as escolhas delas se tornam instintivas (o Santo Graal para criar preferências por uma marca específica).

PREFERÊNCIAS INSTINTIVAS POR MARCAS

A maioria das pessoas pensa em marcas como um logotipo, produto ou serviço. Além disso, elas talvez pensem em campanhas de marketing ou textos publicitários, como aquele anúncio específico que apareceu no feed das redes sociais. Isso é basicamente o que se entende. Mas essa visão é limitada demais. Uma marca é tudo com o que ela está conectada. Não se trata apenas do produto ou do logotipo, e sim de todas as conexões que o cérebro criou a respeito da marca (podem ser as pessoas que trabalham na empresa, os consumidores que usam a marca e uma infinidade de imagens, ideias e lembranças que ela evoca). Em termos mais simples: *uma marca é conhecida pelas associações que mantém.*

Independentemente da sua marca, é necessário pensar nela de uma maneira maior do que aquilo que está bem à sua frente. Caso contrário, ela sempre permanecerá pequena e confinada, o que é o exato oposto do que você deve buscar (o seu desejo é uma marca grande e expansiva). Ou, em termos de ciência comportamental, quer *saliência*, a capacidade de se destacar acima de todas as outras opções. Como o cérebro das pessoas é bombardeado por escolhas a todo momento, todos os dias, a saliência da sua marca é o principal determinante de se ela receberá ou não atenção e se, no fim, será escolhida.

A saliência é criada por associações que vão muito além de um logotipo bem projetado ou um anúncio chamativo. Essas associações devem estar relacionadas a coisas com as quais as pessoas realmente se importam e que são significativas na vida delas, seja no presente ou no passado. E você quer ter muitas delas, tantos pontos de conexão que superem até mesmo a mera possibilidade de que seu público-alvo ouse fazer qualquer coisa além de escolher sua marca. Pois, quando tem essa abundância de associações positivas, você cria um rastro físico maior no cérebro, levando ao que chamo de *preferência instintiva pela marca*.

A preferência instintiva por uma marca é um comportamento de compra automático e repetitivo. Isso acontece quando as pessoas fazem da marca sua escolha automática. Elas a compram repetidas vezes sem pensar, como se estivessem no piloto automático. Por exemplo, em um supermercado, esse comportamento de compra significa que o consumidor pega uma Coca-Cola ou Pepsi, Colgate ou Crest toda vez que está no corredor, ou procura por um logotipo específico de uma marca de feijão preto. É como se nem ao menos conseguissem enxergar as outras opções. Elas não precisam revirar os confins das próprias almas para tomar a decisão e não estão comparando o produto com nenhum outro. Simplesmente pegam às cegas e jogam aquele galão de água e o feijão direto no carrinho. De acordo com Morgan Seamark, diretor-gerente da Triggers e ex-executivo da Havas e BBDO, é tão inconsciente que elas poderiam muito bem estar *fazendo compras enquanto dormem*.

Esse é o tipo de compra mais lucrativo porque ocorre com pouco em termos de incentivos, promoções ou outro apoio do marketing. Cupons, descontos ou outras promoções são caros e produzem pouco ou nenhum retorno no longo prazo. Claro, eles podem produzir um aumento de vendas no curto prazo, mas esses incentivos não fazem quase nada pela marca no longo prazo, já que, em essência, você está tentando comprar a lealdade dos consumidores. A preferência de marca instintiva, contudo, é o resultado de criar uma lealdade verdadeira e orgânica, conectando-se com o público em um nível inconsciente e instintivo. Não se trata de algo específico para produtos ou serviços; a mesma ideia pode ser aplicada ao assistir ao programa de TV favorito, ao determinar em qual partido político votar, ao aceitar uma ideia ou proposta de negócio startup, ou ao escolher em qual cidade ou estado viver.

As marcas que fazem isso sobrevivem ao teste do tempo, criando ecossistemas gigantes que tocam múltiplos aspectos da vida das pessoas. A Nike, por exemplo, é uma marca atlética de referência porque tem mais conexões com mais pontos de contato na mente das pessoas do que qualquer outra marca esportiva. Associada a perseverança, determinação, estilo e, principalmente, sucesso, ela possui sua própria rede neural massiva na mente das pessoas. Com 650 acordos de patrocínio em 140 ligas e organizações, o símbolo da Nike é onipresente em todos os lugares que se esperaria vê-lo (e, talvez, em alguns onde não se esperaria). Ele está, claro, estampado em tênis, bonés, camisetas e uniformes de mais figuras esportivas aspiracionais do que qualquer outra marca. No entanto, como se tornou uma marca de moda internacional, fazendo parcerias com nomes como Kim Jones, da Dior, e Rei Kawakubo, a fundadora da *Comme des Garçons*, o logo também aparece nos principais desfiles de moda. A Nike organiza caças ao tesouro usando um aplicativo dedicado a tênis de edições limitadas, o que atrai os colecionadores mais devotos de todas as idades. Além disso, museus, como o Rubell, em Miami, realizaram exposições apresentando versões dos calçados feitas por designers (o símbolo sempre em destaque). A Nike cria tanto alvoroço em cima de seus novos lançamentos de tênis quanto Steve Jobs fazia com a introdução do iPhone. Essa empolgação faz com que os calçados dela se tornem parte da conversa cultural em torno da arte, da tecnologia e dos negócios; seu Conectoma de Marca vai muito além dos esportes.

Quando associações negativas entram nas vias neurais das pessoas, o que em algum momento acontece com qualquer negócio, a Nike cuida delas de imediato para que seja improvável que permaneçam. Por exemplo, nos anos 1990, a marca foi alvo de crescente escrutínio por causa das práticas trabalhistas de seus fornecedores no Sudeste Asiático, as quais incluíam trabalhadores mal pagos, trabalho infantil e condições de trabalho precárias e não seguras. A empresa respondeu a essa má publicidade estabelecendo maior supervisão e transparência, inspeções regulares de suas instalações, um código de conduta para fornecedores, entre outras medidas relacionadas. Essas associações positivas foram adicionadas na mente de grande parte do público, permitindo que ele continuasse apreciando a marca como fazia antes. Isso não significa que a empresa tenha permanecido de todo livre de controvérsias, incluindo em 2020, quando foi descoberto que um dos fornecedores da Nike, a Qingdao Taekwang Shoes Co., na China, estava usando trabalho forçado, com centenas de uigures sendo enviados pelas autoridades locais para trabalhar lá. Mas, com todas as associações positivas da marca mundo afora, essa notícia parece ter passado despercebida.

Outra marca esportiva popular são os Yankees, que vão muito além do jogo de beisebol em si. Eles são líderes em termos de valorização, somando um valor de 6 bilhões de dólares. Sendo a equipe mais valiosa no beisebol (embora os fãs dos Mets discordem dessa ideia), eles têm o cuidado de construir associações positivas com a marca, as quais alcançam gerações de fãs. Elevam os jogadores a um status quase de super-heróis, estabelecendo conexões entre os do passado e os do presente e criando um grande vetor que se estende na mente dos fãs. Cada nova geração de jogadores se apoia nos que vieram antes deles. Aaron Judge, amplamente considerado o melhor jogador dos Yankees (vencedor do prêmio de MVP da Liga Americana em 2022), representa uma evolução da era estelar do início dos anos 2000, com jogadores como Derek Jeter e Mariano Rivera.

Essa conexão é estabelecida para os fãs por meio do respeito que a equipe dedica aos jogadores do passado, com rituais públicos como a aposentadoria das camisas e números dos principais jogadores, coisas essas que os transformam em ícones queridos. O Monument Park, localizado no campo central do Yankee Stadium, funciona como um museu para os jogadores do passado, reforçando a herança destes para que não seja esquecida. Quando Aaron Judge foi nomeado capitão dos Yankees, a camisa designada (que apresenta o símbolo da Nike, aliás) lhe foi entregue com Derek Jeter ao lado. A marca se mantém contínua em essência. Ao nunca romper de vez com o passado, novos jogadores lhe dão continuidade, só que com novos rostos. Eles evitam o problema do *Jeopardy!* discutido anteriormente ao sempre reforçar a herança do time, para que permaneça na memória coletiva dos fãs.

Isso quer dizer que os Yankees podem descansar em cima dos louros conquistados? Claro que não. Nenhuma marca pode. Se os fãs começarem a desconfiar da liderança (lembre-se: o proprietário e a equipe técnica fazem parte da rede de associações de um time) e questionarem se estão verdadeiramente dedicados à vitória ou apenas ao dinheiro, até uma marca reverenciada pode sofrer danos, o que resulta em desvalorização. O fato de os Yankees continuarem sendo a marca mais proeminente e valiosa nos esportes, mesmo não tendo vencido as World Series desde 2009 (uma data que se destaca em nossas recordações familiares, quando tiramos os filhos da escola, cheios de empolgação, para assistir ao desfile com chuva de confetes no Lower Manhattan), prova que o importante não é a superioridade real, mas sim a superioridade percebida, que é muito mais importante.

Conforme discutido, a vantagem competitiva é limitada. O sucesso para uma marca não vem da superioridade real ou tangível, mas sim da superioridade percebida (uma presença física grande e positiva, bem gerenciada, na mente das pessoas). No entanto, as percepções exigem manutenção e cuidado constantes. Ao buscar novos jogadores de destaque e manter vivos os antigos em suas redes neurais, os Yankees podem criar uma relevância contínua e permanecer como a preferência instintiva para milhões de pessoas.

Marcas como a Nike e os Yankees transcendem categorias de produtos e equipes esportivas para se tornarem mundos próprios, nos puxando para dentro. Nesse processo, elas criam clientes de todas as idades para a vida toda. Mas não é preciso ser a Nike ou os Yankees para se tornar a escolha preferida. Ao entender como as marcas se desenvolvem no cérebro humano, você pode construir sua startup, candidatura política ou causa social com rapidez (e causar um impacto maior do que o imaginado). Mas, para fazer isso, primeiro é necessário deixar para trás as regras antigas do marketing consciente, que é baseado em persuasão, e começar a usar um novo conjunto de regras que lhe ajudem a aproveitar os instintos das pessoas. Para se tornar a escolha preferida do público, você precisa construir seu Conectoma de Marca e aumentar a presença dela no cérebro dos consumidores, até ocupar tanto espaço físico que eles escolherão sua marca no piloto automático.

CAPÍTULO 2

O CENTRO INSTINTIVO

Regra do Instinto: Você não controla suas escolhas. É o seu Conectoma de Marca que controla.

Óculos de metal com aros redondos. Uma cicatriz em forma de raio na testa. Com apenas essas duas frases simples, você provavelmente sabe de quem e do que estou falando. Mesmo se for apenas um fã casual, a hipnotizante música tema de vários filmes pode estar tocando na sua cabeça. Talvez você esteja imaginando as elaboradas capas dos livros ou as cenas de abertura dos filmes. É provável que conexões com feitiçaria, bruxaria e uma riqueza de imaginação estejam surgindo. Ao abrir um livro, ligar a tela, visitar um parque temático, loja ou qualquer um dos locais no Reino Unido onde os filmes foram filmados, você pode se tornar parte desse universo mágico. Todo um mundo fantástico aguarda os leitores, espectadores, jogadores de videogame, e crianças e adultos de todas as idades.

Mas esse universo mágico quase não chegou a ver a luz do dia. *Harry Potter e a pedra filosofal* foi rejeitado por mais de doze editoras antes de ser adquirido pela londrina Bloomsbury Publishing. Quando perguntado por que a obra-prima de J. K. Rowling havia sido rejeitada tantas vezes, o primeiro agente literário da autora,

Christopher Little, disse que foi devido a uma série de razões, incluindo o tamanho e a ambientação (o internato era considerado muito exclusivo para os leitores).

— Ao longo de quase um ano — explicou Little —, o livro foi rejeitado por praticamente todas as principais editoras do Reino Unido.

Rowling persistiu.

Mais cedo ou mais tarde, o projeto chegou à mesa do presidente da Bloomsbury, que passou o primeiro capítulo do livro para uma leitora beta de confiança: a filha de oito anos, Alice. Quando Alice se sentou para ler o primeiro capítulo, foi sugada para um mundo do qual não queria sair. Quando terminou, no mesmo instante pediu ao pai o restante do manuscrito. A Bloomsbury decidiu publicar o livro; mas, ainda assim, eles não tinham ideia de seu potencial quando foi lançado em 1997. O editor de Rowling na Bloomsbury, Barry Cunningham, até sugeriu à autora que arranjasse um emprego de meio período, pois nunca conseguiria viver como autora de livros para jovens adultos. Nem é preciso dizer que Cunningham estava errado.

Uma criança modesta com passado misterioso em uma história de amadurecimento pessoal que conta com reviravoltas mágicas e oníricas. Fantasia e magia, é claro, fazem parte da arte, literatura e cinema desde muito antes do final da década de 1990, mas Harry Potter capturou a imaginação do público de uma maneira que fez a marca perdurar e crescer ao longo das últimas duas décadas e meia. Onipresente, tornou-se conhecida em todo o mundo, uma franquia que vale cerca de 40 bilhões de dólares. Esse valor só deve crescer não apenas com as ofertas atuais da franquia multibilionária, mas também com os múltiplos *spin-offs* (prequelas como *Animais fantásticos: Os segredos de Dumbledore*, a sequência teatral *Harry Potter e a criança amaldiçoada*, e o jogo de RPG para computador e videogame *Hogwarts Legacy*, de 2023).

Embora muitos livros sejam transformados em filmes, brinquedos e franquias, nenhum jamais alcançou o nível de sucesso de Harry Potter. O que é diferente neste caso? Como J. K. Rowling capturou a imaginação de tantos leitores, e por que todo leitor que entra em sua história continua voltando de novo e de novo? Além disso, como a franquia consegue se manter relevante e continuar influenciando gerações de leitores? Eu li os livros pela primeira vez para meu filho, quando ele era um menininho, e fiquei impressionada com a eficácia com que nos envolveram, assim como ficaram centenas de milhões de outras crianças e adultos.

A mesma coisa aconteceu com Alice, de 8 anos. Quando Cunningham viu o quanto a filha se conectou com o livro, decidiu publicá-lo. O que ele não percebeu foi que o cérebro adulto funciona do mesmo modo que o de uma criança quando se trata de fazer conexões e associações. Isso se aplica para a maioria das propriedades infantis de sucesso, desde *Vila Sésamo* à Disney. Elas são bem-sucedidas porque aproveitam as conexões tanto no cérebro adulto quanto no infantil, ainda que em níveis diferentes, fazendo com que sejam amadas por pessoas de todas as idades. No fim das contas, um cérebro é um cérebro. Todos nós somos humanos, e nosso cérebro costuma funcionar da mesma maneira.

Harry Potter é uma boa história, claro, mas não é por isso que os livros foram tão bem-sucedidos. Houve muitos outros romances de fantasia para jovens adultos e livros infantis com narrativas fortes que constroem mundos mágicos e apresentam um elenco de personagens intrigantes: *Uma dobra no tempo*, de Madeleine L'Engle; *O hobbit*, de J. R. R. Tolkien; e *O leão, a feiticeira e o guarda-roupa*, de C. S. Lewis. Estes são clássicos, e todos geraram seus próprios filmes, peças teatrais, brinquedos e programas de TV. No entanto, de forma distinta do primeiro livro de Harry Potter, nenhum deles vendeu 120 milhões de exemplares. *O hobbit* está pelo menos 20 milhões de exemplares atrás. Enquanto isso, *Uma dobra no tempo*, publicado em 1962, vendeu apenas 10 milhões. A totalidade de *As crônicas de Nárnia*, das quais *O leão, a feiticeira e o guarda-roupa* é um dos sete livros, vendeu cerca de 100 milhões. Todos os livros de Harry Potter juntos venderam cerca de meio bilhão. Além disso, quando essas franquias se expandiram para os filmes e a TV, nenhuma delas arrecadou um total de 9,6 bilhões de dólares nas bilheterias, que é a receita combinada de todos os treze filmes de Harry Potter e relacionados.

Como Potter, todas essas são ótimas histórias. Elas apresentam heróis que passam por provações e tribulações, e que emergem delas transformados. Todas têm magia, intriga, cenários incríveis. E são adoradas por fãs em todo o mundo. No entanto, seu sucesso empalidece em comparação com o de Potter. É óbvio que, algo mais está acontecendo.

O sucesso dos livros de Potter, na verdade, veio da habilidade de Rowling de criar um mundo vasto e expansivo que atinge mais pontos de contato em nosso cérebro do que os livros desses outros autores. Esses pontos de contato são o resultado de conectar o mundo de Potter a todos os aspectos da nossa vida cotidiana, como se o mundo dele estivesse sobreposto ao nosso. De imediato o mundo de Potter parece familiar, em especial para as crianças. Mas os pais dos alunos, as salas de aulas, as lições dos professores e os esportes escolares são todos um espelho fantástico da nossa própria realidade. Um universo paralelo ao dos "trouxas" (termo do mundo de Potter para nós, não bruxos e não bruxas) emerge, no qual uma árvore pode ter emoções, um livro pode conversar, um retrato é literalmente vivo, as pessoas podem viajar por meio de lareiras e as ruas de Londres escondem um mundo mágico completo se você souber onde procurar.

Cada aspecto do mundo de Harry Potter tem um nítido equivalente no nosso, mas foi elevado a um nível fantástico. Em *O leão, a feiticeira e o guarda-roupa*, o leitor entra em um mundo mágico (um que não se assemelha com o nosso) através de um guarda-roupa. No mundo real, não usamos guarda-roupas para viajar, em vez disso dirigimos um carro, pegamos um ônibus... ou tomamos um trem. Nos livros da série Harry Potter, a Plataforma 9¾ é nossa plataforma Amtrak, uma zona em geral sombria e monótona em que somos obrigados a ficar enquanto esperamos para embarcar. Mas nos livros de Rowling há um corredor secreto para acessar o trem que leva Harry e os amigos para a Escola de Magia e Bruxaria de Hogwarts. Quando chegam lá, Dumbledore, o diretor sábio que nunca tivemos mas sempre desejamos, os espera. A escola funciona como aquelas que nós frequentamos, com aulas, intervalos para o almoço, semestres, férias, grupos de alunos e professores favoritos, mas nenhum de nós nunca teve uma aula de Defesa Contra as Artes das Trevas ou encontrou fantasmas no banheiro das meninas.

Hogwarts é dividida em "casas" (Grifinória, Lufa-Lufa, Corvinal e Sonserina) familiares porque são muito parecidas com nossas fraternidades, repúblicas ou irmandades universitárias. Mas na história não há processo seletivo; o Chapéu Seletor decide para onde vamos. O esporte escolhido é o Quadribol, que Rowling tomou como base o basquete estadunidense, com cestas, árbitros e espectadores, mas é jogado no ar sobre vassouras. Com todas as quatro casas competindo entre si, a pompa do jogo e o orgulho patriótico criam uma conexão neural direta com nossas Olimpíadas ou o Super Bowl.

Tudo é familiar no mundo de Potter, mas nada é o que parece. É um lugar onde qualquer coisa pode acontecer, mas está longe de ser obscuro ou estranho para os leitores. Cada aspecto desse ecossistema expansivo é relevante para alguma parte da nossa vida, conectando-se diretamente com ideias, associações e lembranças que já possuímos. O sucesso de Harry Potter foi inevitável muito antes de o primeiro filme chegar a ser produzido. Isso porque Rowling criou um mundo tremendamente marcante o qual conquistou a mente das pessoas muito antes de conquistar o mercado. Desse modo, foi um passo natural para empresas, como a Heyday Films, executivos da Disney, fabricantes de doces, como Jelly Belly, e fabricantes de brinquedos, como Lego e Mattel, se agarrarem e usarem a licença para tudo que fosse possível.

As marcas mais bem-sucedidas, de qualquer tipo, adotam a mesma abordagem. Elas criam um mundo abrangente cuja importância é extraordinária na mente das pessoas. Quando entra, você descobre que tal mundo tem as próprias regras, um conjunto particular de valores, um ambiente distinto, certos tipos de pessoa ou personagem, e às vezes até a própria linguagem, como "Patrono" ou "*Accio*" no universo de Potter. Alguns poderiam argumentar que Potter é uma exceção, impossível de ser replicado. Mas a verdade é que, quando se começa a entender o que fez o livro ser um sucesso tão extraordinário, conquistas tremendas estão ao alcance em qualquer campo. Reconheça o padrão e será capaz de incorporar a mesma abordagem na construção do seu negócio, marca pessoal ou candidatura universitária.

O Google seguiu um padrão semelhante ao criar os diversos escritórios e *campi*, tanto domésticos quanto internacionais. Em vez de apenas pensar na funcionalidade, os *campi* do Google são projetados para um máximo engajamento. Os designs arquitetônicos modernos da gigante de tecnologia, a decoração colorida, os móveis estilo Tinkertoy e as inúmeras opções de assento confortáveis são apenas o começo. O Google também oferece uma ampla gama de elementos para engajar os funcionários em aspectos de suas vidas pessoais: cozinhas com comida saudável, serviços de lavanderia, esteiras, scooters *Razor* para se locomoverem entre os prédios e até cápsulas para sonecas. Esse ambiente é um mundo abrangente e colorido, um catalisador para trabalho, lazer, colaboração e inovação. Adicione a isso suas notórias competições internas de desenvolvimento de software (a resposta do Google ao Quadribol), consultas de saúde, massagens para aliviar o estresse e os traços de personalidade "Googlianos" que procuram ao recrutar funcionários, e você tem um mundo imersivo no qual as pessoas clamam para entrar. Classificado com consistência como um dos melhores lugares para se trabalhar, ele recebe mais de três milhões de candidaturas de empregos por ano.

No passado, líderes de RH e de negócios rotulavam esses elementos como "cultura empresarial"; mas, em uma era em que a retenção de funcionários é um desafio crescente, é muito mais útil para as empresas pensar em criar *um mundo imersivo para a marca*. Assim como o de Potter, o desejo é desenvolver um mundo que automaticamente atraia as pessoas, comunicando de forma visual sua identidade de marca e engajando-as no máximo possível de níveis multidimensionais. Tudo se resume a seguir o modelo instintivo (criando elementos em sua marca que se conectem a caminhos familiares na mente) e tocar múltiplos aspectos da vida das pessoas. Quanto mais pontos de contato, melhor. Essa onipresença é o resultado de uma infinidade de conexões no cérebro físico, o que aumenta a saliência, a relevância e a clareza de uma marca. E, para que seja um sucesso sem limites, a marca precisa ter tantas conexões com a vida das pessoas a ponto de crescer na mente delas. Em termos simples, a única maneira de fazer a marca crescer financeiramente no mercado é, primeiro, fazendo-a crescer na mente das pessoas, brotando de uma pequena semente para se tornar uma sequoia gigante, expandindo o Conectoma de Marca.

O CONECTOMA DE MARCA

Um conectoma é, em essência, um mapa de caminhos neurais e conexões do cérebro humano. Desenvolvida pela primeira vez em 2005, a ideia e o próprio termo foram inspirados pelas tentativas dos cientistas de construir um genoma humano, uma sequência do código genético humano. Em 2009, os Institutos Nacionais de Saúde dos Estados Unidos financiaram um programa de cinco anos chamado Human Connectome Project (Projeto Conectoma Humano) para "mapear" o conectoma humano. O objetivo do projeto era ajudar cientistas a entender como nós tomamos decisões. Esse mapeamento oferece um olhar complexo e detalhado sobre como o cérebro opera, diferentemente de qualquer coisa disponível antes, e ajuda os cientistas a pesquisar e tratar problemas de saúde como AVC, depressão e transtornos de atenção.

Acontece que, dentro do conectoma humano, cada marca, ideia e conceito possui sua *própria* rede de associações e lembranças. Ao longo do tempo, essas associações e lembranças cumulativas, tanto positivas quanto negativas, tornam-se inseparáveis da marca, formando uma rede física de vias neurais que denominei de "Conectoma de Marca" e a qual apresentei ao público em um artigo que escrevi com Michael Platt, professor da Wharton. O conectoma humano (sendo feito de toda a fiação do cérebro) é o centro de comando da mente, ditando quem somos e nossos pontos de vista.

O centro instintivo

O Conectoma de Marca é o centro de controle de comando das decisões de marca que tomamos no piloto automático todos os dias, seja no supermercado, na Internet ou na cabine de votação.

Cada marca tem seu próprio conectoma. Dentro do conectoma humano mais amplo é possível identificar qualquer marca (seja um candidato político, uma ideia, um país ou um lugar no qual tirar férias) e analisar seu padrão de associações e lembranças em nossa mente. Essas lembranças e associações residem em grandes vetores interligados no cérebro. Quando considerados em conjunto, eles ditam nosso comportamento instintivo. Mas entender o que reside dentro do Conectoma de Marca é a parte em que as coisas realmente se tornam interessantes. As associações que estão nestas vias neurais são a chave para descobrir por que algumas pessoas escolhem Coca-Cola e outras, Pepsi; por que algumas votam no Partido Republicano e outras, no Partido Democrata ou em partidos independentes; e por que algumas pessoas correm para se vacinar enquanto outras optam por não o fazer.

Algumas das associações e lembranças acumulativas nessas redes físicas remontam à infância. À medida que as vias neurais conectam uma recordação à seguinte, uma teia complexa de lembranças relacionadas a uma marca se forma no cérebro. São essas associações e lembranças multidimensionais (imagens, símbolos, experiências e impressões) que, tomadas como um todo, inconscientemente influenciam suas escolhas. Quanto mais associações positivas você faz com uma marca específica, mais vias neurais forma, aumentando o conectoma da marca. As maiores marcas, como Apple, McDonald's ou Google, são aquelas com os Conectomas de Marca mais robustos na massa cinzenta. É por isso que, quando a maioria de nós vai comprar lenços de papel, automaticamente escolhe Kleenex, ou pega Band-Aids para um corte, Clorox para manchas em roupas brancas, e Drano para desentupir pias. Muitos nem percebem que esses são nomes de marcas, e não os termos genéricos para os produtos (lenços de papel, curativos, alvejante e desentupidor). Eles só os compram.

Assim como toda pessoa, lugar ou coisa pode ser visto como uma marca, cada um tem o próprio Conectoma de Marca, desde produtos de consumo, como Pepsi e Coca-Cola, empresas b2b, como Morgan Stanley ou Goldman Sachs, passando por sua mercearia local e candidatos políticos, e indo até causas como a luta contra a mudança climática e franquias de entretenimento, como Harry Potter. Alguns Conectomas de Marca são maiores e mais positivos do que outros, o que cria saliência e conexão. Aqueles que são menores ou negativos têm pouco ou nenhum impacto na tomada de decisões, e não são escolhidos. As marcas mais eficazes ocupam fisicamente mais espaço em nossa mente. Como em uma partida de *Banco Imobiliário*, quem possui mais imóveis no cérebro e tem a maior pegada física vence.

Com o tempo, absorvemos, de modo inconsciente, informações acerca de certas marcas, empresas e pessoas. Cada visão, gosto e cheiro memorável, cada pessoa, lugar e ideia conectados a eles, tornam-se *colados* ao Conectoma de Marca em nosso cérebro. Pense em uma marca como Pepsi ou Coca-Cola como o nó central da rede neural. Essas impressões se acumulam, brotando desse nó em um ecossistema inteiro de associações semelhantes a ramos. Desse modo, tomamos decisões instantâneas com base nessas impressões acumuladas. E, em resumo, a questão é simples: você não controla suas escolhas. É o Conectoma de Marca que o faz.

Uma vez lançada, uma marca ganha vida própria dentro da memória dos consumidores, crescendo ou diminuindo de modo orgânico a depender do aumento ou declínio de associações positivas e negativas. O Conectoma de Marca se forma a partir das associações que o consumidor faz com tal marca. Se sua mãe usava molho de tomate Prego enquanto você crescia, a ideia de sua mãe estará fisicamente conectada ao Prego em seu cérebro, junto com o frango à parmegiana, os pedaços de pizza de muçarela e outros pratos favoritos que ela fazia com o produto. Se seu tio favorito o levava para tomar sorvete Carvel depois da escola todas as sextas-feiras, essa experiência preciosa e o redemoinho único criado pela máquina de sorvete serão uma parte física do seu Conectoma da Carvel, junto de quaisquer outras associações relacionadas.

O objetivo, portanto, é aumentar o tamanho de seu Conectoma de Marca, sempre adicionando associações positivas. Como grande parte da minha filosofia por trás do poder do instinto, a eficácia e o sucesso em longo prazo de um conectoma se resumem ao crescimento. Quando ouvimos falar de uma nova marca por alguém que respeitamos (um treinador, modelo ou amigo que admiramos), vemos um anúncio de alguma marca em um local que faz parte do nosso estilo de vida ou rituais (pense no logotipo da Gatorade no estádio local), ou somos expostos a um ponto de vista diferente, nosso cérebro se expande. Sem esse crescimento, podemos acabar fechando a mente e nos tornando intolerantes à mudança. Nesse sentido, um cérebro em crescimento é um cérebro próspero, o que leva a perspectivas e comportamentos mais saudáveis e abertos.

Imagine uma semente. Agora, essa semente pode representar qualquer tipo de marca: uma empresa, uma indústria ou um produto; um restaurante, uma loja ou um café; um candidato político, um partido ou uma causa; uma dieta, uma rotina de exercícios ou uma prática de meditação; um CEO, um atleta ou um músico; uma obra de arte, uma música ou uma obra literária... praticamente qualquer coisa que possa imaginar. Essa semente é plantada em sua mente na primeira vez que você é exposto a ela. Então o cérebro precisa formar novas vias neurais que se estendam por todo o terreno. Assim como os nutrientes no solo, o sol e a água, quanto mais associações você adiciona a um conectoma, mais suas raízes se espalham e mais seus ramos brotam. Com o tempo, ou até rapidamente, esse conectoma cresce e, se feito do jeito certo, torna-se um ecossistema inteiro de associações positivas para uma marca. Quando sua árvore cobre mais do cérebro do seu público e se conecta com muitos pontos familiares na vida das pessoas, ela cria uma verdadeira presença mental.

PRESENÇA MENTAL

Presença mental, ou *mind share*, é um termo que profissionais do marketing têm usado desde a Idade da Pedra. Uma definição padrão é a conscientização pública relativa de um fenômeno específico. Outros definem como "a tentativa de fazer com que uma empresa, marca ou produto seja o primeiro que vem à mente quando o cliente pensa em um mercado específico". Até então, porém, ninguém entendia de fato o que era a presença mental, como medi-la ou o processo para conquistá-la. Fazer com que uma marca seja a primeira a vir à mente das pessoas com consistência sempre pareceu um desejo conceitual, algo que talvez permanecesse fora de alcance para sempre.

Acontece que ela não é conceitual, é física. Byron Sharp e Jenni Romaniuk, do Instituto Ehrenberg-Bass, a descrevem como "a propensão da marca a ser notada ou lembrada em situações de compra", o que chamam de Saliência da Marca. Mas, até então, ninguém realmente entendia o que estava por trás da saliência. Sendo assim, para uma marca ter saliência (ser a primeira em que o consumidor pensa), ela deve ter o Conectoma de Marca mais robusto na categoria em que compete; repetindo, é o *tamanho* dessas redes neurais o que mais importa. Quando a presença física de uma marca é tão grande que eclipsa os Conectomas de Marca dos concorrentes, ela domina as lembranças do público a tal ponto que se torna a primeira coisa que pede ou compra. Torna-se a escolha automática e preferida. A saliência é o resultado, já o Conectoma de Marca é o centro de controle subjacente que você deve gerenciar para influenciar essa métrica crítica.

Há muito tempo, as empresas usam da conscientização de suas marcas em relação aos concorrentes como um substituto para a presença mental, o que é uma visão unidimensional. Não basta que uma marca seja bem conhecida ou que tenha boa publicidade, pois é preciso que tenha uma miríade de associações diversas. A saliência é a evolução moderna da presença mental, e uma maneira mais útil de pensar na construção da marca. Crie o conectoma mais amplo (mais saliente), mais positivo e mais distinto que puder, e se tornará a escolha preferida na respectiva categoria.

Considere a marca M&M's, por exemplo. O conectoma dela é enorme e tem uma saliência comparável à de Harry Potter. A empresa criou um universo próprio, que, desde o lançamento do produto em 1941, tocou inúmeros aspectos da vida das pessoas. No entanto, é a longevidade da marca que devia ser apontada como uma surpresa: um pedaço de chocolate ao leite com corante e sabor artificial, coberto de açúcar, em uma era de cacau cru, alimentos integrais e lanches nutritivos. Pense nisso: até o Come-Come, da *Vila Sésamo*, se conscientizou a respeito da saúde. Olhando para as tendências culturais atuais, as vendas de M&M's deveriam estar em declínio. Em vez disso, em 2021, tratava-se de uma marca de 990 milhões de dólares, crescendo a 7,7% ao ano, tudo graças a seu Conectoma de Marca em constante evolução.

Forrest Mars teve a ideia para a M&M's em 1930, inspirado pelo lanchinho favorito dos soldados da Guerra Civil Espanhola. Movendo-se de trincheira em trincheira pelo campo, os soldados muitas vezes levavam pedacinhos de chocolate com uma casca doce dura. Com isso, não derretiam com facilidade (um fato que Mars usaria mais tarde no famoso slogan da M&M's: "Derrete na boca, não na mão"). Um doce um tanto semelhante existia na Inglaterra à época; mas, em março de 1941, Mars garantiu uma patente para um processo de revestimento de casca de chocolate endurecido, e a produção começou logo em seguida. A semente para o Conectoma de Marca da M&M's havia sido plantada.

Embora tenha havido algumas inovações, como a criação de M&M's com amendoim em 1954, a marca continuou sem muitas mudanças até a década de 1980, quando começou a progredir no mercado global. Foi nessa década que foram apresentados os M&M's de Natal, uma catapulta para as muitas versões sazonais do doce, as quais se tornariam um pilar da marca nos anos seguintes. Eles até mesmo chegaram ao espaço, sendo incluídos nas missões do ônibus espacial da NASA na década de 1980 a pedido especial da tripulação. Naquele momento, a semente havia germinado e o conectoma estava crescendo. Mas seria apenas nos anos 1990 que ele floresceria por completo.

Sendo a marca de chocolates mais vendida nos Estados Unidos, a M&M's tem receita e participação de mercado duradouras que apenas em parte são atribuídas a seus produtos com revestimento doce. Na verdade, o produto é bastante desalinhado com as tendências alimentares do século XXI. No entanto, o cuidadoso gerenciamento e a contínua nutrição do grande, e em constante expansão, Conectoma de Marca permitiram que ele permanecesse relevante, mantivesse a saliência e aumentasse a receita ao longo das décadas. Embora a empresa tenha apresentado dois personagens dos M&M's na década de 1950, eles não foram centrais para o marketing da empresa até a década de 1990, quando a ideia foi expandida para criar um elenco completo. O específico "M" branco em cada doce (originalmente feito em preto em 1950, e depois atualizado para branco em 1954) conferiu ao doce um logo reconhecível e duradouro, mas foram os personagens, destacados nas embalagens e comerciais, que deram vida ao docinho revestido com uma casca dura.

Em uma estratégia mais representativa de uma empresa de entretenimento do que de produtos de consumo embalados, cada personagem foi desenvolvido para ter personalidade, fraquezas e história próprias. Parte inegável do conectoma da M&M's, os personagens humanizaram a marca de uma maneira que um simples pedaço estático e sem vida de doce nunca seria capaz de ter feito. Muitas marcas têm mascotes. O Sucrilhos da Kellogg's tem o Tigre Tony, que deu as caras em 1952. A Energizer tem o coelho hiperativo, que está "indo e indo" há mais de 35 anos. Mas nenhuma dessas mascotes de longa data, nem muitas outras, foi desenvolvida de forma tão completa, e com tantos traços humanos quanto os personagens da M&M's. A controvérsia que explodiu em cima dos "embaixadores" da M&M's em 2023, depois que passaram por uma renovação, mostra com ainda mais vivacidade quanto as pessoas se sentiam viscerais em relação a esses personagens e à conexão instintiva que haviam desenvolvido com eles.

Ainda assim, os personagens da M&M's estão longe de ser a única peça do quebra-cabeça quando se trata do conectoma da marca. A M&M's fez o que muitas marcas falham em fazer: continuou expandindo seu conectoma para se manter relevante em um mundo que estava se tornando mais saudável. Na transição dos anos 1990 para os 2000, a M&M's começou a se posicionar não apenas como um doce, mas também como um lanche completo. Eles, de forma inteligente, lançaram uma série de inovações que ajudaram a cultivar o lado "lanchinho" da marca, como os M&M's de manteiga de amendoim e os M&M's de pretzel. Isso adicionou um tipo de associação de permissibilidade que a marca não tinha antes: havia um valor alimentar real ali, não apenas doce e o ocasional amendoim. Em vez de promover apenas a parte exterior do doce, o foco do marketing se deslocou para o que estava dentro da casca: manteiga de amendoim cremosa, um pretzel crocante. Uma embalagem gráfica brilhante apresentava o M&M laranja passando por uma máquina de raios X e revelando um pretzel sob sua cobertura de doce, o que logo de cara transmitia o valor alimentar do doce e a transparência dos ingredientes da empresa.

Relacionada à permissibilidade, a empresa criou receitas e acessórios, como colheres medidoras e tigelas de mistura, que ligavam a M&M's à culinária. Essa atitude funcionou em dois níveis: isso era comida real, não apenas "um simples doce", mas também conectava os M&M's a atividades saudáveis, as quais com frequência eram desfrutadas entre pais e filhos, ou avós e netos. Eles preparam a massa, adicionam os M&M's, observam os biscoitos crescerem no forno e depois, após deixá-los esfriarem na forma, os saboreiam juntos. Claro, a M&M's não precisa dizer nada disso, afinal seu cérebro já tem uma série de associações positivas ligadas à culinária, então eles se aproveitam de uma rede já existente. Agora, quando se vê um pacote de M&M's Baking Bits, há uma conexão física no cérebro que associa a marca aos pensamentos positivos de cozinhar com a vovó. Não se pensa nos M&M's como coloridos artificialmente ou como uma comida processada porque associações saudáveis dominam seu conectoma. É fácil entender por que nosso comportamento instintivo se resume em pegar aquele pacote de M&M's em vez de outro lanche: é uma indulgência inocente.

Os ramos da M&M's continuam se espalhando, crescendo em áreas que no passado talvez parecessem improváveis, mas que agora consideramos algo natural. Tome como exemplo os times esportivos. É possível acessar a Internet e comprar os M&M's que têm o logotipo do seu time de futebol americano ou beisebol favorito, e ainda pode adquirir algumas roupas temáticas enquanto estiver lá. E na realidade, o que o doce tem a ver com beisebol? Ao que parece, não muito, mas o beisebol faz parte de uma querida tradição estadunidense, e o fã dos Red Sox ou dos Yankees presente em sua vida ficará feliz em receber um saco de M&M's com o logotipo do time e as cores características. Se tal conteúdo cair no seu colo, você também começará a associar a marca ao seu time favorito. E, como muitos devem saber, alguns fãs de esportes são fanáticos. Existe uma paixão tremenda entre o torcedor e os times locais. Parte dessa mesma paixão que você sente pelos Sox, ou por quem quer que seja, é então transferida de modo inconsciente. Mais uma vez, tudo é físico e, portanto, reconfigura o cérebro, o que por sua vez afeta suas preferências instintivas por marcas.

E as conexões não param por aí: quando os personagens aparecem vestidos como a Estátua da Liberdade, ou como os guardas do Palácio de Buckingham, eles se conectam com o orgulho patriótico dos espectadores. Ou quando a Srta. Verde é mostrada como uma figura ao estilo de Marylin Monroe na famosa cena do vestido flutuando na calçada da cidade, ou quando ela e os outros "embaixadores" são retratados imitando a capa do álbum superpremiado *Abbey Road*, dos Beatles, novas associações são criadas. Nossos astros de cinema favoritos, estrelas do rock, atores... todos eles são adicionados ao grande e audacioso Conectoma de Marca da M&M's. Além de todas essas coisas, a M&M's também oferece uma variedade de designs de embalagens festivas e cores de produtos adaptadas às diferentes estações e, como mencionado, datas festivas (vermelho e verde para o inverno; vermelho, branco e azul para o 4 de julho etc.).

Ao conectar a marca a todos esses aspectos queridos e familiares da nossa vida, nós desenvolvemos associações positivas aos M&M's. Mesmo enquanto você lê esta parte do capítulo, isso está em funcionamento. Talvez nunca tenha visto um M&M vestido como um Beatle, mas agora, em seu cérebro, há um caminho entre os Beatles e os M&M's. Há também um entre a marca e Marilyn Monroe. E entre os M&M's e biscoitos recém-assados.

Conforme a marca amplia o alcance, o cérebro passa a estabelecer uma conexão entre tais pontos. E, aos poucos, novas vias neurais estão sendo formadas, expandindo o conectoma para que se torne cada vez maior e, então, um pouco maior. É como se fosse uma conexão forçada dos pontos, formando essas novas vias interconectadas. Agora, em vez de ter apenas uma associação ("é só um doce"), há muitas mais, milhares até; uma explosão de conexões: um ecossistema gigantesco e dominante. E, como resultado, essas associações criam uma espécie de "barreira de bondade" virtual em torno do doce colorido artificialmente, elevando seu status e sua importância para um lanche memorável e preferido, mesmo diante da onda cultural de conscientização quanto à saúde. E, reunidos, todos esses diversos pontos de contato em nossa vida (desde a culinária e o patriotismo até as celebridades queridas e times esportivos) fazem dos M&M's uma escolha institivamente permissível e favorita.

O centro instintivo

Mas e se você for uma empresa pequena ou uma startup? Bem, para criar uma escolha instintiva, não é necessário ser uma marca do tamanho da M&M's. Mesmo se ainda estiver se estabelecendo, você pode construir um Conectoma de Marca que rivalize com qualquer um dos grandes *players* em sua categoria. Comece monitorando os conectomas de seus concorrentes já estabelecidos. Ao estudar as associações que as pessoas têm com os concorrentes, você pode entender as vulnerabilidades deles, o que, então, o permitirá descobrir como posicionar seu negócio, sua causa ou ideia.

Em muitos aspectos, uma marca pequena que está começando tem uma vantagem, pois a definição do conectoma dela pode ser deliberada. Se desenvolver o conectoma da sua marca de modo consciente desde o início, poderá acompanhar melhor seu crescimento e gerenciar sua trajetória. Além disso, diferentemente das marcas já estabelecidas que têm anos de associações acumuladas, tanto positivas quanto negativas, o seu conectoma é uma tela em branco. Por sua vez, isso significa que você pode ter mais precisão acerca de quais estratégias de marketing e comunicação alcançarão o objetivo desejado.

Quando feito corretamente, é quase como se o cérebro fosse consumido por essa quantidade avassaladora de associações e tivesse tanto espaço ocupado que a marca passa a ser uma escolha instintiva. Portanto, para conquistar uma verdadeira presença mental na cabeça das pessoas, e fazer com que tomem a decisão que você deseja, é preciso cultivar seu conectoma no cérebro delas e fazer com que novos ramos e raízes brotem por meio do cuidado deles e do cultivo de tais vias neurais. Eu chamo esse processo de Brain Branching® [Ramificação Cerebral].

RAMIFICAÇÃO CEREBRAL

O cérebro é uma máquina de aprendizado. Quando aprende algo novo e significativo sobre uma marca, essas novas associações são adicionadas aos dendritos, ou ramos, existentes. Mas, quando os ramos ficam cheios, essa nova informação não tem para onde ir. Desse modo, novos ramos precisam brotar para sustentar as associações adicionais, um processo de arborização dendrítica. Assim como uma planta brotando novas folhas, a Ramificação Cerebral representa a saúde de uma marca (significa que a marca está viva, adicionando novas recordações e associações, evoluindo e crescendo). Se uma abundância de associações é adicionada, a marca ocupa mais da estrutura da memória cerebral, fazendo com que ela se torne a preferência instintiva.

Por exemplo, a maioria das pessoas conhece a "vantagem do incumbente" na política, na qual os políticos já eleitos têm maior probabilidade de serem reeleitos do que os oponentes. Essa tendência tem se mantido nas eleições presidenciais dos Estados Unidos desde a reeleição de George Washington, em 1792. A vantagem também pode ser notada em todo o Congresso, incluindo nas eleições de 2020, em que 93% dos incumbentes ganharam suas respectivas disputas eleitorais. Do mesmo modo, entre 1964 e 2022, a taxa média de reeleição na Câmara dos Estados Unidos foi de 93%; e no Senado, de 83%. Essas estatísticas talvez não sejam surpreendentes. Os incumbentes recebem anos de exposição durante o tempo em que estão nos cargos, construindo reputações públicas. E essa exposição repetida (equivalente a milhões em publicidade gratuita) é, sem sombra de dúvida, uma das razões pelas quais os incumbentes são difíceis de derrotar. Mas não é a única razão.

Enquanto estão no poder, presidentes adquirem maior estatura e importância, o que é resultado, mais uma vez, de associações positivas. Nós os vemos com regularidade interagindo com líderes globais no mais alto nível, falando na ONU ou assinando projetos de lei. Durante o discurso do Estado da União ficam em frente ao Congresso na câmara do Capitólio dos Estados Unidos com enormes colunas de mármore pretas e brancas ao fundo, a bandeira estadunidense pendurada e *fasces* de ouro em ambos os lados. Esses símbolos têm associações intrínsecas de estabilidade, democracia, perseverança e resistência (na verdade, são alguns dos símbolos mais aspiracionais que temos). Quando presidentes em exercício aparecem com esses símbolos, associações implícitas lhes são conferidas. Isso porque uma marca é conhecida pelas associações que mantém, e tais associações elevam a importância e o respeito que temos por incumbentes. É como se nossa mente os colocasse em um pedestal.

Isso também se aplica a membros do Congresso. Vê-los discursar atrás do púlpito, encontrar-se com líderes comunitários, estaduais e nacionais, aparecer em audiências decisivas... todas essas associações continuam a criar novas conexões físicas em nossa mente. Quanto mais os vemos nessas posições de poder, e sob uma luz positiva, mais esses ramos vão se espalhar. Conotações de força, liderança e importância estão sendo fisicamente implantadas em nosso cérebro. Não é de se admirar que os incumbentes sejam tão difíceis de derrotar. A única vez em que talvez percam uma eleição será quando o conectoma deles adquirir uma quantidade significativa de associações negativas em comparação com as positivas.

Quanto mais pontos de contato positivos, mais elevadas se tornam as percepções da audiência a respeito de um candidato. É por isso que, quando estava concorrendo ao segundo mandato, o presidente Obama apareceu em programas como *The View* e *Jimmy*

Kimmel Live!. Enquanto isso, sua esposa, Michelle, entregou o prêmio de Melhor Filme no Oscar de 2013 via videoconferência. A equipe de Obama deve ter intuído que esses pontos de contato adicionais ampliariam a relevância de seu conectoma para além do governo, alcançando a cultura popular (mais ramos brotando). É difícil superar isso. À medida que os ramos vão brotando, é como se eles dominassem a mente, removendo o que é antigo, trazendo o que é novo e protegendo o conectoma contra danos (ou contra-ataques de oponentes). Mas os incumbentes não são os únicos indivíduos que podem obter sucesso ao cultivar um conectoma grande e robusto. Um resultado semelhante também pode acontecer com qualquer marca pessoal. E qualquer pessoa que queira construir uma marca pessoal pode aprender muito ao estudar a ascensão do GOAT (O Melhor de Todos os Tempos, em inglês).

Antes da goop, marca de Gwyneth Paltrow; da Magnolia, de Chip e Joanna Gaines; ou de The Honest Company, de Jessica Alba, havia a Oprah. E não há como discutir, Oprah Winfrey é a primeira celebridade a expandir sua marca individual para uma verdadeira marca de estilo de vida. Começando como uma das âncoras de notícias noturnas em uma estação local de Nashville, Oprah tinha um estilo carismático e interativo de conversar que logo de cara captou a atenção do público. Não foi uma surpresa quando o *The Oprah Winfrey Show*, que estreou em 1986, substituiu o programa de Phil Donahue como o *talk show* diurno de maior audiência.

A razão é simples. Para os telespectadores, o estilo íntimo de Oprah a fazia parecer uma amiga chegando para uma conversinha direto na sala de estar deles. Era alguém em quem podiam confiar, e que em troca confiaria neles. Ela era sincera quanto às lutas pessoais com a perda de peso, estava disposta a falar do abuso sexual que sofreu quando criança e não tinha medo de expressar a opinião acerca de uma série de assuntos. Na mente dos telespectadores, Oprah não era apenas uma apresentadora de *talk show* ou uma celebridade, mas também uma confidente. Ao expor, de modo positivo, o cérebro humano à mesma pessoa repetidas vezes, fazendo com que o conectoma crescesse no processo, os telespectadores começaram a sentir uma conexão quase familiar com a apresentadora. E, de certo modo, Oprah *literalmente* se tornou parte deles à medida que entrou na estrutura de memória dos cérebros da audiência.

Embora isso explique a ascensão inicial da apresentadora, não é o que a levou ao sucesso extraordinário. Assim como Harry Potter e a M&M's, ela diversificou a própria marca para além do entretenimento, alcançando muitos outros aspectos da nossa vida. Isso fez com que seu conectoma crescesse não apenas na mente dos telespectadores, como também na do público em geral. Ela se tornou porta-voz da WW (anteriormente *Weight Watchers*); criou um clube do livro de renome mundial; fundou a *Oprah Winfrey Charitable Foundation*, que doou 400 milhões de dólares para diferentes causas; criou uma revista; e, como se um programa de TV não fosse suficiente, fundou toda uma rede de televisão. As pessoas viam suas sugestões de nutrição, receitas e dicas de dieta como se fosse algo sagrado. Seu clube do livro nos expôs aos melhores e mais brilhantes autores. Com um selo de aprovação "Oprah", um livro poderia testemunhar um aumento médio de vendas em 420%, apenas uma semana após aparecer no programa da apresentadora.

Os ramos de Oprah se estendem em tantas direções que é difícil contá-los, cada um deles atingindo um novo ponto de contato em nossa vida. A marca dela é multidimensional, dominando fisicamente nossas vias neurais. Você pode ser um espectador fiel ou nunca ter assistido a um episódio completo do programa, pode ter

15 ou 95 anos, pode morar nos Estados Unidos ou no Afeganistão... não importa. O conectoma de Oprah é tão abrangente que ela é conhecida em todo o mundo. Foi, e continua sendo, tanto aspiracional quanto inspiradora. Uma mulher que começou com pouco e, no início dos anos 2000, se tornou a primeira bilionária negra e líder de um megaimpério midiático. Mas, de alguma forma, ela ainda parece ser uma de nós. Não é de se admirar que, em uma pesquisa conduzida por *PBS NewsHour*, NPR e Marist antes das eleições presidenciais dos Estados Unidos em 2020, metade dos eleitores registrados tenha dito que votaria em Oprah se ela estivesse concorrendo contra o presidente em exercício. Se ela tivesse se candidato, quem sabe? Com um conectoma tão robusto e multidimensional como o dela, poderia ter sido suficiente para contrariar a vantagem do incumbente.

Com a Oprah, é possível ver como semear em todo o campo, e não apenas em um único ponto, permite que uma marca se ramifique pelo cérebro. Isso também vale para um incumbente que atinge múltiplos pontos de contato na mente do público. Candidatos que construíam o conectoma ao longo dos anos têm uma tremenda vantagem, enquanto os novos que acabaram de dar as caras têm que se esforçar para entrar no jogo e tentar estabelecer a própria marca o quanto antes. Celebridades como Oprah são muitíssimo bem-sucedidas porque também foram capazes de cultivar indiscutíveis conectomas, grandes e positivos. Mas Oprah começou como todos os outros: como uma semente que ninguém conhecia. Essa é a coisa mais notável acerca da Ramificação Cerebral em ação. Qualquer um pode fazer acontecer, desde que siga as regras. De novo, trata-se de uma questão de fazer conexões. Para prosperar, é necessário continuar crescendo, ramificando a marca na mente do público. Ao sobrepor fisicamente associações por todo o cérebro, cria-se uma relevância incrível, tornando-se a escolha preferida, não importando o quanto o campo cerebral esteja lotado.

Tudo começa com essa primeira semente: seja o capítulo inicial de um livro, o revestimento duro que revolve o chocolate, uma campanha política ou um emprego em uma estação de TV local. No início deste capítulo, escrevi que a única maneira de fazer uma marca crescer financeiramente é, primeiro, fazê-la crescer na mente do público, brotando uma sementinha até ela se tornar uma gigantesca sequoia. Mas há uma árvore um tanto menos conhecida, pelo menos para o público ocidental, que pode ser uma analogia melhor do que uma sequoia. A Thimmamma Marrimanu (uma figueira-de-bengala com mais de 550 anos no sudeste da Índia que tem significado religioso para budistas, hindus e praticantes de outras religiões orientais) possui a maior copa do mundo e se espalha por mais de dois hectares.

Quando vista de cima, a imensa copa da árvore domina a paisagem, sendo um símbolo de persistência, vida e crescimento em uma terra seca e árida. Seus galhos se espalham em todas as direções, entrelaçando-se uns aos outros para criar sua própria floresta, apesar de ser apenas uma única árvore solitária. De baixo, sua vasta rede de raízes se espalha pelo solo. Essa árvore não persistiu por conta própria. O departamento florestal local cuida dela com cautela, incentivando as raízes mais jovens a se espalharem e as raízes maiores a continuarem crescendo. Seu Conectoma de Marca pode crescer e prosperar como a Thimmamma Marrimanu, mas é preciso continuar adicionado água, solo e nutrientes. Se não o fizer, sua marca nunca alcançará o potencial máximo.

CAPÍTULO 3

O ATALHO PARA A ESCOLHA INSTINTIVA

Regra do Instinto: Você não pode forçar as pessoas a comprarem da sua marca, mas pode mudar o comportamento instintivo delas.

Uma linha inteira de produtos de queijo (de todos os tipos, formatos e tamanhos), e você teria dificuldade em encontrar uma única na embalagem de nenhum deles.

No meio dos anos 1990, uma grande empresa de queijo parecia operar com um princípio não declarado: evitar vacas, fazendas leiteiras e celeiros em todas as embalagens e publicidades. Em vez de focar de onde o queijo vinha, elas construíam o marketing em cima do queijo ralado e de uma série de inovações de produtos que conquistaram o mercado. O queijo ralado facilitou as refeições e até mesmo os lanches, tornando tudo mais simples e, é claro, mais rápido para os pais ocupados em todos os Estados Unidos. Quem tem tempo para pegar o ralador e esmigalhar um bloco de queijo quando as crianças estão pedindo nachos?

A empresa embalava o queijo ralado em todas as variações personalizadas imagináveis (muçarela para a noite da pizza, uma mistura de queijo exclusiva para tacos, queijo *pepper jack* para dar um toque especial aos ovos matinais) e vendeu milhões de unidades.

Mas, ao concentrar todos os esforços publicitários e promocionais em tiras pré-cortadas e embalagens plásticas com fechos, novas associações não intencionais aos poucos foram se acumulando na mente dos consumidores sem o conhecimento dos líderes da empresa. Com o tempo, essas associações se transformaram em barreiras implícitas: este produto pré-ralado e pré-embalado não era queijo real, mas sim uma mistura ultraprocessada, não natural e cheia de plástico. Desde então, a marca vinha perdendo participação de mercado.

Talvez tenham se recusado a colocar vacas nas embalagens porque as associavam ao cheiro de esterco, sujeira ou até mesmo ao aquecimento global (afinal, as vacas são a principal fonte agrícola de emissões de gases de efeito estufa para a atmosfera). Ou talvez tenham pensado que a empresa precisava evitar o que consideravam uma iconografia genérica de laticínios. Infelizmente, a decisão de uma das maiores empresas de queijo do mundo de não usar "imagens de origem" (visuais de onde a comida vem) abriu uma enorme lacuna.

Enquanto isso, praticamente todos os fabricantes de marcas próprias e donos de lojas — desde Aldi (Happy Farms) e Safeway (Lucerne Dairy Farms) até Kroger — lançaram as próprias marcas de queijo, colocando celeiros vermelhos e brancos, silos prateados e gado holandês nas embalagens. Ao fazer isso, tais marcas conseguiram conquistar uma parcela significativa da participação de mercado da tal empresa de longa data. E, embora os consumidores, a princípio, tenham sentido que o produto da marca era superior às variedades presentes nas lojas locais e estivessem dispostos a pagar a diferença de preço, eles logo começaram a acreditar que esses queijos locais eram tão bons quanto, talvez até melhores. Ainda assim, nada de vacas.

Pergunte aos consumidores quais imagens de queijo consideram mais atraentes (de quais eles mais gostam), e as respostas apontarão para o queijo derretido cobrindo um pedaço de pizza, as fatias cremosas escapando pelas laterais de um hambúrguer ou a mordida perfeita de uma lasanha. Mas pergunte aos mesmos consumidores como imaginam um queijo de *qualidade superior*, e as imagens armazenadas na mente deles são completamente diferentes. Imagens de rodas e cunhas de queijo vêm à mente em todo o universo, assim como vacas, fazendas leiteiras e campos gramados sob céus azuis brilhantes. Até as localizações são as mesmas: a Wisconsin rural, a pastoral Vermont e outros lugares próximos à origem do queijo, todos os quais são associados à alta qualidade.

Sem nenhum mandato que as restringisse, as marcas de produtos próprios mergulharam de cabeça na iconografia de origem. À medida que associações positivas com laticínios, vacas e queijo de verdade eram adicionadas ao conectoma dos queijos de marcas próprias das lojas, uma miríade de caminhos neurais surgiu. Pouco a pouco, os conectomas dos queijos de marcas próprias e de marcas de lojas locais tornaram-se fisicamente maiores. À medida que aumentavam as associações de qualidade e expertise, a saliência na mente do público também crescia. Esses queijos de marcas próprias tornaram-se a escolha instintiva dos consumidores, enquanto o conectoma da empresa tornou-se carregado de associações negativas e menos relevantes. É difícil acreditar que isso poderia acontecer. Essa empresa foi uma das primeiras a vender queijo em massa nos Estados Unidos; sua expertise em laticínios é incontestável. Mas, quando se trata da mente inconsciente, a realidade não importa, pois tudo se resume à percepção e às associações que ela traz.

Os consumidores não precisam de publicidade para que lhes seja dito o que essas imagens significam, ou que uma determinada marca de queijo é mais saudável, natural e autêntica. A cultura estadunidense já fez esse trabalho para eles. As associações têm sido enraizadas em nossa memória ao longo de nossa vida. Ao se associar a fazendas leiteiras, rodas e cunhas de queijo (itens que parecem autênticos e próximos à fonte de laticínios reais, colocando-os em um pedestal em nossa mente), uma marca, seja esta bem estabelecida ou nova no mercado, pode tirar proveito de tais conexões. Essas não são emoções passageiras. Em vez disso, a marca está aproveitando associações implícitas que já estão escritas em nossos caminhos neurais. Este é o caminho de menor resistência: aproveitar-se do que já está na mente. No entanto, é importante destacar que a conexão emocional que sentimos com uma marca ou produto é o *resultado* de todas essas associações positivas, e não de uma reação inicial.

Desde meados dos anos 2000, psicólogos como Daniel Kahneman abriram nossos olhos para a natureza irracional da tomada de decisões. O livro de Kahneman, *Rápido e devagar: Duas formas de pensar*, tornou-se popular, proporcionando ao público uma nova compreensão da ciência comportamental. Toda a indústria de marketing e publicidade embarcou na tendência, mas chegou à interpretação errada. Como as pessoas tomam decisões de maneira irracional, concluíram eles, é preciso se comunicar *emocionalmente* com elas.

Mas a conexão emocional não funciona dessa maneira, e o conceito permanece um dos aspectos mais persistentemente mal compreendidos do marketing. Não existe algo como amor à marca. Um vínculo não é criado ao expressar uma emoção a torto e a direito, e, por mais inteligente que seja, não tem nada a ver com mensagens que sejam humorísticas, nostálgicas ou sentimentais. As emoções são passageiras (ri-se de algo e logo a graça se vai), elas não se infiltram na estrutura de memória das pessoas. Em vez disso, é preciso aproveitar as associações existentes que as pessoas já têm na cabeça, e conectá-las à marca. É isso o que cria conexão emocional.

A tal empresa acabou usando imagens de fatias e rodas de queijo, e também destacando, de forma chamativa, as palavras "Queijo Natural" nas embalagens. Embora essa abordagem tenha ajudado a reconquistar alguns clientes perdidos, a participação de mercado da empresa nunca mais retornou aos níveis anteriores, que eram mais altos. O que eles deveriam ter feito durante toda a transição para enfatizar "conveniência" era incorporar também as imagens de fazendas de laticínios e queijos de qualidade superior. Por exemplo, poderiam ter mostrado um mestre queijeiro fatiando um pedaço de queijo da roda, mostrando de onde vieram aqueles pedaços de queijo ralado. Se essas imagens e ideias tivessem sido apresentadas juntas, teriam transmitido a mensagem "natural" e "conveniente" ao mesmo tempo e sido uma camada eficaz de múltiplas mensagens que poderia ter expandido a relevância da marca.

Ao contrário da opinião popular da indústria, as emoções não funcionam. Não há como forçar as pessoas a amarem sua marca, assim como não há como forçar ninguém a amá-lo. E não se trata apenas de amor: qualquer anúncio emocional em excesso vai cair no vazio se não criar associações positivas duradouras. Isso vale também para o humor. Quando bem-feito, o humor pode ser uma maneira poderosa de construir uma marca e fazê-la se enraizar na estrutura da memória. No entanto, agências de publicidade muitas vezes priorizam arrancar risos em vez de construir relevância. Isso resulta em anúncios nos quais o humor domina a marca e seus benefícios. Vamos pegar como exemplo o Super Bowl de 2023. A Quiznos gastou milhões para criar e veicular o anúncio dos "Spongmonkeys", apresentando pequenas criaturas peludas cantando sobre os sanduíches da rede. Embora o anúncio tenha provocado algumas risadas, falhou em impulsionar os negócios. Isso também aconteceu com a Skittles no mesmo ano. O anúncio "Skittlepox" mostrava amantes de Skittles contraindo uma doença contagiosa na qual os doces coloridos apareciam por todo o rosto deles (e até eram comidos dali mesmo). Uma vez que o anúncio não transmitiu o ótimo sabor dos Skittles, nem a alegria que o doce traz, não valeu o investimento. Quando o humor ou a bobagem tomam conta da história, nada de significativo é absorvido a respeito da marca e de seus verdadeiros benefícios.

Mas, compreendendo como o Conectoma de Marca e as associações positivas influenciam nas escolhas, é possível fazer as pessoas mudarem de comportamento de maneira instintiva, fazendo com que escolham sua marca vezes e mais vezes independentemente da área. Afinal, é quando você conecta a marca a ideias com as quais o público se importa que alcançará o cérebro instintivo dele. No caso do queijo, os consumidores estão cada vez mais interessados em alimentos naturais, em vez de processados, e na origem fresca da fazenda, em vez de na fábrica. Isso não quer dizer que pensam conscientemente nesses aspectos ao escolher um bom Roquefort no supermercado, pois é na memória deles que essas associações estão armazenadas. E, como discutido, para impulsionar o crescimento no mercado, é preciso aumentar a presença dessas associações na mente inconsciente do cliente. Para tanto, são precisos os Gatilhos de Crescimento.

GATILHOS DE CRESCIMENTO

Os Gatilhos de Crescimento são códigos ou motivadores sucintos embalados com uma série de associações positivas. São atalhos concisos que transmitem tais associações positivas e significados ricos, usando qualquer um dos nossos cinco sentidos. Essas imagens, palavras, sons, cheiros e até texturas megapotencializadas acionam as lembranças, impressões e bons sentimentos que já existem em nossa mente. Como um cavalo de Troia, eles podem, então, introduzir novas ideias na nossa cabeça sem serem detectadas, pois se apoiam em algo que nos é familiar. Uma vez dentro do consciente, elas explodem com associações positivas e significados, agarrando-se a diferentes partes do cérebro e ampliando o alcance por todo o território. Os Gatilhos de Crescimento podem ser usados na comunicação, na experiência do cliente e nos produtos para construir inovações mais bem-sucedidas.

Na verdade, eles não precisam de explicação. É por isso que são tão eficientes do ponto de vista da publicidade e da comunicação. As vacas, as fazendas de laticínios e as rodas e cunhas relacionadas à categoria de queijo são exemplos perfeitos (elas têm tantas associações positivas e um status tão elevado em nosso cérebro que somos atraídos para elas por instinto). Além disso, são universais entre os consumidores. Se um motivador só é eficaz com uma pequena parcela da audiência ou um grupo específico de pessoas, então ele não é um Gatilho de Crescimento de verdade.

Ao formar uma conexão entre a marca e esses motivadores, você pode expandir com rapidez o rastro físico do seu conectoma no cérebro do público-alvo. Por outro lado, a emoção não é capaz disso. Mensagens sinceras ou humorísticas, por mais inteligentes que sejam, não criam um vínculo forte com os consumidores porque são passageiras. E nem permanecem na memória das pessoas.

Na verdade, a conexão emocional não ocorre ao expressar emoção. Ela acontece apenas quando os Gatilhos de Crescimento usados por uma marca correspondem às ideias preexistentes na mente do público-alvo.

Lembra-se de quando enfim convenci meu chefe na Johnson & Johnson a incluir pais em um comercial de xampu para bebês da marca, encontrei meu primeiro código megapotencializado. O pai cuidando de um recém-nascido com carinho comunicava uma série de associações positivas, incluindo o pai forte e sensível, e a mãe por fim tendo um momento de descanso. Tais motivadores são essenciais para grudar associações positivas em sua marca, ideia, causa ou produto. Desse modo, embora possa parecer contraintuitivo, o segredo para criar uma conexão emocional não está em *expressar* emoções, mas sim em usar códigos já familiares cobertos por associações positivas que o cérebro já compreende.

Existe um número limitado de motivadores fundamentais para cada categoria e marca. Isso significa que, para a marca crescer, é necessário desejar possuir os Gatilhos de Crescimento da categoria, não apenas aqueles que são específicos para sua marca. Perder esses importantes marcadores significa perder a categoria. Com a grande marca multinacional de queijo, os motivadores e códigos mais poderosos na categoria eram imagens de laticínios saudáveis, naturais e próximas à fonte, muitos dos quais eles deixaram de aproveitar. Não surpreende que marcas próprias e de lojas locais estivessem ganhando terreno. Quando um consumidor vê uma marca com tais gatilhos, há uma correspondência (um momento de iluminação das ideias) entre o que a marca representa e o que o comprador já tem em mente. É como se duas peças de um quebra-cabeça se encaixassem, interligando uma à outra. O instinto assume o controle. Não há necessidade de gastar muito em publicidade.

Nenhum cupom é necessário. O design da embalagem por si só já faz o trabalho.

Mas os Gatilhos de Crescimento se aplicam a muito mais do que apenas a embalagens chamativas. Uma variedade de códigos sensoriais pode potencializar cada ponto de contato com o público: comunicação escrita, redes sociais, publicidade, eventos ao vivo, até mesmo um discurso do CEO ou uma teleconferência de resultados (qualquer ponto de contato é uma oportunidade). Procure por maneiras criativas de aproveitar os Gatilhos de Crescimento. Por que você acha que o queijo Laughing Cow vem em uma roda, composta de fatias individuais?

GATILHOS DE CRESCIMENTO JÁ EXISTEM EM NOSSA MENTE

Os Gatilhos de Crescimento já existem. Eles estão por aí, você só precisa encontrá-los. Muitos estão incorporados em categorias específicas, e, uma vez que se entenda o que está procurando, começará a vê-los por todos os cantos. Tome como exemplo os serviços financeiros. A introdução do trading on-line, o surgimento de fintechs e os mercados em constante mudança impulsionam o crescimento de tais serviços a cada ano. Segundo a Investopedia, no final de 2021 o mercado de serviços financeiros alcançou 22,5 trilhões de dólares, com uma taxa de crescimento de 9,9% em relação ao ano anterior. Hoje, o setor de serviços financeiros representa de 20 a 25% da economia mundial. Novos rostos estão surgindo o tempo todo apenas para conseguir uma fatia desse bolo em constante fermentação.

A Robinhood é um deles. Fundada em 2015, a empresa está na vanguarda do trading sem comissões de ações, dos fundos de índice (ETFs, em inglês) e das criptomoedas, tudo por intermédio de um aplicativo de celular. A missão da empresa é "democratizar as finanças para todos" (e eles têm uma identidade visual que corresponde a isso). O logotipo é uma pena verde, simples e abstrata, semelhante àquela que dizem adornar o chapéu do herói popular. Robin Hood, conhecido por todos como um lutador contra a tirania, que rouba dos ricos para dar aos pobres, é invocado nessa imagem. A pena evoca a ideia de possibilitar o acesso à riqueza para qualquer pessoa.

A eficácia da pena é tão alta porque não passa de um fragmento, um código muitíssimo condensado e sucinto, assim como são os melhores Gatilhos de Crescimento. A empresa não precisa do chapéu do Robin Hood; a pena já basta. O fragmento de um visual reconhecível permite que o nosso cérebro complete o restante da imagem e faça as conexões desejadas. Essa atividade é divertida para o cérebro. Afinal, nossa mente busca preencher as lacunas e fazer associações por conta própria. Ao dar às pessoas um pedacinho do quebra-cabeça que o cérebro pode resolver, é como se elas e as empresas estivessem em conluio, trabalhando lado a lado para criar um significado completo. A empresa não criou o que a marca significa nem as associações positivas, pois a cultura popular já havia feito esse trabalho por eles. O folclore já bem conhecido imortalizou Robin Hood em pelo menos noventa livros desde o século XIX. Mais de vinte filmes sobre ele foram produzidos, nos quais Hood é interpretado por atores que vão desde Errol Flynn, em 1938, até Russel Crowe, em 2010.

Outro exemplo pode ser encontrado no ketchup Heinz. Apesar de ser onipresente, ao longo do tempo o condimento se tornou associado a alimentos ultraprocessados e industrializados em momentos nos quais os consumidores se conscientizavam cada vez mais quanto às escolhas alimentares. O que era natural estava em alta; o que era processado estava fora de moda. Em resposta, a

Heinz procurou remover as crescentes associações negativas. Como fizeram isso? Lembrando aos consumidores a origem do ketchup: tomates frescos, bem vermelhos e suculentos.

O maravilhoso e criativo anúncio "Slices" apresentou a famosa garrafa de vidro de ketchup Heinz, fatiada como um tomate, com o ramo de um caule verde no lugar da típica tampa branca da marca. A imagem foi enfatizada com o slogan "Ninguém cultiva ketchup como a Heinz". A garra, o tomate e o slogan (cada um, por si só, atuando como um Gatilho de Crescimento) evocaram associações positivas de tomates vermelhos, suculentos e frescos, como se o consumidor estivesse colhendo o primeiro da leva de verão de seu jardim direto do pé.

Quando os consumidores viram essa imagem, ela se encaixou de imediato, mudando, em um piscar de olhos, a percepção acerca do ketchup Heinz, que passou de um condimento ultraprocessado e industrializado para um alimento natural. A imagem se aproveitou dos caminhos neurais preexistentes dos espectadores, nos quais tomates maduros e fatiados têm associações bastante positivas. Se isso não bastasse, o slogan enfatizou ainda mais o conceito — o ketchup Heinz não é *fabricado*, é *cultivado*. Assim como Robin Hood, a Heinz não criou tais associações. Elas já estavam na mente das pessoas.

E os Gatilhos de Crescimento não são apenas reservados para mensagens. Eles funcionam em mesma medida na inovação de produtos. É bem estabelecido que nove em cada dez novos produtos falham, uma estatística que todo profissional de marketing e líder de negócios sabe bem. Uma das melhores maneiras de mudar essa estatística e lançar novos produtos bem-sucedidos com consistência é aproveitar o comportamento já existente do consumidor. Um ótimo exemplo é o Kellogg's Special K Red Berries, lançado em abril de 2001. Foi um divisor de águas. O cereal foi tão bem-sucedido que, de início, a Kellogg's precisou pedir aos varejistas para *não* promover o produto porque a produção da empresa não conseguia atender à demanda que crescia cada vez mais. Segundo o *Wall Street Journal*, em 2002 a Kellogg's superou a General Mills e se tornou a líder do mercado de cereais dos Estados Unidos.

Por que essa inovação de produto funcionou tão bem? Bem, o Special K se aproveitou do comportamento humano já existente. Fatiar frutas frescas por cima do cereal é um ritual matinal frequente entre milhões de estadunidenses. Mas ir ao mercado e comprar morangos frescos nem sempre é conveniente. Sem falar que frutas são perecíveis (você corta algumas de manhã, coloca o pacote na gaveta da geladeira e, quando volta a pensar nelas, já começaram a mofar). Além disso, quando se está com pressa de manhã, saindo rua afora a caminho do trabalho, é difícil ter tempo para cortar fatias perfeitas de morango. Claro, os morangos liofilizados não são tão bons quanto os frescos; mas, em meio a todas as associações positivas, eles se tornam uma excelente opção. Manter uma caixa deles no armário, para um café da manhã rápido e saudável, se torna uma escolha óbvia.

COMO ENCONTRAR GATILHOS DE CRESCIMENTO

Os estímulos são a porta de entrada para a conexão emocional, então ter os estímulos certos é crucial para descobrir os códigos e motivadores úteis. Para encontrar os Gatilhos de Crescimento corretos, é preciso considerar os estímulos que afetam pelo menos um dos cinco sentidos. Se o cliente tem a possibilidade de ver, ouvir, tocar, provar ou cheirar algo, isso pode servir como um atalho cognitivo. Na verdade, isso já acontece naturalmente. Tudo o que é preciso fazer é reconhecer tais heurísticas mentais quando as encontrar e incorporá-las em todos os pontos de contato de marketing que você tiver.

GATILHOS DE IMAGEM

Gatilhos de Crescimento Visuais – os quais chamamos de Image Triggers® [Gatilhos de Imagem] – são o tipo mais poderoso de todos (mais poderosos do que palavras são para o aprendizado). O processamento visual de primeiro contato com uma marca é crucial para a formação de memória. Quando vemos uma imagem, ela é armazenada em nossa memória duas vezes, tanto como uma imagem visual quanto como uma palavra, mas uma palavra é armazenada apenas uma vez. Além disso, segundo pesquisado pela 3M, os seres humanos processam imagens sessenta mil vezes mais rápido do que texto. Assim como a pena verde no logo da Robinhood, e as fazendas de laticínios, vacas e cunhas de queijo, os Gatilhos de Imagem são cores ou ícones que produzem associações implícitas. Um exemplo comum é uma árvore. Como consumidores, não precisamos que nos digam que uma árvore simboliza vida, crescimento e proteção, pois fazemos essas conexões de modo automático. Como um Gatilho de Imagem, as árvores transmitem todas essas associações em um único visual.

O símbolo da Nike, o "swoosh", é outro exemplo. O logo transmite velocidade, dinamismo e um impulso para a frente. Faz com que nos lembremos de antigos personagens de desenhos animados, como o Papa-Léguas depois de enganar o Coiote, deixando uma nuvem de poeira em seu rastro, e "linhas de velocidade" voando de suas penas. O símbolo da Nike lembra uma linha de velocidade moderna, implicando um movimento extremamente rápido. Quando posicionado abaixo da palavra "Nike", como se estivesse sob os pés de alguém, cria uma associação visceral, tão poderosa e eficaz hoje quanto há cinquenta anos.

GATILHOS VERBAIS

A Nike não parou com o "swoosh". Tão lendárias quanto o logo são as três palavras muitas vezes repetidas: "Just do it". Esse slogan, assim como o da Heinz, "Ninguém cultiva ketchup como a Heinz", é um Gatilho de Crescimento verbal. Assim como os Gatilhos de Imagem, os Verbal Triggers™ [Gatilhos Verbais] dependem de conexões já existentes (não é preciso explicá-los porque já estão em nossa mente). O poder do "Just do it" vem das muitas associações positivas que já estabelecemos. A frase comunica perseverança, compromisso e motivação sem nunca mencionar essas palavras. Quando ouvimos a frase, ela faz sentido no mesmo instante, sem que precisemos parar para refletir a respeito.

É possível encontrar Gatilhos de Crescimento verbais em lugares bastante improváveis, como em *E pluribus unum* ("De muitos, um"), frase desenvolvida pelo suíço-estadunidense Pierre Eugène du Simitiere, que sugeriu a frase para ser incorporada no Grande Selo dos Estados Unidos, em 1776, e que nos dias de hoje adorna com orgulho a parte de trás de cada moeda do país. Muitos códigos e motivadores verbais são usados para ganhar apoio a favor ou contra certas políticas públicas, como "imposto de transmissão *causa mortis* e doação" (*versus* "imposto sobre herança"), ou "mudança climática" (*versus* "aquecimento global"). Eles também são abundantes em movimentos sociais, como o "Faça amor, não faça guerra" dos anos 1960. E até foram incorporados em julgamentos de assassinato. A famosa frase do advogado de defesa criminal

Johnnie Cochran, "Se não servir, você deve absolvê-lo" (em referência a uma luva que seu cliente O. J. Simpson foi solicitado a experimentar durante o julgamento), acabou se tornando um poderoso atalho verbal. Além disso, grande parte da abordagem da defesa se concentrou em expressões simples e familiares, as quais o cidadão ou jurado comum poderia entender de modo rápido e fácil. Por exemplo, em relação às provas de DNA, Barry Sheck, outro advogado de defesa, caracterizou a contaminação da cena do crime como "lixo entra, lixo sai", questionando no mesmo instante todas as provas contra Simpson.

Enquanto isso, a acusação afogava o júri em dados que eram difíceis de entender e muito menos convincentes do que uma frase simples e sucinta. O cérebro é preguiçoso. Ele não gosta de trabalhar duro, e é por isso que nossas decisões instantâneas são feitas por atalhos cognitivos eficazes. No julgamento de Simpson, o júri tinha uma escolha entre pilhas de informações complexas, as quais precisaria ter tido que analisar com cuidado, contra gatilhos simples que poderiam ser entendidos em um segundo. Batendo de frente com essas frases de efeito poderosas, a acusação não teve chance.

Gatilhos Verbais podem ser particularmente úteis na experiência do cliente. Por exemplo, os atendentes do Chick-fil-A nunca dizem "De nada" quando um cliente agradece no caixa. Em vez disso, dizem "O prazer foi meu". Esta articulação em particular transmite a ideia de que o atendente, de fato, quer ajudar o cliente. A frase vem de um compromisso sincero com o atendimento ao cliente, assegurando a ele que o atendente quer estar ali e gosta do trabalho. As empresas, hoje em dia lutam para criar experiências de alto nível para os clientes, mas uma frase de efeito positiva pode ajudar muito a compensar alguns dos contratempos que podem surgir ao longo da interação entre cliente e empresa.

GATILHOS AUDITIVOS

Os sons reproduzem associações imediatas. Pássaros cantando? Primavera. Rejuvenescimento. Renascimento. O sol brilhando e as flores crescendo. O som de "*vush*" que a Microsoft usa para indicar quando um e-mail foi enviado? Ele faz com que os usuários sintam que estão mesmo enviando um envelope por uma caixa de correspondência à moda antiga (ainda que isso seja algo que nunca tenham feito na vida real) ao simplesmente clicar em "enviar". Todas essas sensações são bem satisfatórias. O que é importante notar é que esse som está gravado em algum lugar da nossa cabeça. Talvez remonte a uma época em que enviávamos mensagens por pombos e ouvíamos o "*vush*" enquanto eles alçavam voo com um papel preso à perna. Ou talvez seja o som de empurrar o envelope para dentro de uma caixa de correio. Esses códigos ficam gravados no cérebro de alguma forma.

A música é outro Auditory Trigger™ [Gatilho Auditivo]. Grande parte da música contemporânea se baseia em sons, estilos e temas que já existiam, aproveitando-se de um enorme conectoma que tem crescido há décadas. Na verdade, toda a indústria da música depende de temas reconhecíveis. Sem essas melodias familiares, a mente rejeitaria a maioria das canções novas. É também por isso que suas músicas favoritas, até mesmo pequenos trechos delas, produzem respostas emocionais instantâneas.

GATILHOS OLFATIVOS

Um dos aromas mais populares na categoria de fragrâncias de ar é chamado de Linho Limpo, o que não é nenhuma surpresa. Todos conhecem a sensação de colocar o nariz em uma pilha de roupas recém-lavadas. Talvez isso o lembre de quando seus pais forravam sua cama com lençóis aquecidos, recém-saídos da secadora, antes de colocá-lo para dormir. Ou talvez você pense em sua avó pendurando roupas brancas impecáveis em um varal no quintal, em uma manhã ensolarada, com a brisa passando por elas. Como acontece com todos os Gatilhos de Crescimento, os cheiros ativam sentimentos latentes, lembranças e associações inconscientes, só que de forma ainda mais intensa – os Olfactory Triggers™ [Gatilhos Olfativos]. Cientistas afirmam que as recordações conectadas aos cheiros evocam *emoções mais fortes* em comparação com outros sentidos. Validando o narrador de *Em busca do tempo perdido*, de Proust, que revive um evento da infância após mergulhar sua madeleine no chá, Pamela Dalton, que tem pós-doutorado e é mestre em Saúde Pública (MPH) do Monell Chemical Senses Center, conclui que os aromas mais poderosos são aqueles "experienciados inicialmente em uma idade mais jovem".

Pense na sua vela com aroma de pinho favorita da loja. Você quase consegue se ouvir pisando com suavidade sobre pinhas, que cobrem todo um caminho pela floresta; o ar fresco e frio enchendo os pulmões, uma pureza que se encontra apenas na natureza. Seu cérebro pode rapidamente associar isso aos feriados de inverno, ao tempo passado com a família, em que se aqueciam perto de uma fogueira crepitante. Todas essas associações acariciam o fundo da sua mente enquanto você pega uma vela da prateleira na seção de artigos para o lar em sua loja de departamento favorita, retira a tampa da vela e dá uma boa cheirada. Ou talvez seja o relançamento da Bath & Body Works da sensação dos anos 1990, Cucumber Melon, que não só evoca o nítido aroma de pepinos recém-cortados e frutas, mas também traz associações nostálgicas para uma geração de mulheres que passaram as noites de sexta-feira ao longo da adolescência em um shopping local, sem smartphones à vista, ao som de Backstreet Boys ao fundo.

GATILHOS DE SABOR

Como o olfato, nosso sentido de paladar pode criar Taste Triggers™ [Gatilhos de Sabor] bem poderosos. Isso não é nenhuma surpresa. Nós não apenas comemos todos os dias, como muitas das nossas experiências sociais com família e amigos são baseadas em comidas e bebidas, o que cria um depósito de associações em nossa mente. Enquanto todas as outras empresas de barras de cereais estavam transformando os ingredientes em um bloco irreconhecível, a KIND manteve os dela intactos. Suas barras são robustas e substanciais. Ao morder uma barra da KIND, os consumidores sabem o que estão comendo porque conseguem enxergar nozes inteiras, passas e sementes... toda a alegria de comer um punhado de mix desses ingredientes, mas em uma barra simples, que pode ser consumida em meio à correria. Essa sensação é satisfatória, não dá para negar. E tão importante quanto é a conexão implícita com o movimento dos alimentos naturais. Assim como com o queijo, encurtar a distância entre a fonte natural dos alimentos cria associações positivas.

GATILHOS TÁTEIS

Pense na sensação de um produto em suas mãos ou sob os pés. Considere o fechamento de um cosmético compacto com um clique que parece expressivo e substancial em comparação com algo fraco e ineficaz. Um poderoso ponto de contato tátil nas embalagens atuais é o papel Kraft, um embrulho marrom que de súbito evoca associações positivas, os Tactile Triggers [Gatilhos Táteis]. Quando os consumidores seguram papel Kraft marrom, não branqueado, isso cria uma sensação de naturalidade, fazendo com que o produto ali dentro pareça mais autêntico e artesanal. Pessoas que recebem o mesmo pedaço de chocolate coberto com três embalagens diferentes atribuirão os sabores e as experiências diferentes a cada uma delas. Nada mudou, vale ressaltar, exceto a embalagem.

GATILHOS PARA SUA MARCA PESSOAL

Hoje em dia, todos estão tentando construir uma marca pessoal, seja on-line, no trabalho ou na vida pessoal. Talvez você esteja tentando entrar na faculdade, buscando uma promoção no escritório ou trabalhando para criar certo burburinho nas redes sociais para sua carreira de coaching pessoal. Não importa qual seja o objetivo, quando se está ativamente tentando construir uma marca pessoal (ou seja, vender *a si mesmo*), os Gatilhos de Crescimento são tão eficazes quanto são para grandes empresas e organizações. No entanto, a maioria das pessoas trata as marcas pessoais com aleatoriedade. Elas não têm um sistema para fazê-lo com eficácia. Não pensam nos marcadores que poderiam impulsionar os esforços para avançar mais rapidamente em suas carreiras.

Pense no líder do pensamento empresarial Seth Godin e seus óculos amarelos marcantes (um sinal visual brilhante que cria associações de intelecto, curiosidade e um ponto de vista diferenciado). Godin se tornou tão reconhecível graças a esses óculos e à cabeça raspada, que foi escalado para interpretar a si mesmo na TV (para a série *Billions*, da Showtime), solidificando o status de um ícone do mundo dos negócios. Da mesma forma, nunca sabemos como Lady Gaga, uma camaleoa do estilo, vai aparecer em seguida, mas uma imagem dela ficou indelével em nossa mente por causa de suas associações poderosas. Com sua característica peruca loira-platinada e um batom vermelho forte, o visual da artista se tornou um portal que evoca a era de ouro de Hollywood, de Marilyn Monroe a Jayne Mansfield, em especial quando cantava clássicos da Broadway ao lado do falecido Tony Bennett. Com essa persona fixada na mente, não importa como ela se transforme, a associação dela aos ícones glamourosos permanece.

Mas não é preciso ser Seth Godin ou Lady Gaga para se beneficiar dos Gatilhos de Crescimento. Se está se candidatando a um emprego, por exemplo, não basta apenas apresentar as credenciais. Educação, experiência de trabalho e habilidades podem ajudar a passar pela triagem inicial; mas, além disso, é provável que todos os candidatos tenham qualificações semelhantes. Então, como você se destaca quando a decisão final muitas vezes se resume ao instinto? Aproveite as conexões existentes na mente daquele que tomará as decisões. Não se preocupe se você não conhece a pessoa. Os Gatilhos de Crescimento são universais, e a universalidade das associações, como o intelecto e a curiosidade que transmitem os óculos de Seth Godin, é o que os torna tão eficazes.

Lembra-se de Ana, da empresa de cosméticos? Ela apareceu para a entrevista de emprego usando um elegante terninho branco, o mesmo que, mais tarde, usou na apresentação para o comitê executivo. Não apenas Ana desejava projetar uma declaração de estilo, em uma indústria construída em torno de produtos que ajudam as pessoas a parecerem e se sentirem melhor, como também queria que os tomadores de decisões achassem, de maneira intuitiva, que ela era a escolha certa. O terno que vestiu contribuiu para esse plano.

 Todos sabemos que roupas brancas são impraticáveis, e, para Ana, essa era a questão da coisa. Ninguém faria essa escolha de moda por falta de alternativa. Assim como o tom perfeito de batom, a roupa dela canalizava intenção e comprometimento, destacando seu impressionante currículo junto a tais associações positivas. A escolha dela também remeteu às sufragistas do início dos anos 1900, que marcharam pelas ruas de Nova York vestidas de branco. A indústria da beleza está repleta de mulheres inteligentes e ambiciosas, e Ana apostou nessas associações positivas com essa campanha histórica que concedeu às mulheres o direito de votar. As mulheres no Congresso entenderam bem essa potência quando chegaram de branco ao discurso do Estado da União de 2019. A mensagem que passaram, sem dizer uma única palavra, foi de solidariedade e da necessidade de progresso. E não é de se admirar que Kamala Harris tenha feito sua primeira aparição após as eleições de 2020, como a primeira vice-presidente mulher, usando um terno branco. A imagem foi diretamente para o cérebro instintivo de todos que assistiram ao momento histórico.

 Gatilhos Verbais, como o modo de falar, são mais uma maneira de construir uma marca pessoal. Se você enfatiza ou minimiza um sotaque, usa certas frases ou linguagens, ou fala de maneira formal ou informal, tudo isso pode ser um gatilho para o cérebro do seu público que você deverá usar a seu favor. Judith Humphrey, fundadora do Humphrey Group e autora de *Taking the Stage: How Women Can Speak Up, Stand Out, and Succeed* [Subindo ao palco: como mulheres podem falar, se destacar e ter sucesso, em tradução livre], sugere que, se as mulheres querem ser ouvidas em um ambiente profissional, devem falar mais devagar e em um tom mais baixo, "ancorando" a voz. No trabalho, muitas vezes as mulheres são notadas como se falassem muito rápido e em um tom muito agudo, o que instintivamente indica falta de confiança. Talvez isso se dê porque elas sentem que precisam dizer tudo naquele momento, já que o ambiente de trabalho, em geral dominado por homens, pode perder o interesse, ou nem mesmo querer ouvi-las de início. (Posso atestar esse sentimento em primeira mão desde os meus primeiros dias no mundo dos negócios.) Ao falar mais devagar, as mulheres demonstram mais confiança no que estão dizendo ("o que estou dizendo merece ser levado em consideração") e, ao "ancorar" a voz, o peso das palavras se torna mais significativo e importante. Nesse caso, falar devagar e em um tom mais baixo é um motivador poderoso.

Mas também não complique demais. Os atalhos cognitivos mais eficazes costumam ser os mais simples. Pense no capacete amarelo. Quando executivos imobiliários aparecem em uma visita ao local usando capacetes de segurança, estão passando uma mensagem clara, e não se trata apenas de segurança. O capacete representa trabalho árduo; os trabalhadores de construções e estradas, por exemplo, que fisicamente constroem a base do nosso país. Isso faz com que os executivos pareçam parte da equipe no terreno e no meio da ação, em vez de estarem isolados em escritórios luxuosos que ficam em coberturas de prédios. O capacete sinaliza que eles sabem o que estão fazendo, e não se importam de colocar a mão na massa. É por isso que, muitas vezes, também arregaçam as mangas da camisa (outro Gatilho de Imagem utilizado por políticos, seja em cerimônias de inauguração ou em folhetos durante campanhas eleitorais). As mangas arregaçadas indicam que eles estão prontos para trabalhar e resolver as coisas para você, assim como as pessoas que constroem a infraestrutura em nossa cidade. Todas essas associações são transmitidas pelo executivo ou pelo político por meio desse único gatilho visual.

Embora o que você veste, ou a maneira como se veste, possa se tornar um Gatilho de Crescimento, há outras maneiras de construir sua marca pessoal. Você pode associar uma expertise específica à sua marca por meio do uso de imagens e linguagem. Por exemplo, Marie Kondo, a consultora de organização e autora renomada mundo afora, explodiu em notoriedade não apenas por causa de seus livros, mas porque imprimiu a própria abordagem na mente do público fazendo uso de uma técnica específica de organização em formato de caixa, na qual roupas íntimas bagunçadas, sutiãs desarrumados e camisas amarrotadas são transformados em obras de beleza similares a um estilo de natureza-morta. Ao mostrar, repetidas vezes, uma gaveta ou armário organizado pelo método KonMari, a técnica se associou à expertise, o público foi inspirado a seguir essa abordagem em sua vida pessoal.

Mas por que precisamos entrar na onda de todas essas regras para sermos notados e conseguir apoio e aceitação para nossas ideias? Por que precisamos usar gatilhos? Não deveríamos precisar mudar a voz, vestir uma roupa ou óculos específicos, ou fazer mais do que apresentar nossas credenciais em uma entrevista de emprego. Certo? Seria bom se fosse tão fácil assim. Nós *precisamos* fazer essas coisas porque é assim que o mundo funciona. Talvez não devesse ser desse jeito; mas, no fim das contas, o mundo gira dessa maneira por uma simples razão: é assim que nosso cérebro funciona.

A comunicação está ficando cada vez mais curta e direta. As pessoas nem mesmo enviam mensagens em frases completas, apenas usam siglas. Nós criamos uma nova linguagem que nos permite encobrir mais significado em fragmentos parcimoniosos. É disso que se tratam os Gatilhos de Crescimento. Eles são motivadores e códigos concisos que têm um grande impacto. E também são econômicos. Não é necessário explicar todas as associações (o cérebro faz esse trabalho com base na nossa cultura e no aprendizado prévio). Diferentemente do que foi ensinado a profissionais de marketing e publicidade, não se cria conexão emocional expressando emoção. Uma risada ou uma lágrima rápidas simplesmente não são duradouras.

E não se pode confiar naquilo de que as pessoas gostam. Elas podem gostar de muitas coisas, mas isso não quer dizer que as leva à ação. (Desculpe, Facebook!) Pode parecer contraditório, mas a conexão emocional não ocorre com a mera expressão de uma emoção específica. Acontece por intermédio de estímulos, nos quais os Gatilhos de Crescimento criam uma correspondência com o que existe na mente de seu alvo. Aquele momento em que as duas peças do quebra-cabeça se encaixam *é* a conexão emocional elusiva que os profissionais de marketing e da publicidade têm procurado. É nesse momento que seu produto se torna uma *escolha instintiva*, e não algo forçado. E, se alguém escolhe seu produto de modo instintivo, quer dizer que a mente já está convencida. Eles estão comprando sua ideia sem nem pensar a respeito. Na verdade, sequer verão as outras alternativas.

CAPÍTULO 4

A MALDIÇÃO DAS ASSOCIAÇÕES NEGATIVAS

Regra do Instinto: As imposições do mercado não estão restringindo sua marca; são as associações negativas que estão.

No início dos anos 2000, a imagem do McDonald's foi prejudicada. A publicação do livro *Fast Food Nation: The Dark Side of the All-American Meal* [Nação do fast-food: o lado sombrio da refeição de todo estadunidense, em tradução livre], em 2001, analisou as práticas das empresas de fast-food, a produção de alimentos, a segurança dos trabalhadores e o impacto na saúde e na sociedade estadunidense. O documentário de Morgan Spurlock, *Super Size Me: A dieta do palhaço*, de 2004, mirou diretamente no aspecto da saúde dos alimentos fast-food, em especial no menu do McDonald's e suas refeições "tamanho família". Livros e filmes desse tipo foram acompanhados por uma tendência geral anticorporativa da época com um novo foco em consumir localmente e evitar redes de fast-food em favor do café de esquina na cidade e as feiras de agricultores nos fins de semana.

Mas nenhum desses fatores impactou negativamente a reputação do McDonald's tanto quanto os vídeos que começaram a circular a respeito dos ingredientes dos nuggets de frango e dos hambúrgueres da rede, incluindo o temido "lodo rosa". Um desses vídeos mostrava uma substância rosada, semelhante a um intestino, escorrendo de uma torneira grande, como se fosse uma espécie de subproduto molenga da carne. Esse vídeo viralizou. E isso não foi tudo: rumores sobre olhos de vacas, vermes, cavalos e enchimentos misteriosos na carne, carne bovina tratada com amônia, hambúrgueres que nunca se decompõem e proteínas feitas em laboratório capturaram a atenção do público. Essas alegações levaram à impressão de que a comida servida pelo McDonald's era de qualidade inferior, ou até mesmo não natural. Em outras palavras, era comida "falsa".

Acontece que isso está longe de ser verdade. Os vídeos do lodo rosa? Uma farsa. Os diversos ingredientes "criativos" acerca dos quais as pessoas criaram tanto alarde? Nenhum deles é usado nos produtos do McDonald's. Ainda assim, a reputação da empresa por oferecer refeições familiares divertidas e acessíveis começou a diminuir à medida que essas associações negativas se firmaram entre os consumidores. E a resposta do McDonald's não ajudou na situação.

Os líderes do McDonald's começaram a se dar conta de que tinham um problema real nas mãos, e reagiram da mesma forma que qualquer outra empresa faria: refutando as alegações negativas e contando a verdade. Na esperança de mostrar o que de fato estava "nos bastidores", criaram uma série de vídeos dentro de suas fábricas, revelando como os nuggets e hambúrgueres eram feitos. Um dos vídeos começava com o apresentador ao lado de uma esteira, acompanhado de trabalhadores em uma fábrica de processamento de alimentos da Cargill (um dos fornecedores do McDonald's), observando a carne bovina crua não processada se movendo pela linha de produção. Nos primeiros dez segundos do vídeo, antes mesmo de qualquer outra coisa ser dita, ele pergunta: "Tem lábios e olhos lá dentro, Jimmy? Em que ponto do processo injetamos o lodo rosa?" Enquanto isso, um novo anúncio mostrava um cliente chegando em um quiosque do McDonald's e perguntando se, de fato, há lodo cor-de-rosa nos nuggets da empresa. Eles também afirmaram publicamente que a comida da rede apodrece de verdade (basta perguntar a cientistas).

O problema foi que, em vez de mudar a opinião das pessoas quanto aos rumores, essas iniciativas acabaram por amplificar as associações negativas e por fazer com que elas se fixassem na mente das pessoas. Ao destacar os aspectos negativos (que eram falsos), acabaram alertando ainda mais as pessoas para a ideia de que poderia haver problemas com os alimentos da rede. O McDonald's caiu na armadilha e, ao responder e refutar as alegações negativas, acabou reforçando-as sem perceber. Mais pessoas, incluindo aquelas que nunca tinham visto os vídeos virais, começaram a se perguntar se havia algo questionável nos ingredientes do McDonald's. Isso, por sua vez, resultou em novas quedas nas vendas, um reflexo direto das percepções negativas crescentes.

A empresa precisava mudar de rumo, o que não é fácil de se fazer para uma gigante da Fortune 500. Mas, em uma das iniciativas estratégicas mais abrangentes e bem executadas da história, o McDonald's acelerou o motor e virou o jogo. Eles começaram a promover a realidade de seus alimentos: seus hambúrgueres são feitos de carne 100% inspecionada pelo Departamento de Agricultura dos Estados Unidos (USDA, em inglês); as vacas e os frangos são criados em fazendas; e todos os ovos utilizados são classificados como Grau A pelo USDA. Passaram a se concentrar em de onde vinham esses alimentos, e como eles acabavam no prato do consumidor ou no McLanche Feliz das crianças. Promoveram os fornecedores, muitos dos quais são geridos por famílias, como uma fazenda de batatas em Washington, um pomar de maçãs em Michigan, e fazendas de laticínios em Illinois e Wisconsin. Também incorporaram atalhos cognitivos, como um ovo fresco sendo transformado no famoso Egg McMuffin, assim criando associações com alimentos provenientes de fazendas, direto da chapa. Essa estratégia de "comida real" contou uma história que já existia, mas que a empresa não estava contando. Ao trazer essas informações à tona, começaram a criar associações positivas que ficaram na mente dos consumidores.

Quando deixadas sem supervisão, associações negativas podem anular todos os pontos positivos de uma marca, criando um Conectoma de Marca também negativo. Quando algo do tipo acontece, em vez de ser a primeira escolha instintiva, a marca se torna a última (ou até desaparece por completo). A maioria dos líderes acredita que o crescimento de uma marca depende de fatores como o nível de gastos, a taxa de crescimento da categoria, a agressividade dos concorrentes ou se a economia está favorável ou não. Embora esses elementos, sem dúvida, desempenhem um papel importante e consumam a atenção dos líderes de negócios a ponto de serem o foco de reuniões de vendas semanais e de relatórios trimestrais de resultados, eles não têm um papel tão significativo no crescimento dos negócios, como muitos são levados a crer. Uma categoria em rápido crescimento não quer dizer nada se seu Conectoma de Marca for um terreno baldio tóxico e cheio de associações negativas. E, se você não cuida de tais associações negativas acumulativas prejudicando sua marca, é certo que não está cuidando do seu conectoma.

Poucos líderes levam esse fato em consideração, já que não acompanham o que está acontecendo na mente inconsciente do público-alvo. Então, quando acabam com um crescimento baixo ou com uma marca irrelevante, muitas vezes pioram a situação ao tentarem dissipar de modo direto ou descontar as associações negativas. Apesar de suas melhores intenções, esses esforços, em vez de eliminá-las, inadvertidamente as reforçam. Mas a boa notícia é que há uma maneira removê-las. A chave para eliminá-las e restaurar o crescimento é bombardeá-las com associações positivas. Para entender como fazer isso e colocar sua marca de volta no caminho do crescimento, antes de mais nada é necessário reconhecer como as associações negativas surgem.

COMO ASSOCIAÇÕES NEGATIVAS SE FORMAM NO CÉREBRO

Os seres humanos têm uma disposição para o viés negativo. Basta olhar para as redes sociais. De acordo com Tristan Harris, diretor-executivo e um dos fundadores do Center for Human Technology, conhecido por falar dos danos das redes sociais e antigo especialista em ética no design do Google, a indignação "simplesmente se espalha mais rápido" do que a positividade. Os algoritmos de inteligência artificial usados por plataformas como o Facebook operam com base no engajamento, eles não distinguem entre positivo ou negativo, apenas se concentram em como obter mais cliques. Como Harris aponta, "as coisas que provocam mais indignação recebem mais cliques, então são colocadas no topo".

Um estudo da Universidade de Cambridge descobriu que, quando se trata de política nas redes sociais, o engajamento dos usuários dobra com postagens negativas sobre a oposição em comparação com aqueles que apenas celebram as visões particulares de um partido. Mas isso não acontece apenas nas redes sociais. A mídia on-line em geral expõe nossa tendência a informações negativas. Quando vemos manchetes em qualquer outlet de mídia on-line, cada palavra negativa adicional aumenta a probabilidade de cliques em 2,3%. Em outras palavras, os consumidores têm uma propensão natural a criar narrativas negativas, sejam justificadas ou não. Como líder de um negócio, causa ou qualquer tipo de marca, isso quer dizer que conhecer a fórmula para eliminar essas associações negativas não é apenas útil, como também é crucial para sobreviver.

As associações negativas podem surgir praticamente de qualquer lugar, mas as fontes costumam se enquadrar em duas categorias amplas: diretas e indiretas. Fontes diretas podem incluir um relatório de notícias sobre comunicação ou algum recall de produtos, um escândalo envolvendo uma estrela pop ou um comentário inadequado de um político quando achava que o microfone estava desligado. Também podem surgir a partir da mensagem de uma empresa que deu uma bola fora e criou uma controversa. Essas fontes diretas são fáceis de identificar: elas estão à vista de todos, e é possível vê-las de longe. Então, quando um Conectoma de Marca começa a mostrar associações negativas, sua origem não é um mistério. No caso do McDonald's, as fontes diretas foram os vídeos virais sobre o lodo rosa que alimentaram uma narrativa falsa que dominou a mente inconsciente das pessoas.

Fontes indiretas são as mais sutis, e, de certo modo, mais insidiosas. Muitas vezes são ignoradas pelas marcas porque não estão evidentes. Em vez disso, são interpretações que o cérebro das pessoas faz a respeito de uma marca que, de alguma forma, se desalinhou com o que era pretendido. Lembre-se: uma vez que o cérebro opera à base de gatilhos, ele está o tempo todo fazendo interpretações com base nos sinais e estímulos que encontra. Se os líderes empresariais não estão monitorando ativamente o Conectoma de Marca, as associações negativas podem se acumular na mente dos consumidores em potencial sem que percebam. Enquanto as fontes diretas de associações negativas podem parecer um ataque, as fontes indiretas são mais como um vírus que cresce lenta e furtivamente dentro da marca. Quando o impacto delas se manifesta e aparece nos demonstrativos de lucros e perdas pode ser mais difícil tomar medidas corretivas.

A Victoria's Secret é um exemplo perfeito. Fundada no final dos anos 1970, durante décadas foi a marca queridinha do varejo. O nome passou a evocar imagens de supermodelos, roupas de dormir de seda fluídas e de lingeries premium (embora reveladoras). Milhões sintonizavam para assistir ao desfile anual de moda que ela promovia, transmitido na televisão com modelos usando enormes asas de anjo e saltos altos na passarela. Os consumidores compravam a lingerie da marca como indulgências sensuais, fosse para si mesmos ou para a parceira. E, no geral, usar a lingerie fazia as mulheres se sentirem atraentes, desejadas e admiradas, ao menos em teoria. Para muitas pessoas, Victoria's Secret e feminilidade caminhavam lado a lado. Mas, nos anos 2010, uma mudança nas tendências culturais estava ocorrendo, e a Victoria's Secret parecia cega a essa realidade.

Isso não quer dizer que os sinais não estavam presentes. O movimento feminista vinha evoluindo ao longo da longevidade da marca. Pelos meados dos anos 2000, a quarta onda do feminismo havia se tornado mainstream, tendo como foco não apenas a igualdade, mas também o empoderamento e uma maior mudança social. O movimento #MeToo também trouxe à tona questões de abuso sexual na indústria do entretenimento e além dela, incluindo na moda. Tão importante quanto, os papéis das mulheres na sociedade e a independência financeira delas estavam evoluindo a saltos grandes. Em 2014, mais mulheres se formavam na faculdade do que homens. Entre 1990 e 2022, mais de 20 milhões de mulheres passaram a fazer parte da força de trabalho dos Estados Unidos, chegando a 74 milhões no período de 32 anos; os salários medianos das mulheres mais que quadruplicaram entre 1980 e 2021.

Com medo de desviar-se do que havia funcionado no passado e sem acompanhar essas mudanças culturais, a Victoria's Secret continuou com os mesmos produtos, incluindo sutiãs Miracle e tudo o mais. No entanto, as associações negativas indiretas já haviam causado o estrago. Para muitos observadores, a marca parecia ultrapassada. O que antes era visto como sexy passou a ser visto como desagradável, ou até pior. A marca da empresa tornou-se cada vez menos relevante à medida que outras novas entraram no mercado, como Aerie, da American Eagle Outfitters, e focaram o conforto em vez de a carnalidade. E também conforme a tendência de roupas esportivas, com empresas como Lululemon e Alo Yoga, ganhou força. Além disso, mais empresas de lingerie começaram a adotar mensagens positivas sobre os corpos femininos.

As associações negativas que se acumularam no conectoma da Victoria's Secret foram resultado de uma marca que contrastava muitíssimo com o mundo em mudança. Não houve nenhum ataque direto à marca, como no caso do McDonald's. Ninguém inseriu essas associações negativas no Conectoma de Marca da Victoria's Secret. Em vez disso, a situação se desenvolveu indiretamente; o cérebro criou a própria história sobre a Victoria's Secret com base na discrepância entre o ambiente social e cultural em evolução e a representação unidimensional da marca quanto às mulheres. Com o tempo, fontes diretas também dariam as caras à medida que uma série de escândalos surgiu com relatos de funcionários e modelos que eram assediados e intimidados, além do emprego dado a Jeffrey Epstein pelo CEO Leslie H. Wexner por mais de uma década. Essa combinação perfeita de fontes diretas e indiretas levou a uma queda de 3,4% nos crescimentos anuais da receita da marca entre 2016 e 2022.

Assim como associações positivas, as negativas a respeito de uma marca podem se incorporar em nossos caminhos neurais existentes e criar novos. Se não estiver prestando atenção, uma nova narrativa também pode se apoderar do seu Conectoma de Marca, sendo resultado de associações negativas acumuladas. Quanto maior for a frequência a que seu público é exposto a informações negativas, mais extremamente negativa será a posição dele em relação à marca. Ela pode sofrer danos tremendos (danos que você nem tem noção de que estão ocorrendo) de fontes diretas ou indiretas. Segundo a propensão do nosso cérebro à negatividade, costuma ser mais difícil mudar associações negativas do que criar positivas. No entanto, com as ferramentas certas, é possível eliminar tais associações negativas com mais facilidade do que se imagina.

O problema mais importante é que a maioria dos líderes empresariais nem ao menos está ciente de que associações negativas são a fonte dos desafios de seus negócios. Pesquisas de mercado e rastreamento de marca muitas vezes indicam que tudo está bem, então, quando o crescimento começa a desacelerar e o negócio passa a perder participação de mercado, eles são pegos de surpresa. Já vimos pesquisas de satisfação do consumidor mostrarem uma pontuação de satisfação de 85 a 95%, enquanto os negócios estão perdendo dinheiro e participação de mercado todos os dias. É como um pneu furado: você pode nem perceber até estar atrasado

A maldição das associações negativas

para o trabalho e encontrar o pneu inteiro vazio. Se tivesse trocado o pneu no momento certo, não enfrentaria esse problema.

Essa situação ocorre com grandes empresas o tempo todo. Tudo parece estar bem, até que os números chegam. Aí, nas reuniões de equipe, todos têm argumentos diferentes sobre por que o crescimento está estagnado ou em declínio. É a concorrência. Ou a economia. A inflação ou a "Grande Renúncia". Mas o que estão deixando passar é a verdadeira raiz da causa: associações negativas acumuladas. A razão pela qual não as veem é porque estão concentrados nos dados errados — como no Net Promoter Score (NPS) ou em atributos de rastreamento de marca, mas *não em associações*. Métricas como pontuações de NPS só examinam o pensamento consciente. E atributos são apenas qualidade ou características de uma marca que o negócio decide acompanhar, como "um bom valor pelo dinheiro" ou "é bom para toda a família". Eles são superficiais e não captam a história que a cabeça dos consumidores criou acerca da marca através de uma rede complexa de caminhos neurais que vivem na mente instintiva. Associações, por outro lado, são memórias multidimensionais que se infiltram na estrutura de memória das pessoas, e vão muito mais fundo.

É por isso que as pesquisas tradicionais de consumidores podem ser enganosas. Acompanhar a classificação dos consumidores quanto a atributos, como "bom sabor", "tem opções saudáveis" ou "tem ingredientes de boa qualidade", não vai lhe dizer nada que já não saiba. Claro, não há nada errado em rastrear esses atributos em si. Por exemplo, é bom saber como a marca se sai em comparação com a concorrência em medidas padronizadas. Mas obter boas pontuações nesses atributos é só o básico. E rastreá-los a ponto de excluir associações fará com que deixe passar o que está acontecendo debaixo dos panos. Isso leva a uma realidade inacreditável: a maioria dos líderes empresariais do mundo não conhece os verdadeiros motivadores de compras e barreiras porque os dados que coletam se referem, em grande parte, a atributos superficiais ou a cliques e impressões, todos distantes das associações.

Ainda assim, é fácil entender por que líderes empresariais dependem tanto dessas métricas. Elas são racionais, fáceis de acompanhar, tangíveis, e fornecem um indicador contra o qual é possível comparar uma empresa com outra em determinada indústria. Em contraste, as associações são menos racionais, possuem mais nuances e são mais difíceis de acessar e medir pela maioria dos métodos de pesquisa padrão. Mas, se não as monitorarmos, as associações negativas crescerão como um vírus na mente das pessoas, se espalhando o tempo todo sem serem detectadas. Para descobrir essas associações negativas, é preciso mergulhar nas lembranças das pessoas e identificar as conexões que o cérebro fez por conta própria e que não favorecem a marca. Se você não estiver prestando muita atenção nelas, as associações negativas podem prejudicar sua marca sem que se perceba. Como elas estão ocultas, e os consumidores nem sequer têm consciência delas, é fácil deixar passar batido o que está acontecendo com o Conectoma de Marca. E, se essas associações forem, em maior parte, negativas, o resultado é inevitável: crescimento negativo.

AS ASSOCIAÇÕES NEGATIVAS – CONEXÕES DE CRESCIMENTO NEGATIVO

Nada é pior para uma marca quanto um crescimento lento ou declinante. Seja um empreendedor de tecnologia respeitado, um time de beisebol profissional, uma empresa da Fortune 100 ou um funcionário bem conhecido e apreciado no escritório... se você não está crescendo, está morrendo. Isso pode soar dramático, claro, mas pergunte a qualquer ator cuja estrelato esteja diminuindo e que não consegue trabalhos ou ao menos se sustentar, e garanto-lhe que é exatamente isso o que dirão. Existe uma correlação direta entre associações negativas e crescimento de receita estagnado ou negativo. Os dois estão indelevelmente ligados. Pense em associações negativas como ervas daninhas em um jardim bem-cuidado crescendo ao redor de toda a beleza a que você dedicou tempo e esforço para cultivar e sufocando-o. Em termos práticos, sempre que o crescimento de uma marca encontra-se em declínio, ou está inferior ao dos concorrentes, pode-se confiar que associações negativas estão em jogo, causando estragos na mente dos compradores potenciais, além de dominando e conquistando os caminhos neurais do Conectoma de Marca. E um grande orçamento de publicidade não resolverá o problema. Se você gasta mil dólares por ano em publicidade, ou 100 milhões, e se seu público-alvo tem muitas barreiras implícitas, ele ainda assim não vai aderir à sua marca.

Por exemplo, até 2018, a rede de lojas de departamento Kohl's parecia dominar o mercado. Em fevereiro daquele ano, a marca possuía 1.158 unidades, totalizando mais de 25 milhões de metros quadrados de espaço de venda em 49 estados dos Estados Unidos. Com cerca de 19 bilhões de dólares em vendas anuais, e um preço de ação que atingiu o recorde de 70,11 dólares naquele ano, parecia estar bem-posicionada para continuar liderando o mercado nos anos seguintes, superando suas duas principais correntes, a Macy's e a Nordstrom, e superando outras, como a Gap e a JCPenney. A empresa também tinha uma série de novas iniciativas que indicavam que estava acompanhando as tendências modernas. Eles foram um dos primeiros a entrar nas vendas on-line e no comércio eletrônico, lançando o Kohls.com em 2001. Na plataforma, ofereciam devoluções gratuitas para compras na Amazon em locais por todo o país e tinham como alvo o mercado *millennial* com foco em marcas de roupas esportivas como Nike, Adidas e Under Armour. Além disso, começaram a oferecer roupas selecionadas pela empresa de mídia e tecnologia PopSugar, que cresceu a partir de um blog de cultura pop iniciado em 2006. À primeira vista, parecia que a Kohl's estava fazendo todas as coisas certas para se manter relevante.

Mas, apenas quatro anos depois, a situação era muito diferente. A participação de mercado estava em declínio e o preço das ações atingiu o mínimo de 26,49 dólares. Em 2021, um fundo de investimento ativista, Macellum Advisors, adquiriu uma participação importante da Kohl's, e queria reformular a marca e revolucionar a empresa exigindo um novo conselho administrativo e, potencialmente, um novo CEO. No fim das contas, descobriu-se que, entre 2011 e 2022, a Kohl's havia perdido uma enorme parcela de 17% de participação de mercado, ainda que, em 2018, parecesse estar no auge de seu desempenho. Com o restante da categoria crescendo em dois dígitos, e a Kohl's apenas com uma taxa anual composta de 0,5%, era apenas questão de tempo até que passassem por uma grande perda de participação de mercado. Então para quem foi toda essa participação de mercado? Bem, para muitas empresas que você deve ter imaginado: lojas de desconto, como T.J. Maxx; grandes redes de varejo, como Walmart, Target e Costco; e, o que não surpreende a ninguém, para varejistas dedicados ao comércio eletrônico, em especial a Amazon. Mas se a Kohl's foi pioneira no comércio eletrônico e no mercado de roupas esportivas, trouxe linhas de produtos específicas e se aliou à cultura pop, como pôde algo assim acontecer? Onde eles erraram?

De muitas formas, eles enfrentaram o mesmo problema que a Victoria's Secret. Um mar de associações negativas fluía para o Conectoma de Marca da Kohl's sem que eles percebessem. Concentrados em inovação e novas linhas de produtos, ninguém na equipe de liderança da Kohl's andava prestando atenção às percepções existentes da marca principal. Nem mesmo os profissionais de marketing, que se ocupavam criando programas de fidelidade e recompensas para os clientes já existentes. Ao primeiro sinal de problemas, a liderança precisava investigar as associações da marca, e não apenas os atributos que a cercavam. Mesmo que se acredite que o Conectoma de Marca tenha poucos aspectos negativos, talvez seja hora de dar uma revisada nele. Não deixe que um desempenho forte em pesquisas tradicionais de satisfação o engane. O crescimento estagnado e a queda na participação de mercado, como o que foi experienciado pela Kohl's, são sinais de alerta de que as pesquisas não estão capturando o que de fato está acontecendo. Alguma coisa está faltando nessa análise. E esse "alguma coisa" são as associações negativas, ou barreiras implícitas, que podem tanto construir quanto destruir uma marca.

Mas você não encontrará as associações sutis que estão causando os problemas na mente de seus clientes atuais. É preciso voltar-se ao público-alvo de crescimento (seus potenciais clientes) em busca de respostas. Na verdade, até mesmo seu público-alvo de crescimento *não* lhe dirá o que há de errado com a marca. Para tanto, faz-se necessário ir além do que dizem, e então ir mais a fundo, coletando as associações negativas implícitas que eles ligam à sua marca. E você deve sempre ficar de olho nas tendências culturais e na concorrência para descobrir as associações positivas que estão se desenvolvendo na mente das pessoas, cujas quais talvez esteja deixando passar.

No caso da Kohl's, associações negativas vinham se acumulando tanto na mente dos consumidores existentes quanto na dos clientes em potencial. No entanto, para alcançar o crescimento mais agressivo, tem-se que priorizar o público-alvo de crescimento e garantir que a marca projete os principais fatores que essa audiência precisa para se converter a ela. Nós vemos políticos fazerem isso o tempo todo enquanto disputam o voto de um ou outro grupo demográfico. Mas também é a principal maneira por meio da qual as marcas de consumo crescem.

Quando o Conectoma de Marca do seu público-alvo tem uma proporção maior de associações negativas do que positivas, o crescimento de receita costuma variar de estagnado para declinante. Mas, enquanto associações negativas se acumulavam no Conectoma de Marca da Kohl's entre 2018 e 2021, ninguém na liderança parecia prestar atenção. Pouco a pouco, as associações negativas estavam dominando a mente inconsciente dos possíveis usuários *millennials* em jogo, e é provável que a de alguns consumidores já existentes também. Mas o declínio tinha pouco a ver com os produtos vendidos pela Kohl's, e mais a ver com as associações da marca.

Todas as parcerias e novas linhas de produtos específicas não vão superar as associações negativas nem impulsionar o crescimento do negócio se, para início de conversa, as pessoas não estiverem se conectando com a marca. Seria como pedir a alguém para entrar na sua loja e dar uma voltinha pelos corredores enquanto o estabelecimento está pegando fogo. Você não vai atrair nenhum interessado. Mas, em suma, é isso o que as empresas fazem o tempo todo. Elas tentam o tempo todo impulsionar o crescimento lançando novos produtos e extensões de linhas de produção; mas, se a marca não estiver dentro do conjunto de consideração dos consumidores, novos produtos não mudarão isso nem atingirão todo o potencial possível. Em outras palavras, se um novo usuário é afastado pela própria Kohl's, ela o perde logo de cara. E, portanto, ele não acessará o site da Kohl's ou entrará na loja, o que significa que, de qualquer forma, nunca experimentará essas novas linhas de produtos.

As associações negativas da Kohl's também foram o resultado dos tempos em mudança; mas, diferentemente da Victoria's Secret, tratou-se mais de uma mudança na moda e no estilo, e não necessariamente de uma mudança cultural ou social. Por anos, a Kohl's foi a escolha de milhões de mãe de meia-idade e de renda média em todos os Estados Unidos. Mas, com o tempo, adquiriu novas conotações. Para um público mais jovem, a marca parecia estar ultrapassada, passando a ser associada a estilos matronais, a mães suburbanas na faixa dos 50 anos que compravam roupas do dia a dia a preços acessíveis. O que por anos tinha sido elogiado como acessível passou a ser visto como barato e de baixa qualidade, não muito melhor do que a concorrência — menos vanguardista na moda e mais ultrapassado.

Uma pesquisa acerca da publicidade da Kohl's entre o início dos anos 2010 e o início dos anos 2020 mostra uma marca parada no tempo. Enquanto varejistas similares, como a Macy's e a Target, sempre aprimoraram a própria imagem ao oferecer looks elegantes, de alta qualidade e com uma aparência específica por um valor mais baixo, a publicidade da marca principal da Kohl's enfatizava mais a acessibilidade do que a qualidade. Se você comparasse a publicidade da Kohl's lado a lado com a de uma loja de descontos como a Dollar General, seria fácil notar a diferença entre as duas. Até parcerias com empresas mais sofisticadas, como a Sephora, já não mais estavam ajudando, pois a Kohl's falhava em evoluir a imagem da marca principal à medida que a linha de produtos mudava.

Se a Macy's e a Target passavam uma imagem de mais sofisticação e estilo por um preço acessível, mas a Kohl's apenas passava a imagem de preços baixos, por que alguém a escolheria em vez das outras opções? As pessoas querem ter o melhor dos dois mundos. E, apesar dos esforços para aprimorar a linha de produtos, a marca não estava projetando nenhuma evolução, e sim uma desvantagem severa em relação às opções concorrentes. Portanto, os resultados do negócio seguiram a mesma tendência. Sem uma inspeção aprofundada da marca principal para descobrir as associações negativas que haviam se espalhado pelo conectoma, a Kohl's não conseguiu alcançar novos mercados nem atrair clientes da concorrência (um dos poucos caminhos infalíveis para o crescimento).

Associações negativas agem como barreiras implícitas ao crescimento. Se a mente do público-alvo almejado foi infectada com associações negativas (seja de fontes diretas ou indiretas), as marcas terão dificuldade em atraí-lo para seu lado. No entanto, como a maioria das empresas não está ciente dessas barreiras, elas acreditam que os fatores tradicionais estão em jogo: sendo superadas por concorrentes, fatores econômicos e outras questões acerca das quais não podem fazer nada. O que elas não percebem é que, ao explorar a mente instintiva e superar as associações negativas, realmente poderiam acelerar o crescimento de receita da empresa a um nível que seria inatingível pelo caminho consciente.

Os benefícios de explorar o Conectoma de Marca vão além do que se pode alcançar para um negócio no presente. Enquanto líder ou proprietário de uma empresa, dar uma olhada por dentro das mentes ocultas de seu público-alvo almejado pode lhe ajudar a *prever* em que pé sua receita estará no futuro. Se houver muitas barreiras implícitas na mente do público-alvo almejado, você terá dificuldade em impulsionar o crescimento. Cada centavo que gastar em marketing para conquistar novos consumidores irá de encontro a uma muralha. Por outro lado, se tiver um Conectoma de Marca robusto e positivo, seus esforços de marketing chegarão ao alvo sem impedimentos, e talvez até sejam recebidos de forma positiva, fazendo com que o crescimento do seu negócio seja maior.

Em suma, a beleza de descobrir as associações e barreiras implícitas de uma marca é que se pode usá-las para ajudar a prever e calibrar melhor as projeções de receita de uma empresa. O que, por sua vez, confere à empresa a vantagem instintiva na hora de planejar tudo, desde as projeções financeiras e gestão da cadeia de suprimentos até a contratação. E os benefícios dessa abordagem vão além de um negócio, ou marca, que você já possui. Avaliar o Conectoma de Marca na cabeça dos clientes em potencial é uma nova prática recomendada para empresas e firmas de *private equity* que avaliam a saúde das aquisições *antes* de comprá-las. Elas querem ver se o negócio que estão considerando possui associações negativas (afinal, é óbvio que, quanto mais associações negativas houver, mais difícil será crescer e obter um alto retorno em um curto período). Além de também estarem calibrando o preço que estão dispostas a pagar com base no que aprendem. Até porque procurar por barreiras implícitas é um novo nível de diligência devida, a "olhada sob o capô" definitiva.

Quando uma marca está em apuros e o crescimento estagnou, as empresas seguem uma lista de possíveis ações a serem tomadas. Elas consertam as operações. Melhoram o atendimento ao cliente. Adicionam aplicativos. Demitem a antiga agência de publicidade e contratam uma nova. Trocam campanhas publicitárias, desenvolvem um novo slogan emocional. Procuram por crescimento em todos os lugares, exceto onde a resposta realmente está: na mente inconsciente do público-alvo almejado. O lado negativo de não fazer isso é nada menos que gigantesco. Quanto mais tempo um negócio está em declínio, mais altas se tornam as barreiras do público-alvo desejado, e mais difícil fica impulsionar o crescimento. Mas isso está longe de ser irreversível.

BOMBARDEIE O QUE É NEGATIVO COM O QUE É POSITIVO

Muitas pessoas acreditam que, se as marcas têm uma imagem limitada ou algumas barreiras negativas, estão presas a elas. Como resultado, podem relutar em abraçar certas oportunidades, já que não têm certeza se o valor de suas marcas pode se estender às novas ofertas. Isso pode ser uma empresa de bebidas alcoólicas decidindo não entrar no mercado de bebidas não alcoólicas, ou um solteiro decidindo não convidar alguém para um primeiro encontro. Mas as vendas de bebidas não alcoólicas aumentaram 33% em 2021 (para 331 milhões de dólares), e, se aprendemos algo com comédias românticas, é que o azarão sempre conquista a garota (em geral após alguma repaginada pessoal dramática, destacando as melhores qualidades internas dele). O que a maioria das pessoas não entende é que quase qualquer associação negativa pode ser apagada. Como isso é possível? Bem, não é possível pegar o cérebro de alguém e extrair uma associação como se estivesse removendo um dente. Mas é possível fazer algo tão eficaz quanto (e menos doloroso).

Associações negativas podem ser superadas por associações positivas, desde que estas sejam suficientemente fortes ou "aderentes". Cada associação aderente (negativa ou positiva) reconfigura

A maldição das associações negativas

nosso cérebro. Se alguém cujo gosto você respeita disser que certo chá gelado é o melhor que já provou, essa pessoa é adicionada ao conectoma da bebida em seu cérebro. Se você já tem associações positivas com a bebida, seja por anúncios digitais que viu, ou experiências que teve no passado, então elas são ainda mais reforçadas. Mas, se alguém o lembrar de que a garrafa de plástico do chá é do mesmo tipo que está poluindo o oceano e destruindo ecossistemas preciosos, essa associação negativa também pode ser adicionada ao conectoma da bebida, ainda mais se você for apenas um consumidor casual.

Se esse chá em particular tem sido seu favorito durante toda a vida, essa informação pode não afetar o cérebro de forma alguma. É provável que nem mesmo entre no conectoma da marca na sua mente. Todas as associações positivas que você tem no conectoma vão neutralizar esse novo componente de informação. Isso ocorre porque um conectoma rico e robusto, cheio de associações positivas, age como catalizador de boa vontade, impedindo que associações negativas se fixem. Do mesmo modo, associações positivas suficientemente fortes e aderentes podem superar associações negativas. Basta considerar qualquer história clássica de ressurgimento.

Histórias de ressurgimento são encontradas por toda parte (e o público adora): atores em toda a indústria do entretenimento como Robert Downey Jr. ou Brendan Fraser, figuras esportivas como Mike Tyson, personalidades da TV como Martha Stewart e até figuras históricas como Winston Churchill. Durante anos, Churchill foi construindo uma persona pública, desde seus dias como jovem oficial militar até seus livros de grande sucesso e seu primeiro assento no Parlamento em 1900. Mas, em 1922, muito antes de alcançar a fama suprema como primeiro-ministro em 1940, ele perdeu o assento como secretário colonial. Embora tenha retornado por um breve período ao Parlamento, até 1929 ele e o restante do Partido Conservador foram derrotados. Assim como muitos outros, ele foi bastante afetado pela Grande Depressão e ficou anos como um outsider político, embora continuasse escrevendo e dando discursos.

Ao longo dos anos, associações negativas se acumularam no Conectoma de Marca de Churchill, incluindo a percepção de que estava enferrujado, em parte devido à resistência que tinha ao autogoverno da Índia. Ele era visto como uma figura do tipo "Coronel Blimp", que não podia ser levada a sério; como alguém de julgamento pobre, algo que foi resultado do fiasco de Dardanelos durante a Primeira Guerra Mundial, no qual Churchill, como Primeiro Lorde do Almirantado, liderou um ataque fracassado que resultou na morte de 46 mil membros das tropas aliadas; como um homem oportunista e desleal, que alternava entre os partidos Conservador e Liberal; como um candidato incapaz de vencer uma eleição; e como um gastador com gosto caro por casas, comidas e charutos. Até mesmo a amizade de Churchill com figuras impopulares criou associações negativas adicionais na mente do público. E, entre eles, estavam inclusos o deputado irlandês Brendan Bracken, que muitos consideravam "falso", e Frederick Lindemann, seu conselheiro científico, que era visto como arrogante de tal maneira que todos os membros de um comitê de pesquisa em que Lindemann estava renunciaram, dizendo que não eram capazes de suportá-lo. Embora possa ser injusto, pessoas, assim como marcas, são conhecidas pelas associações que mantêm.

Mas as preocupações públicas de Churchill a respeito de um conflito com a Alemanha nazista, e a falta de preparação da Grã-Bretanha para lidar com isso, mudaram, e muito, as percepções públicas e as de seus colegas a seu respeito. Ele acreditava que o rearmamento da Força Aérea Alemã representava uma ameaça significativa para a Grã-Bretanha, alertando que, até o final de 1936, a força aérea da Alemanha seria 50% mais forte do que a britânica. Churchill também viu Hitler como o perigoso belicista que de fato era muito antes de seus colegas esquentarem a cabeça com isso. Essa visão de futuro e sabedoria estadista sênior levaram a associações positivas suficientes para levá-lo de volta à política popular, e no nível mais alto possível. Após sua eleição como primeiro-ministro, ele seguiria em frente para ajudar a liderar a Grã-Bretanha e as forças aliadas à vitória na Segunda Guerra Mundial.

Atletas profissionais também não são estranhos à capacidade de associações positivas para superar as negativas. Por exemplo, a sensação do golfe Tiger Woods tinha uma reputação impecável quando surgiu na mídia. O conectoma dele era vasto e cheio de associações positivas: jovem, de origem diversa em um esporte dominado por brancos, filho de um veterano, atleta incrível, homem de família. Uma verdadeira história de sucesso estadunidense. No entanto, com o tempo, inúmeros casos extraconjugais abalaram o casamento dele, que acabou, seguidos por uma pausa no golfe e anos de lesões que afetaram sua capacidade de jogar. Em 2010, de 71 golfistas do PGA Tour entrevistados, 24% deles acreditavam que Woods havia usado drogas, incluindo hormônios de crescimento. Quando a ESPN entrevistou sessenta profissionais do PGA Tour em 2016, 70% acreditava que ele nunca mais conquistaria outro título de campeão em um grande torneio de golfe. No ano seguinte, o golfista foi encontrado dormindo ao volante do carro sob influência de analgésicos. Nessa altura, as associações negativas haviam se estabelecido: infidelidade, vício em sexo e drogas, constante uso de esteroides, entre outros.

Então veio o retorno. Não apenas Woods havia ido para um centro de reabilitação sexual após o divórcio muitíssimo criticado, mas também, ao longo dos anos, ele e a ex-esposa, Elin Nordegren, conseguiram superar o passado e desenvolveram um relacionamento saudável como pais amorosos e amigos. Enquanto isso, em 2018, o tenista ganhou o octogésimo torneio do PGA Tour, o primeiro em cinco anos, provando aos colegas que estavam errados e recuperando o destaque. (Nada remove associações negativas melhor do que uma vitória.)

Embora algumas associações negativas possam permanecer no conectoma do esportista ainda hoje, a capacidade de seguir em frente após um período inacreditavelmente tumultuado em sua vida recarregou o conectoma com associações positivas: foi persistente, levantou-se após ser derrubado, é um verdadeiro campeão, um pai amoroso, reconciliou-se com a ex-esposa, está tentando ser um atleta e uma pessoa melhor, é grato por essa segunda chance. Mesmo em 2021, quando Woods se envolveu em um acidente envolvendo um único carro em Los Angeles, as dúvidas sobre a causa (muitas das quais poderiam ter levado a associações negativas) foram descartadas. As associações positivas no Conectoma de Marca de Woods haviam se tornado mais fortes e maiores do que as negativas, e esse novo fragmento de informação não conseguiu romper o amortecedor.

As associações positivas têm o poder de superar as negativas devido ao funcionamento do cérebro, que é uma máquina de aprendizado e adquire novas informações todos os dias. Novas experiências fazem com que algumas conexões nesse órgão se fortaleçam, enquanto outras são removidas ou "podadas" (na neurociência, esse processo é conhecido como *poda sináptica*). Isso significa que associações negativas nunca estão de fato enraizadas. Quando novas associações positivas crescem em nossa mente, elas criam novas vias neurais, superando as antigas associações negativas e, na prática, as suplantando. Esse processo pode acontecer com rapidez ou ao longo do tempo. Conforme as associações negativas são empurradas para baixo ou integradas, as positivas florescem no cérebro, expandindo esse robusto Conectoma de Marca. E, como você já sabe agora, é nesse momento que novos comportamentos instintivos começam a tomar forma.

Pense nas pesquisas políticas. Nelas, os eleitores *afirmam* se importar com economia, empregos, cuidados de saúde, imigração, impostos ou segurança social. Mas, quando chega o momento de votar, escolhem o candidato com o maior conectoma positivo que têm na cabeça. Assim como fazemos a maioria de nossas escolhas por marcas motivados por instinto, nossos votos são baseados em lembranças acumulativas conectadas a um partido ou candidato, as quais podem ou não ter algo a ver com a política pública real e eficiente que eles exercem. Mais uma vez, a triste verdade é que nosso cérebro é preguiçoso. Conduzir pesquisas acerca do histórico de votação de um candidato e de sua plataforma política requer trabalho. Por isso, tomamos decisões rápidas com base em associações, sejam positivas ou negativas. Elas podem não ser as melhores decisões, mas são, sem sombra de dúvida, o caminho de menor resistência para o cérebro.

Ao expandir um conectoma, associações positivas são sempre melhores do que as negativas, mas não se esqueça de que o tamanho ou a proeminência do conectoma contam mais. O de maior tamanho tende a suplantar a concorrência. Um conectoma positivo, mas pequeno, quase sempre perderá para um maior, mesmo que tenha algumas associações negativas, porque o tamanho físico do conectoma (o rastro físico de sua marca) é o mais importante.

Desde que mantenha o conectoma em ordem, expandindo os ramos positivos e podando os negativos, sua marca terá uma relevância mais positiva do que a de seus concorrentes. A marca mais proeminente na mente se torna a escolha preferida. E, quanto mais inundar as pessoas com associações positivas a respeito de sua marca, mais você diminui as negativas e garante que ela continue sendo a escolhida. Esse processo pode ser aplicado para além do que apenas vender um produto ou ser escolhido para uma promoção, ele pode até ajudar a mudar nossos vieses.

A PREFERÊNCIA POR UMA MARCA É, NA VERDADE, UM VIÉS

A escolha por uma marca é um viés. Não digo isso com um juízo de valor. Trata-se de um fato. Quando se escolhe Pepsi em vez de Coca-Cola, significa que o Conectoma de Marca é positivamente enviesado em relação à Pepsi, e negativamente enviesado em relação à Coca-Cola. Quando se alinha com o Partido Democrata em vez de com o Partido Republicano, significa que seu Conectoma de Marca político é positivamente enviesado em relação aos Democratas, e negativamente enviesado em relação aos Republicanos. Um viés nada mais é do que uma predominância de associações positivas em relação a uma escolha e uma predominância de associações negativas em relação a outra. E, embora as pessoas acreditem estar no controle consciente das escolhas que fazem, seus vieses estão sempre em jogo.

Vacinações, mudanças climáticas, a melhor maneira de cozinhar um ovo... qualquer questão com pelo menos dois lados (e todas as questões têm mais de um) pode ser vista dessa maneira. Se você tiver na cabeça mais associações negativas do que positivas acerca de um lado em relação ao outro, isso significa que tem um viés negativo que afetará suas decisões e seus comportamentos instintivos. Esses vieses são todos resultados de nossos conectomas e associações acumuladas, positivas ou negativas, que estão dentro deles, e que podem ser observados se manifestando em quase todas as áreas da vida. Considere o cenário político e a crescente divisão entre democratas e republicanos. Não é que as pesquisas estejam polarizadas, são os conectomas dos eleitores que estão.

O Conectoma de Marca de um republicano leal e o de um democrata também leal tendem a ser o reflexo um do outro. Republicanos fervorosos têm um Conectoma de Marca republicano preenchido com associações positivas, enquanto o Conectoma de Marca democrata é preenchido com associações negativas. O Conectoma de Marca dos republicanos em relação ao próprio partido é composto de uma maioria de associações positivas e algumas poucas associações negativas. O Conectoma de Marca democrata é o oposto: poucas associações positivas e a maioria negativas. Não é de se surpreender, portanto, que os democratas sejam o inverso. Democratas leais têm um Conectoma de Marca democrata preenchido por associações positivas, e um Conectoma de Marca republicano é preenchido por associações negativas.

Conforme discutido, a conexão emocional ocorre quando uma marca projeta conteúdos ou mensagens (visuais, verbais ou de outra espécie) que se encaixam com o que os consumidores já têm na cabeça. É como encaixar duas peças de um quebra-cabeça no lugar certo. Mas, como estão nos dias de hoje, o Conectoma de Marca democrata e o Conectoma de Marca republicano não "se encaixam" (quando o lado positivo de um é o lado negativo de outro, os dois conectomas se repelem, como polos opostos de dois ímãs). Quando os conectomas de duas pessoas, ou dois grupos, estão em tamanha oposição (quando são opostos polares), é difícil encontrar um meio do caminho. Mas não precisa ser assim.

Os Conectomas de Marca desses dois partidos possuem a própria imagem de marca, o próprio tipo de personalidade e valores e, como qualquer marca de produto de consumo, também possuem a própria percepção de seus "usuários" (muitas vezes uma caricatura das pessoas reais que se afiliam a cada marca). Além disso, assim como as marcas comerciais, as associações que o cérebro cria sobre esses partidos podem ou não ser verdadeiras. Mas, se são reais ou não, não importa. Democratas e republicanos têm, cada um, um ecossistema convergente de associações acumuladas na mente de seus membros mais leais tanto sobre o que se refere ao próprio partido quanto àquele que estão em oposição. Tentar *persuadir* um republicano a votar nos democratas, ou vice-versa, não é uma tarefa fácil. É difícil convencer membros dos dois partidos a ao menos conversarem entre si nos dias de hoje, quanto mais concordarem a respeito de política. Quando acabam se esbarrando, seja em uma celebração familiar ou na televisão nacional para discutir política, o contraste extremo de seus conectomas cria uma tempestade. Corações começam a acelerar. O instinto de lutar ou fugir entra em ação. Rostos ficam vermelhos.

Michael Platt, professor de neurociência em Wharton, estudou a atividade cerebral relacionada à lealdade às marcas e descobriu algo surpreendente. Durante o estudo, quando os usuários de marcas foram informados de notícias críticas sobre o produto de que gostavam, os centros de dor do cérebro deles se acenderam. Imagine só. Um insulto à marca pela qual é apaixonado pode causar a mesma reação física no cérebro que você sentiria caso estivesse sentindo dor. Isso também acontece em casos de lealdade política. Na verdade, a resposta fisiológica nesses casos deve ser ainda mais intensa. O que está por trás dessa resposta é o confronto entre dois conectomas opostos, um espelhando o outro.

Alguns cientistas dizem que um cérebro republicano é funcionalmente diferente de um democrata. Em um estudo de 2011, Darren Schreiber e seus colegas da Universidade de Exeter, ao analisar a função cerebral das pessoas, descobriram que poderiam prever com precisão o partido político delas em 82,9% das vezes. No entanto, claro, não há uma predisposição genética para um partido político específico. Ninguém *nasce* com tendências para a esquerda ou para a direita. A propensão política das pessoas é diferente não porque tenham cérebros biologicamente distintos, mas devido à vasta teia de recordações que se acumularam na mente delas, tudo resultado do ambiente, da criação, dos amigos, dos influenciadores digitais, da mídia e das experiências sociais. Quando se trata de política, é mais uma questão de criação do que de natureza. E, em um mundo onde algoritmos de redes sociais criaram bolhas sociais, reforçando de forma contínua o ponto de vista atual das pessoas em vez de expô-las a outras perspectivas, os conectomas políticos tornaram-se ainda mais polarizados.

O que podemos fazer em relação a essa polarização? Como podemos diminuir a animosidade dos lados? O segredo para encontrar um meio-termo é apresentando novas associações positivas aos conectomas de cada grupo. Para começar, precisamos desafiar os algoritmos das redes sociais que nos dividem. Os democratas precisam buscar fontes equilibradas de informações sobre o Partido Republicano, e os republicanos precisam fazer o mesmo para equilibrar o Conectoma do Partido Democrata. E isso é de responsabilidade individual de cada indivíduo.

Se em vez de gritarem uns com os outros sobre a questão da guerra cultural do momento, os dois lados fossem expostos repetidas vezes a ideias mais moderadas do espectro político oposto, seria possível fazer progresso. Olhe para qualquer alma irritada atacando alguém nas redes sociais, e será possível enxergar um Conectoma de Marca distorcido. Isso não vem de influências políticas diversas, e sim da exposição constante a apenas uma. E é prejudicial no sentido mais franco tanto para cada pessoa em particular quanto para a sociedade em geral. Nós estamos nisso juntos! Se os membros de ambos os partidos aprendessem mais sobre cada lado, ficariam surpresos ao descobrir que mais nos une do que nos divide e, no processo, ainda criariam associações positivas. Novas vias neurais seriam formadas, equilibrando os conectomas na mente dos membros de ambos os partidos. Desse modo, ocorreria o desenvolvimento pessoal, os vieses seriam reduzidos e a pressão arterial de todos diminuiria.

Uma vez que entendemos que a preferência instintiva por uma posição em vez de outra é apenas o resultado de um conectoma positiva ou negativamente enviesado, podemos progredir em qualquer questão decisiva. Saber o que está por trás de nossos preconceitos é libertador porque nos permite não apenas entender melhor uns aos outros, mas também influenciar as pessoas de modo mais produtivo. Porque as regras para influenciar o que parecem ser vieses enraizados são exatamente as mesmas que se usa para mudar a preferência de marca de alguém. Nenhum posicionamento sobre um problema, marca ou afiliação política é fixo de fato. Tudo o que você precisa fazer é substituir associações negativas por positivas. Não é uma questão de vilificar as pessoas. Não é uma questão de dizer que elas são estúpidas. Não é uma questão de criticar. É uma questão de conectar-se com elas com base em ideais compartilhados, usando estímulos como atalhos cognitivos poderosos aos quais são atraídas e acrescentando associações positivas que causam a formação e o florescimento de novas vias neurais. No fundo, se você deseja uma sociedade menos polarizada e próspera, os cérebros de ambos os lados do espectro político precisam evoluir.

Quando uma marca tem um excesso de associações negativas, os truques tradicionais não vão ajudar. Isso porque o cérebro está mesmo "de costas" para a marca. Quando isso acontece, toda a promoção no mundo não será o bastante para incentivar os possíveis consumidores a se converterem. Além disso, quando uma marca está carregada de associações negativas, ela se torna vulnerável. Então, se ocorrer algum problema externo (como um produto contaminado ou um erro grosseiro nas redes sociais), o negócio que já é frágil sofrerá um declínio ainda maior. Mas a boa notícia é que quase todo negócio, não importa quanto de participação de mercado tenha perdido, em geral pode ser revitalizado. As únicas exceções são marcas que estão em declínio há tantas décadas que já estão deterioradas até demais. No entanto, essas situações são raras. (A Sears pode ter sido uma delas.) A maioria dos declínios pode ser revertida ao bombardear os aspectos negativos com positivos.

A receita do McDonald's em 2022 foi de mais de 23,18 bilhões de dólares e segue sendo a maior empresa de fast-food do mundo. Obviamente, muitas das associações negativas que os consumidores podem ter, ou tiveram, com a lanchonete foram suplantadas por associações positivas. Mas isso, é claro, não significa que associações negativas não possam voltar a dar as caras. E isso também é verdade para a sua própria marca, seja ela pessoal, profissional ou o que for. Portanto, é preciso sempre monitorá-la e cuidar do seu conectoma, aumentando as associações positivas em sua jornada em direção ao crescimento. Ao fazer isso, você fica um passo à frente no controle de sua marca, em vez de ser uma vítima das circunstâncias.

CAPÍTULO 5

O EFEITO DA MONTANHA COBERTA DE NEVE

Regra do Instinto: A familiaridade é mais poderosa do que a singularidade, mas a distinção é a mais forte de todas.

Ao caminhar pelo supermercado, você não pensa duas vezes na água engarrafada que pega da prateleira. Não há contemplação. Não há premeditação. Não há ponderação. Se você é um consumidor da Poland Spring, vai alcançar por instinto o pacote verde e azul, com pinheiros e um riacho em curso. Ou se Aquafina é a preferida, você visa à garrafa azul com a montanha coberta de neve. Para permitir essas decisões rápidas, o cérebro se utiliza de atalhos cognitivos. É uma das maneiras como ele nos ajuda a entender o mundo. Hoje, um supermercado médio possui mais de trinta mil itens. Se seu cérebro não tivesse essa habilidade, você se confundiria e ficaria sobrecarregado (levaria semanas até que concluísse as compras).

Não importa qual marca de água engarrafada você escolha com mais frequência por instinto, as chances são de que o esquema de cores dominante delas seja azul e branco, as cores da água e do gelo, e de que apresente símbolos icônicos de córregos cristalinos, montanhas ou gêiseres jorrantes. Essas cores e imagens gráficas combinam com lembranças e associações positivas em sua mente — a serenidade fria e as maravilhas refrescantes da natureza, todas engarrafadas e prontas para serem apreciadas. Essas cores e imagens similares são usadas nas marcas de água engarrafada mais bem-sucedidas por um motivo importante: elas indicam ao cérebro que tal água é a *melhor* que se pode comprar em seu estado ideal, seja purificada, filtrada ou intocada por mãos humanas.

Mas a tradicional regra consciente do marketing diria que, se você administra uma empresa de água engarrafada, é melhor não usar córregos cristalinos, montanhas cobertas de neve ou as cores branca e azul nas embalagens. Estes são todos clichês. Nada novo sob o sol. Genéricos. E um dos princípios mais duradouros nos quais os profissionais de marketing são treinados (e que se infiltrou na mentalidade dos especialistas de marketing em todo o mundo) é a crença de que a singularidade é fundamental para o sucesso na construção de marcas e negócios. Por décadas, o mundo dos negócios ouviu exortações como "Destaque-se", "Seja o diferentão" e "Diferencie-se ou morra".

Quando vista de perto, no entanto, a regra da singularidade simplesmente não faz sentido. Não se sustenta. A ciência cerebral é clara. Como seremos humanos, estamos programados para nos conectarmos com o *familiar*, e não com o único. Nós ansiamos pelo familiar. Tire um bebê dos braços da mãe, e ele chorará até ser devolvido. Isso talvez nunca tenha sido tão evidente quanto no pânico de compras durante os primeiros dias da pandemia de covid, quando nossos instintos de sobrevivência estavam no auge. Os consumidores não buscaram o desconhecido; em vez disso, optaram por marcas tradicionais, como Campbell's, Smucker's, Huggies, Cottonelle e Scott (os últimos três fabricados por Kimberly-Clark), que os faziam sentir confortáveis e seguros. Eles compraram o que conheciam melhor.

Ao contrário do que todos aprendemos, ser único não atrai pessoas para uma marca; pelo contrário, as afasta. Ainda assim, muitas empresas de design ficam tão concentradas em criar algo que seja diferente, na esperança de se destacar, que acabam perdendo por completo o que de fato se conecta com os consumidores. Olhe as principais marcas de água engarrafada com vendas combinadas na casa dos bilhões: Aquafina, Evian, Glaceau, Poland Spring, Crystal Geyser, Deer Park. Todas utilizam cores e imagens iconográficas semelhantes.

No meio do corredor de água engarrafada, está a Fiji (percebeu que o nome deles está ausente da lista de mais vendidos?). A imagem de uma flor de hibisco cor-de-rosa brilhante se estende tridimensionalmente para os potenciais compradores. O gráfico da flor e sua garrafa em formato quadrado tornam a embalagem diferenciada no mercado de água engarrafada. Ei, parece ótimo! Para a infelicidade da marca, no entanto, *tem pouco a ver com água engarrafada*. Com certeza é única, mas não é familiar, nem parece pertencer à categoria e também não tem as associações que elevam uma marca de água engarrafa acima das outras.

Claro, poderia dizer-se que a flor evoca a beleza natural do arquipélago de mais de trezentas ilhas, a pureza do Oceano Pacífico sul brilhando sob o sol. Mas ninguém bebe água engarrafada do oceano. E, embora Fiji seja um lugar deslumbrante, os compradores do dia a dia não necessariamente sabem muito a seu respeito, muito menos que a água vem de um aquífero artesiano na ilha de Viti Levu. Portanto, embora o design da embalagem possa ser atraente e único, ele não é tão relevante para o conectoma dos clientes quanto o da concorrência, e seu foco em se destacar sempre limitará o potencial da marca. Destacar-se tem pouco a ver com as escolhas que uma pessoa faz. O mesmo não pode ser dito quanto à familiaridade.

E isso nos leva de volta à montanha coberta de neve. A montanha coberta de neve é uma maravilha do marketing por causa do lugar que ocupa na mente inconsciente. A montanha não é única (não chega nem perto de ser), mas tem uma infinidade de associações positivas inerentes que são incomparáveis em significado e importância: pureza, ancestralidade, naturalidade, frio, amiga da natureza. Você pode até imaginar pessoas escalando o topo da montanha para encher baldes com água glacial pura e depois descendo para engarrafar o conteúdo e entregá-lo a uma loja próxima. Por que você não iria querer todas essas associações a uma marca de água engarrafada?

Mas não é tão simples quanto encontrar uma imagem icônica e usá-la "como é". Há mais nisso. A imagem precisa carregar associações positivas e ser usada de modo que se torna inseparável da marca. É por isso que, embora a familiaridade seja mais importante que a singularidade, a *distinção* é o melhor de tudo. A distinção lhe permite aproveitar os caminhos familiares e positivos, as lembranças e as associações já existentes na mente inconsciente, mas associando-os à *sua* marca e influenciando a decisão do público-alvo de escolhê-la por instinto.

A distinção é diferente da singularidade, que se trata de destacar-se, de ser a embalagem preta na categoria de molho de tomate vermelho. A busca pela singularidade, na verdade, pode afastar as pessoas, enquanto a distinção as atrai. Aquafina, a principal marca na categoria de água engarrafada, fez isso muito bem, projetando uma gama estilizada e abstrata de montanhas cobertas de neve com um nascer do sol laranja, e colocando-a com destaque na embalagem. Essa imagem se aproveita das associações positivas do topo gelado da montanha; mas, ao torná-la estilizada e abstrata, se tornou distinta (a própria versão deles dessa imagem icônica). Aí está seu objetivo: aproveitar o familiar ao mesmo tempo que cria algo distintivo para sua marca.

APROVEITE CONCEITOS E IMAGENS FAMILIARES

Se uma empresa consegue lançar uma marca no mercado e fazê-la se destacar, em especial em um campo competitivo, a lógica é a de que a marca terá sucesso. Anúncios que capturam a atenção, mesmo que por um breve momento, cortam o ruído e são notados por suas conquistas criativas. Com frequência, são esses que ganham premiações como o Cannes Lions, os Oscars do mundo da publicidade, o CLIO, o D&AD e o One Show. São os que nos fazem prestar atenção. Rir. Os mais criativos, intrigantes. E com razão. São os comerciais sobre os quais falamos após o Super Bowl, ou que talvez até assistamos a uma segunda vez on-line. São os que se destacam. Mas se destacar não necessariamente se traduz em vendas.

Uma "propaganda do momento" é, na verdade, uma métrica-chave muitíssimo importante na indústria da publicidade, usada para medir o sucesso de trabalhos em diversos canais, seja digital, impresso, televisivo ou qualquer outro. Pode ser um comercial de trinta segundos na TV ou um vídeo de sete segundos no YouTube. Quando uma "propaganda do momento" surge, significa que os espectadores do anúncio conseguem lembrar-se tanto do próprio anúncio quanto do produto ou serviço que está sendo vendido. O problema é que a maior parte da indústria de marketing e publicidade acredita que a chave para alcançar um anúncio digno de ser a "propaganda do momento" está na *singularidade*. Quanto mais inovador, melhor. Algo saído de Marte, nunca visto antes. Muitos departamentos de marketing e agências de publicidade ainda estão mergulhados nas antigas regras conscientes da área.

Na verdade, essa predisposição pelo único contagiou todos nós. Todos estamos presos acreditando que precisamos nos destacar e seguindo de perto a contínua busca dos profissionais de marketing por produtos criativos e comunicações novas que ninguém jamais viu até então. E é aí que reside o problema: *estar sob os holofotes não vem de possuir o maior destaque, mas vem de atrair pessoas*, criando uma conexão entre as lembranças das pessoas e o que a marca projeta. Quando o cérebro reconhece algo familiar em um novo contexto, somos atraídos por isso como uma mariposa é atraída pela chama. E, quando isso acontece, em vez de criatividade que apenas ganha prêmios, você tem criatividade que realmente constrói seu negócio. Não importa se é um diretor de marketing de uma empresa da Fortune 500, um empreendedor lançando uma consultoria de coaching de liderança ou o CEO de uma startup de tecnologia, a questão não é se sua publicidade é única, mas se ela tem a aderência necessária para fazer o público comprar da sua marca.

Dê uma olhada nos comerciais de TV de melhor desempenho e verá que é consistente seguirem essa abordagem. Por exemplo, no comercial da PopCorners inspirado em *Breaking Bad*, exibido durante o Super Bowl de 2023, os atores Bryan Cranston e Aaron Paul reprisaram seus papéis como Walter White, o professor de ciências do ensino médio que se torna o chefão das drogas, e Jesse Pinkman, seu parceiro cozinheiro de metanfetamina. Os dois renderam à série de TV dezesseis Prêmios Emmy do Primetime, dois Globos de Ouro e uma série de outros prêmios. No comercial da PopCorners, a improvável dupla prepara um novo lote; mas, em vez das "Blue Sky" (como é chamada a droga da série), eles criam um biscoito invencível e implicitamente estabelecem seu sabor viciante. O comercial "Breaking Good", da PopCorners, é um exemplo executado com perfeição de uma reviravolta criativa no que é familiar (uma das técnicas mais eficazes em nosso manual de instruções). O índice da propaganda de 216 no Creative Effect Index, dado pelo Creative|Spark da Ipsos, mostra como o comercial foi eficaz. A média de pontuação é entre 70 e 130. De acordo com a firma de pesquisa de mercado, comerciais com um alto índice no Creative Effect Index proporcionam um aumento de vendas de 44% em comparação com os desempenhos mais fracos.

Durante o mesmo Super Bowl, a Disney e o Google veicularam comerciais que receberam altos índices de efeito criativo, 184 e 130 respectivamente. O comercial da Disney evocou a história centenária da empresa com cenas icônicas de suas muitas franquias, desde *A Bela Adormecida* e *Mary Poppins* até *Frozen* e *Encanto*. Até mesmo incluiu uma narração de voz do próprio Walt Disney. E quase todos temos uma conexão de infância com a Disney, uma conexão que perdura até a idade adulta para alguns de nós, cheia de associações positivas. Ao colocar esses clipes nostálgicos em um novo contexto, eles cativaram o cérebro dos espectadores. O Google fez algo ainda mais notável. Seu comercial "Fixed on Pixel" mostrou usuários do Pixel "apagando" partes das fotos ou pessoas presentes nelas. Ao repetir o mesmo mecanismo visual de circundar parte da foto e esfregar como uma borracha várias vezes (um gesto que conhecemos), o Google criou engajamento e conversão de destaque sem depender de celebridades. Um feito e tanto.

Chamar muita atenção nem sempre é tão bom quanto parece. Você não usaria uma fantasia de Halloween em um evento de gala. Se o fizesse, com certeza se destacaria, mas é provável que não seja convidado para o evento seguinte. E caso comparecesse a uma entrevista de emprego em um banco multinacional usando uma camisa havaiana, bermudas e sandálias, o entrevistador certamente se lembraria do seu rosto, mas você não passaria da primeira rodada de entrevistas (talvez nem passaria assim que ligasse a câmera na chamada de vídeo do Zoom). O que nos leva a outra mudança de regras. Em vez de destacar-se, sua mensagem precisa criar um atalho cognitivo entre a marca e a cabeça do público, assim como o terno branco da Ana passou a mensagem de intenção e comprometimento, evocando o poder das sufragistas do início do século XX. Ao aproveitar o que é familiar por intermédio de atalhos cognitivos, sua marca se infiltra na estrutura de memória do público.

Quando se trata de inovação, também não queremos algo que nunca vimos antes. Queremos aquilo que reconhecemos, que podemos situar em um contexto sem muita dificuldade, que até mesmo pode ser notado como seguro, embora receba uma repaginada. Por exemplo, o esfregão Swiffer foi aclamado como uma grande inovação na categoria de limpeza doméstica, mas ainda parece, esfrega e limpa como um esfregão comum. É gravitando em torno da mesma oferta central que a mente inconsciente reconhece e cria expectativas: um cabo longo e uma cabeça de esfregão. Ao aproveitar o que é familiar, trabalhamos lado a lado com o cérebro e aproveitamos os caminhos neurais existentes em oposição a introduzirmos algo novo. Esse conceito impulsiona o sucesso em todas as áreas, desde os produtos que compramos, os filmes e programas de TV a que assistimos etc.

EXTENSÕES DE LINHAS, SEQUÊNCIAS E PREQUELAS

Todos os anos, centenas de marcas lançam extensões de linha de produtos, expandindo uma coleção existente com uma mudança singela. Trata-se de uma abordagem fresca a um produto já existente. Talvez uma versão com baixas calorias de um biscoito, o upgrade de uma terceira lente de câmera em um smartphone, um novo corte de calças, uma máscara de cílios com um aplicador que aumenta os cílios duas vezes mais, uma nova temporada de uma série de streaming ou um livro de autoajuda baseado nos livros anteriores dos autores. Todas essas coisas podem ser vistas como extensões de linha, e as empresas constroem todo um *pipeline* delas anos antes de lançá-las no mundo. É por isso que uma empresa como a Doritos acaba tendo cem sabores diferentes, desde o clássico Queijo Nacho e Cool Ranch, Sweet Chili e Flamin' Hot até o Simply Organic White Cheddar e Mountain Dew. Todos eles ainda são o tradicional biscoito de tortilla, mas com um sabor diferente.

Existe uma razão bastante óbvia pela qual as marcas criam extensões de linha em vez de lançar novos produtos do zero: é muito mais difícil desenvolver e lançar um produto novinho em folha. E isso não é apenas porque é caro. As extensões de linha se aproveitam das associações existentes da marca utilizando seu conectoma. Assim, ao expandir a linha, a marca se utiliza das mesmas associações positivas e se aproveita dos anos de desenvolvimento pelos quais já passaram. E, quanto mais próxima a extensão de linha estiver desse produto principal, melhor se sairá no mercado. A Doritos, por exemplo, desenvolveu alguns sabores bem marcantes que os consumidores nunca imaginaram (alguém quer um Doritos sabor "Cheeseburger da Madrugada"?); no entanto, da extensão da linha original feita após o Queijo Nacho, o Cool Ranch é o mais popular.

No entretenimento, sequências e prequelas são o equivalente. Embora haja muitas opções, considere *Wandinha*, a série de sucesso da Netflix em 2022, que foi transmitida por quase seis bilhões de minutos na semana do lançamento e se consagrou como uma das três séries mais assistidas de todos os tempos no serviço de streaming. A série é baseada nos populares personagens da Família Addams, que apareceram pela primeira vez em uma tirinha de 1938, seguida por uma série de TV nos anos 1960 que acabou sendo distribuída mundo afora. A franquia ainda conta com três filmes dos anos 1990, sendo que o primeiro, inclusive, teve o segundo maior fim de semana não estreante de todos os tempos e o décimo segundo maior fim de semana de estreia da época; além de dois longas-metragens em versão animada em 2019 e 2021. Juntos, esses conteúdos mantiveram a família na mente do público e ao mesmo tempo a apresentaram a uma nova geração. O legado duradouro dos Addams passou por uma reformulação para o público contemporâneo.

Em *Wandinha*, ainda estão presentes os mesmos personagens principais que compunham a família gótica de desajustados macabros inspirada no horror. Mas aqui, em vez de Mortícia e Gomez, encontramos sua filha, Wandinha, a estrela do show — uma evolução perfeita para uma era na qual heroínas femininas fortes se tornaram o material de séries de sucesso, desde Daenerys Targaryen, em *Game of Thrones*, até Miriam Maisel e Susie Myerson, em *The Marvelous Mrs. Maisel*, e June Osborne, em *The Handmaid's Tale*. Em *Wandinha*, a filha dos Addams é matriculada no internato Nevermore depois de ter sido expulsa da escola anterior devido a uma traquinagem envolvendo a equipe masculina de natação e dois sacos plásticos cheios de piranhas.

Os *boomers* se lembram do programa de TV em preto e branco dos anos 1960. Os *millennials* se recordam dos filmes. E os *Gen Z* se encantaram com uma dança específica que a Wandinha faz e que virou a sensação do momento a ponto de se espalhar como um viral no TikTok com todo mundo, até as mães, reproduzindo os passos ao som da música "Goo Goo Muck", dos Cramps. O Conectoma da Família Addams vinha crescendo havia quase 85 anos quando *Wandinha* foi lançada, e a nova apresentação da personagem só contribuiu para aumentá-lo ainda mais.

Como a familiaridade gera conforto em nosso cérebro, quanto mais reconhecível um produto, série de streaming ou ideia, maior a probabilidade de as pessoas os escolherem em vez de outra coisa. A Família Addams já estava presente em nossas redes neurais, então seu renascimento se aproveitou das associações e lembranças que tínhamos. Mas então há o detalhe interessante. A série não se passa nos anos 1930, 1960 ou 1990. É contemporânea com roupas correspondentes e smartphones na mão. Mas isso se aplica apenas aos personagens ao redor da Família Addams. Mortícia, Gomez, Feioso, Tropeço e Wandinha ainda permanecem vestidos com trajes em preto e cinza do início do século XX. A Wandinha ainda mantém as tranças pretas características, como sempre teve, e continua fria e sem emoção. Se a versão renovada chegasse às telas sorrindo, com cachos loiros e um vestido de verão estampado com margaridas, seria como se se tratasse de outra personagem. Nosso cérebro a rejeitaria, e o programa não seria tão bem-sucedido (ou talvez nem sequer fosse produzido).

O poder da familiaridade pode ser visto em toda a indústria do entretenimento. No mesmo ano em que *Wandinha* saiu, *Top Gun: Maverick*, a guardada sequência de *Top Gun*, de 1986, foi o lançamento nos cinemas de maior bilheteria, arrecadando 719 milhões de dólares apenas nos Estados Unidos e no Canadá, e um total de 1,4 bilhão de dólares no restante do mundo. O Conectoma de *Top Gun* é tão grande que, quarenta anos após o primeiro filme, uma única extensão de linha ainda superou toda a concorrência. Houve, é claro, produtos de merchandising, paródias e referências culturais nesse meio-tempo que mantiveram o filme e os personagens ativos em nossa mente, permitindo que tal familiaridade se consolidasse ainda mais. Ninguém pode ouvir "Danger Zone", de Kenny Loggins, ou o "Top Gun Anthem", e pensar em outra coisa senão no filme. Sem falar que Tom Cruise tem sido uma presença constante na vida de praticamente qualquer cinéfilo desde então. Seus filmes *Missão: Impossível* são outro ótimo exemplo. Originalmente baseados em uma série de TV dos anos 1960, os oito filmes, que começaram a ser lançados em 1996, têm sido um enorme sucesso.

Extensões de linhas são o modo como franquias se constroem: James Bond, Indiana Jones, Star Wars, o Universo Marvel, Batman, Sherlock Holmes, e a lista só aumenta. Mas cuidado: o sucesso de uma extensão de linha não é garantido. Se um Conectoma de Marca é fraco, ou tem muitas associações negativas, é provável que a extensão de linha obtenha pouco sucesso porque está se estendendo a partir de uma base fraca. Antes de considerar uma extensão de linha, faça a si mesmo duas perguntas. Primeiro, você está lançando uma extensão apenas para preencher uma lacuna de receita devido a um declínio em sua marca mestre? Segundo, está trazendo novos clientes para a marca principal? Se você responder "sim" à primeira pergunta e "não" à segunda, as chances são de que a extensão de linha não alcançará todo o seu potencial. Mas um Conectoma de Marca saudável e próspero pode criar anos de extensões de linha bem-sucedidas para complementar a oferta. Ao longo do tempo, uma única marca em uma categoria pode se desenvolver em uma megamarca que abrange várias categorias.

Alguns argumentarão que, ao apenas se aproveitar das associações familiares de uma marca existente, os resultados podem vir a ser genéricos, entediantes ou obsoletos. Quantas vezes precisamos dar um reboot à Família Addams? Não teria ela já esgotado tudo o que havia para ser explorado? É óbvio que não. E aqui está o motivo: quando se utiliza de associações familiares que já estão na memória das pessoas, você tem uma chance muito maior de sucesso. Mas não se engane: somente copiar o que foi feito antes não funcionará. É preciso criar uma abordagem nova e fresca do que já é familiar. Deve haver uma pitada de distinção.

O PODER DA DISTINÇÃO

Imagine a laranja perfeita. Vibrante. Redonda. O cheiro cítrico, uma ligeira acidez combinada com uma doçura intensa. Natural. Fresca, direto do pé. A melhor da Flórida. Adicione essa imagem a uma garrafa de suco de laranja e ela se torna um Gatilho de Imagem. Mas a Tropicana, marca de suco mais vendida do mercado, adicionou um pequeno detalhe que criou uma distinção poderosa: o canudo listrado vermelho e branco. O canudo se destaca, pronto para que você beba o suco direto da fonte. É quase possível sentir a ação de mergulhar o canudo na fruta, como se alguém estivesse tão ansioso para beber daquela laranja perfeitamente madura que não fosse capaz de esperar. É mais do que uma laranja, só que não muito mais. No entanto, isso já diz muito.

Associações positivas transbordam dessa imagem, mas agora não estão apenas associadas à laranja perfeita, mas também ao suco de laranja perfeito: máximo de sabor, indiscutivelmente fresco, uma fruta verdadeira, direta do pomar, colhida na hora certa e não processada. Como todos os Gatilhos de Crescimento eficazes, esse atalho cognitivo cria a impressão de superioridade, aproveitando-se de uma riqueza de associações positivas. Mais uma vez, trata-se apenas de uma pequena repaginada na laranja que já conhecemos. Mas essa singela diferença não apenas torna a imagem distinta, como também a torna distinta *para a Tropicana*. É apenas uma fruta com um canudo. Mas aquela laranja com um canudo listrado de vermelho e branco tornou-se parte da estrutura de memória do cérebro, o que compõe o Conectoma da Marca Tropicana e contribui para uma vasta rede de associações positivas. E é por isso que a Tropicana continua sendo o suco de laranja campeão nos Estados Unidos, com quase 1 bilhão de dólares em vendas apenas na categoria de "suco de laranja refrigerado". Bem dizendo, é isso o que de fato significa estar sob os holofotes.

A distintividade é, com frequência, o resultado de ativos de diferenciação de marca (DBAs, em inglês). Quando falo de DBAs, trata-se de elementos familiares que uma marca possui, seja intencionalmente ou por associação. Esses identificadores poderosos se infiltram na estrutura de memória e se tornam ligados a uma marca de forma íntima. A beleza dos DBAs é que eles ajudam a acelerar o crescimento da saliência, aumentando o tamanho do conectoma; além disso, criam relevância, em especial se tiverem significado para o público; e adicionam distintividade, também conhecida como a diferenciação ou clareza de uma marca. Os logotipos são os ativos de diferenciação de marca primordiais. A seta da Amazon, a estrela da Mercedes-Benz, os aros entrelaçados das Olimpíadas, a câmera do Instagram, o coração quadrado da CVS, o "T" do *New York Times* ou a maçã mordida da Apple são todos motivadores abreviados de suas respectivas marcas, e são reconhecíveis assim que os vemos. Mas logotipos não são suficientes. Para construir saliência hoje em dia, é preciso um portfólio completo de ativos de diferenciação de marca, usados repetidas vezes nos pontos de contato com o consumidor, para contar a história da marca e construir um Conectoma de Marca saudável e robusto. Esses DBAs incluem:

- O mundo da marca. Este é o mundo onde a marca existe, um mundo que permanece consistente independentemente do canal que se use. Se você produz e vende botas de caminhada, o mundo da sua marca pode ser uma bela trilha que atravessa um bosque ou que sobe montanha acima.

- A expertise. Aqui, você apresentaria um gráfico, ou algo visual, que comunique com rapidez a abordagem com que vai tratar um produto ou uma empresa para criar resultados superiores. O símbolo oval multicolorido da Colgate, por exemplo, representa a abrangência — ou seja, que o creme dental cria uma barreira protetora ao redor de toda a boca não apenas evitando cáries, mas matando germes nas gengivas, bochechas e língua. Usado tanto na embalagem quanto ao redor da cabeça das pessoas como um sinal universal de proteção na publicidade da Colgate, o símbolo oval transmite a expertise superior em cuidados bucais.

- Os benefícios ao consumidor. Outro ponto importante, estes são ativos visuais que transmitem como o usuário será impactado ou se beneficiará ao usar seu produto ou serviço. Um exemplo são as asas da Red Bull (uma manifestação visual de como a energia da bebida fará o consumidor se sentir).

- Os símbolos. Os símbolos são os motivadores mais sucintos e simplificados, repletos de associações positivas. Os exemplos incluem uma folha em um selo redondo que diz "100% natural", ou o símbolo triangular de reciclagem nas embalagens. Vale notar que um selo em si representa autoridade e prestígio e, portanto, é um atalho poderoso, mas só se torna um ativo de diferenciação de marca (DBA) quando o designer o transforma em algo distintivamente exclusivo para uma marca específica.

Em um estudo da Ipsos com mais de dois mil anúncios criativos de publicidade dos Estados Unidos, os quais incluíam elementos visuais ou auditivos, os ativos de diferenciação de marca não verbais apresentam 34% mais chances de ter alto desempenho (com reconhecimento elevado e atribuição correta da marca) do que anúncios que não utilizam tais recursos.

Embora os DBAs possam parecer semelhantes aos Gatilhos de Crescimento, eles não são necessariamente a mesma coisa. No caso da Tropicana, o canudo na laranja é um ativo de diferenciação de marca, mas também é um Gatilho de Crescimento devido a todas as associações positivas mencionadas. No entanto, a mascote de uma marca pode ser um DBA, mas não um Gatilho de Crescimento. O Tigre Tony estará para sempre conectado com os Sucrilhos da Kellogg's, mas um tigre de desenho animado por si só não forneceria quaisquer associações positivas (ou talvez quaisquer associações no geral) relacionadas a cereais. Isso também vale para o pato da Aflac ou o lagarto da GEICO. Isolados, um pato e um lagarto não são imbuídos de associações positivas relevantes para a categoria de seguros, e, portanto, não são Gatilhos de Crescimento.

A verdadeira vitória acontece quando se encontra um atalho mental cheio de associações poderosas, o qual você pode, então, adotar como um DBA para sua marca, como a laranja e o canudo da Tropicana ou a montanha coberta de neve da Aquafina. Esses dois marcos de logotipo são mais do que Gatilhos de Crescimento. Eles são o que chamo de Distinctive Brand Trigger® [Gatilho Distintivo de Marca], que é tanto um poderoso motivador por si só quanto um DBA. Com isso em mente, a melhor maneira de começar a desenvolver GDMs é pegar uma imagem ou símbolo significativo da categoria e associá-lo à sua marca, mas apresentando-o com distinção.

Fazer isso é crucial porque aumenta significativamente a chance de que o elemento seja armazenado na estrutura de memória (o que é essencial para expandir o quanto antes o Conectoma de Marca e acelerar o crescimento da receita). Por exemplo, o caso da Herophilus, uma startup de biotecnologia cujo foco é descobrir novos medicamentos para tratar e curar distúrbios neurológicos (também conhecidos como medicamentos neurológicos ou "neuro"), cujo logo apresenta uma ilustração simples dos dois lados de um cérebro. Parece apropriado, considerando o campo em que estão trabalhando, mas está longe de ser genérico. No lado esquerdo, há uma série de círculos representando diferentes sinapses ou neurônios e ilustrando o funcionamento interno do cérebro, enquanto no lado direito há uma representação mais típica do córtex cerebral externo.

No todo, se torna uma imagem marcante que instintivamente comunica expertise, simplificação do que é complexo e rigor científico. De imediato nós acreditamos que a Herophilus tem o que é preciso para fazer descobertas neurológicas de sucesso. O próprio nome é outro GDM, referenciando ao antigo médico grego (335-280 a.C.), lembrado como um dos primeiros anatomistas. Isso proporciona associações históricas positivas, ao mesmo tempo que equipara a marca à originalidade e ao início de algo novo e revolucionário. Repleto de associações positivas, o logotipo e o nome se tornam ativos de diferenciação de marca para a Herophilus, assim criando uma percepção de superioridade.

Ativos de diferenciação de marca são tão eficazes que a comunidade jurídica questionou se o uso de ativos semelhantes aos de outra marca poderia constituir violação de propriedade intelectual. Não estariam eles "roubando" as associações positivas que foram construídas ao longo do tempo por intermédio dos DBAs de uma empresa? Isso sem dúvida poderia ser um dos argumentos. Pense na gota de lágrima característica da Johnson presente no xampu e em outros produtos para bebês. Essa gota tem sido associada à fórmula "Chega de lágrimas" da Johnson por mais de meio século, mas marcas próprias ou de lojas locais (aquelas que com mais recorrência pegam "emprestado" os ativos de grandes marcas) muitas vezes utilizam uma similar nas embalagens. Elas alteram a gota com sutileza, e os varejistas então posicionam o produto bem ao lado dos da Johnson. O resultado? Ao aproveitarem as associações positivas que a marca original levou décadas para construir na mente das pessoas, essas outras marcas capturam uma parcela significativa da participação de mercado. Embora a participação de mercado de marcas próprias e das de lojas locais seja inferior a 10% em algumas categorias, em outras pode chegar a 30% ou mais, tudo porque estão se beneficiando das associações existentes dos DBAs já estabelecidos.

Os DBAS são tão poderosos que, mesmo que você mostre apenas uma parte deles, o cérebro do consumidor preenche o restante dos espaços em branco. Faça o teste com qualquer DBA de marcas conhecidas. Se vir apenas o "D" ou o "E" na barra de sabonete característica da Dove, por exemplo, você ainda assim reconhecerá a marca logo de cara. Isso também se aplica a qualquer uma das marcas mencionadas ao longo do capítulo até agora: o "D" da Doritos, o ponto da seta da Amazon ou a marca de mordida na maçã da Apple, o pico da montanha coberta de neve da Aquafina, uma parte do rosto do Tom Cruise usandos os óculos de sol modelo aviador em *Top Gun*.

Na verdade, mostrar apenas uma parte do DBA cria um engajamento maior (é como um quebra-cabeça divertido para o cérebro). Em essência, este órgão tão importante é capaz de prever o restante do DBA com base em exposições anteriores. Em vez de apenas processar as informações que recebe, ele está ativamente prevendo os estímulos e entradas que lhes são apresentados. Quando um DBA se torna tão conhecido que é utilizado em toda estratégia de marketing, a ponto de se tornar quase onipresente, nosso cérebro consegue prever melhor as partes faltantes, completando a imagem mesmo sem vê-la por inteiro. Se seus DBAs são poderosos a ponto de o público os reconhecerem mesmo quando estão incompletos, não restam dúvidas de que estão cumprindo o papel deles.

Infelizmente, muitas empresas não necessariamente reconhecem o poder de seus ativos de diferenciação de marca. Não sabem o valor que eles têm. Em nome da modernização ou inovação, ou apenas por não compreenderem a importância deles, algumas optam por abandonar esses DBAs. Elas mudam um nome, atualizam a embalagem, eliminam uma mascote, remodelam o ambiente da loja. Mas, ao fazerem isso, removem sem pensar elementos que têm significado. Pense no cérebro como tendo seu próprio GPS. Quando uma empresa remove um ativo de diferenciação de marca, é como se estivesse removendo os guias que o cérebro dos consumidores usa para encontrar certos produtos *e* avaliar a qualidade deles. Remover demais de uma marca significa que não haverá nada para alimentar o cérebro ou para direcioná-lo para tal produto ou ideia. Para entender de verdade o tremendo poder da distintividade e dos DBAs, é útil considerar o que acontece quando os DBAs são tirados de jogo.

O CANUDO VERMELHO E BRANCO

Em 2008, a Tropicana decidiu dar uma renovada na marca, resultando no que é considerado um dos erros de design de embalagem mais famosos da história do marketing. "Erro" não faz justiça ao tamanho do equívoco. Foi um completo desastre e custou à empresa cerca de 55 milhões de dólares. Após contratar o Arnell Group, uma empresa de design e comunicação, a decisão tomada foi a de remover não apenas o canudo da laranja, mas a própria laranja da embalagem do suco. A memorável imagem e o ativo diferencial da marca foram substituídos por um grande copo de suco de laranja com uma haste, recém-servido, com bolhas ainda flutuando perto da borda superior. Embora também tenham adicionado uma nova tampa às embalagens, que se assemelhava à fruta do suco, não chegou a ser o suficiente para o cérebro dos clientes fazer a conexão. Onde estava o canudo? Onde estava a *laranja*?

Pareceu que o Arnell Group persuadiu a Tropicana a mudar o foco da laranja de verdade para o suco dentro da embalagem. Porém, muitas associações positivas são aproveitadas quando um alimento ou bebida é notado por se assemelhar à sua fonte natural. Em vez disso, Arnell e Tropicana mudaram de direção, tornando a imagem mais distante da fonte e mais próxima do consumo. Adeus, laranja; olá, copo.

Mas servir em um copo o suco de laranja que vem em uma caixa e bebê-lo é muito diferente de enfiar um canudo direto na laranja e sugar o suco da mesma forma que se bebe água direto de uma nascente fresca. O canudo e a laranja remetem à origem do suco e, portanto, à sua qualidade. Um copo de suco, contudo, poderia ser concentrado. Poderia ser diluído. Poderia muito bem ser de baixa qualidade. Em um único momento breve, todas as associações positivas que a marca havia acumulado como resultado desse poderoso gatilho foram eliminadas. Em vez de ter um efeito positivo para a marca, a reformulação da embalagem foi um exemplo de *destruição de valor.*

Esse tipo de destruição de valor foi tudo menos nominal. Quando a nova embalagem apareceu no início de janeiro de 2009, o impacto financeiro foi quase imediato. A empresa sangrou dinheiro, com as vendas caindo 20% (30 milhões de dólares) em dois meses, enquanto os concorrentes atraíam os antigos consumidores da marca. Como algo assim pôde acontecer? A resposta é simples, e ocorre o tempo todo. As empresas nem sempre entendem os preciosos ativos que possuem e, portanto, subestimam a importância deles no processo instintivo da tomada de decisão. Antes de mudar qualquer detalhe de um DBA, é preciso entender as associações que os consumidores têm com ele.

Não estamos falando de atributos. Não estamos falando se os consumidores gostam ou não. Por exemplo, em pesquisas tradicionais, pode-se mostrar dois designs de embalagem para um grupo de foco, neste caso a laranja com o canudo da Tropicana e o copo de suco. Se perguntar qual é mais "atraente", a pergunta tradicional de pesquisa, os consumidores podem escolher a embalagem com o copo, argumentando que é a mais moderna. Mas isso é o consciente deles falando. Em vez disso, deve-se perguntar pelas associações que os dois designs evocam. Ao fazer isso, será descoberto que a laranja com o canudo tem uma avalanche de associações positivas que elevam o produto em termos de qualidade, naturalidade e frescor em comparação ao copo, que tem apenas algumas. Se você descobre que seu ativo tem esse tipo de poder, ainda mais se for um gatilho que os consumidores usam para encontrar sua marca on-line ou na prateleira, faz-se necessário proceder com cuidado e evitar quaisquer mudanças significativas nele.

Em termos mais simples, a empresa de design da Tropicana não se deu conta do poder do DBA com o qual estava trabalhando. Foi descuidada quanto a isso e removeu um ativo muito familiar que não era apenas um símbolo precioso que os consumidores usavam para encontrar a marca favorita deles na prateleira, mas também um atalho cognitivo que carregava uma riqueza de associações positivas, as quais, por sua vez, criavam uma noção de superioridade conferida ao suco de laranja. Ela também mudou a fonte, mas isso foi insignificante em comparação à eliminação da laranja. A maioria dos consumidores procurava pelo canudo listrado e pela laranja, até mais do que pelo próprio nome. Embora uma fonte possa ser um DBA, neste caso ela foi certamente ofuscada pela mudança na imagem (a marca se tornou irreconhecível).

Ao compreender como o cérebro funciona, não é de se admirar por que essa mudança no design foi um fracasso. Quando removeu o elemento de distintividade que se tornara parte física da estrutura de memória dos consumidores, a Tropicana quase se retirou do cérebro dos clientes, o que não é muito diferente da remoção de recordações dos personagens no filme *Brilho eterno de uma mente sem lembranças*, de 2004. (Se você viu o filme, no entanto, lembrará que as lembranças mais fortes e positivas nunca são totalmente perdidas.) Quando os compradores encontraram o novo rótulo da Tropicana nas prateleiras, o primeiro pensamento que devem ter tido foi: "Você mudou meu suco. Cadê aquele que eu conheço, amo e compro toda semana?" Como o que está do lado de fora da embalagem comunica o que está dentro, quando você retira esse símbolo poderoso, também está sinalizando que o suco em si mudou.

Na verdade, atualizações no design da embalagem podem resultar com facilidade em uma redução de 10 a 15% nas vendas porque mesmo uma mudança mínima pode dar aos clientes a impressão de que o produto em si foi alterado. E isso é verdade, mesmo quando o produto dentro da embalagem é *exatamente o mesmo*. O ganho projetado de novos clientes pela suposta embalagem melhorada raras vezes é suficiente para compensar a perda de clientes que foram afastados pela mudança. Com a Tropicana, esse forte símbolo visual também não estava mais presente para os novos consumidores, o que significa que potenciais compradores que entravam na categoria não estavam experienciando o Gatilho de Imagem que havia atraído tantos consumidores a princípio. Sem esse GDM que comunicava um suco de laranja superior, a Tropicana não apenas perdeu os clientes existentes, mas também os em potencial.

Isso acontece o tempo todo. Talvez alguém tenha convencido os responsáveis de que a laranja e o canudo estavam ultrapassados. Todas as marcas de suco de laranja usam uma laranja; vamos tentar algo diferente. Algo (você adivinhou) único. Mas você não quer ser único. Quer ser familiar e quer ter um significado, com um toque de distintividade. Em 2008, também havia uma pequena folha verde conectada à parte inferior da laranja, reforçando ainda mais a ideia de que a laranja tinha sido recém-colhida. Sem o canudo, esse era um símbolo conhecido da categoria; com o canudo, era um ativo de diferenciação da marca. Sem nenhum desses elementos, foi um fracasso. E, assim que a Tropicana viu o que estava acontecendo, eles anunciaram que o antigo design da embalagem voltaria. Ainda que a folha estivesse de fora, o canudo e a laranja retornaram, e a Tropicana recuperou sua posição, permanecendo como líder na categoria até os dias atuais.

MADGE CONTRA O PATO

Uma mudança significativa no design da embalagem, na qual um símbolo essencial ou um DBA é retirado ou modificado de forma considerável, é apenas uma forma de destruição de valor. Existem muitas outras. Vamos voltar a atenção mais uma vez às mascotes.

No caso de mascotes queridas que implicitamente transmitem associações muitíssimo positivas, deixar de utilizá-las pode ser a diferença entre encabeçar uma categoria e ser chutado para fora do topo do pódio.

Nos anos 1960, o detergente para lavar louça da Palmolive apresentou Madge, uma adorável manicure de meia-idade interpretada pela atriz Jan Miner. Presente tanto nos comerciais estadunidenses quanto em folhetos, Madge muitas vezes fazia piadas sobre o estado das mãos de seus consumidores, como "Chame a polícia! Estas mãos são um crime!" ou "Quando vejo suas mãos, meu desejo é virar enfermeira". E, uma vez atrás da outra, ela oferecia uma solução surpreendente. Isso mesmo: Palmolive. Os consumidores reagiam a isso incrédulos, apenas para se darem conta de que o líquido que Madge passava nas mãos deles era, de fato, o detergente para lavar louça.

— Aí está você, imerso nele! — dizia ela.

O consumidor, então, retirava as mãos do líquido enquanto refletia.

— Estão macias? — perguntava um cliente incauto do salão, surpreso.

— Ah, estão mais do que macias — respondia Madge.

Mas com o lema "Palmolive deixa suas mãos macias enquanto você lava a louça", ela convencia até mesmo os clientes mais céticos, em geral donas de casa, acerca das maravilhas do sabão.

O detergente para lavar louça precisa oferecer dois benefícios ao consumidor: eficácia e suavidade para as mãos. A ideia de que o produto não apenas limpa louças, mas também pode fazer maravilhas para a pele seca e rachada, pode ter sido por si só uma proposição atraente, mas Madge era a estrela do show. As pessoas a adoravam. Era engraçada, irreverente e acessível, disposta a compartilhar com você o mais secreto dos segredos. Os espectadores, em especial aqueles que eram o público-alvo dos anúncios nas décadas de 1960, 1970 e 1980, sentiam um vínculo com ela semelhante ao que poderiam ter desenvolvido (ou desejado desenvolver) com sua própria manicure nos salões locais. Ou, melhor ainda, eles não precisavam ir ao salão. Afinal, tinham Madge, e podiam sempre comprar o Palmolive.

Esse foi um período em que muitas mulheres ficavam em casa cuidando dos filhos e do lar. Uma ida à manicure podia servir como escape social ou até emocional. Na década de 1960, a maioria das mães nos Estados Unidos não ia à terapia, mas elas podiam se abrir e falar com sinceridade com alguém como Madge. Desse modo, nos comerciais da Palmolive, Madge estava lá para cuidar delas; a mascote nunca faria nada para prejudicar as clientes ou suas mãos. Ela as protegia e, em troca, as mulheres confiavam nela.

E então, um dia, após décadas ajudando a construir a marca, Madge desapareceu. A equipe de marketing dos anos 1990 decidiu que ela tinha cumprido seu papel. Não era mais relevante, ou assim pensavam, em especial para a Geração X. Era hora de seguir em frente. Mas a Palmolive não tinha percebido quantas associações tinham sido construídas ao longo dos anos: uma cuidadosa conselheira e uma amiga de confiança, eficaz, sincera e engraçada, entre outras qualidades. Eles tentaram diversos comerciais diferentes no lugar de Madge, afastando a manicure, que era uma amiga e uma confidente.

Embora a remoção dela tenha sido abrupta, as consequências foram um tanto lentas, pelo menos em comparação ao caso da Tropicana. De início, a Palmolive não percebeu grandes mudanças no rastreamento de atributos da marca, o qual avalia o patrimônio da marca ou seu valor total. Então, pelo que pareceu repentino, após alguns anos os atributos gerais de saúde da marca despencaram drasticamente, resultando em uma queda acentuada de dois dígitos. Eles não sabiam o que tinha acontecido. E isso ocorre porque as empresas não monitoram as recordações das pessoas. Como discutido, elas apenas rastreiam atributos, os quais podem ser enganosos, e não as associações.

Nesse caso, o que aconteceu? Um DBA como Madge é tão inesquecível que a lembrança dela permaneceu na mente dos consumidores por tempo suficiente para influenciar positivamente as percepções da marca ao longo de certo período. Durante esses anos, é provável que a liderança da empresa tenha se sentido encorajada pelo fato de que o negócio estava indo bem e os atributos de saúde da marca continuavam estáveis. Mas, após vários anos de resultados estáveis, as lembranças enfraquecem e a saúde da marca vai ladeira abaixo com elas. A gerência da marca é pega de surpresa porque não está monitorando a mente implícita dos consumidores.

Como medicamentos ou cafeína, lembranças têm uma meia-vida em nosso sistema. Elas permanecem por um tempo; mas, sem serem reforçadas, começam a desaparecer aos poucos, sendo substituídas por novas recordações e associações, e diminuem fisicamente o tamanho do Conectoma da Marca no cérebro do público. Isso acontece com frequência em várias categorias e marcas. Depois de vários anos de remoção de DBAs, campanhas inconsistentes ou cortes no orçamento publicitário, a marca se mantém estável por alguns anos, e então de repente entra em queda livre. Lembre-se: o cérebro humano está em constante mudança devido a estímulos e entradas de informações. Remover um ativo forte é como sair da fila do cinema quando se está ali para ver um filme na noite de estreia. Uma vez que você saiu, recuperar o lugar anterior é quase impossível.

E foi isso o que aconteceu com a Palmolive. À medida que perdiam estrutura de memória na mente das pessoas, um grande concorrente, pouco a pouco, começava a ocupar o lugar dela na mente dos consumidores, em parte graças à sua própria mascote: um adorável patinho amarelo. Em 1978, após anos de testes de diferentes métodos de limpeza de aves após derramamentos de óleos, o International Bird Rescue Research Center (ibrrc), agora conhecido como International Bird Rescue, descobriu que a melhor solução de limpeza para o trabalho, entre todos os outros detergentes de louça que testaram, era o Dawn. De acordo com Jay Holcomb, ex-diretor do ibrrc, o Dawn quebrava a gordura, removia o óleo com rapidez, podia ser ingerido pelas aves e era inofensivo para a pele e os olhos delas, contanto que fosse enxaguado. Não era apenas uma forma eficaz de limpar as aves, mas também era suave e seguro para as delicadas penas delas. O produto também era bastante acessível (até nos locais mais remotos do Alasca, como observou Holcomb) e era o que melhor funcionava. Uma publicidade dessas era impagável.

Mas foi apenas em 1989, após o derramamento do *Exxon Valdez*, que a conexão do Dawn com a limpeza e o salvamento dessas aves de fato chamou a atenção do público. Voluntários foram mostrados no litoral usando o detergente para remover com gentileza e cuidado o óleo das penas dos patinhos. E, se podia limpar com eficácia e cuidado o óleo de um patinho, sem dúvida o Dawn poderia remover a gordura das louças enquanto protegia as mãos do usuário. Quando a empresa viu o enorme sucesso da publicidade que recebera, tomou a audaciosa decisão de colocar patinhos amarelos direto na embalagem.

Normalmente, é a publicidade quem guia as estratégias de relações públicas; nesse caso, foi o contrário. Pegar um símbolo que surgiu em uma campanha de relações públicas e colocá-lo na embalagem, como um símbolo geral da marca, era algo inédito. Como todos os Gatilhos de Crescimento, o patinho está repleto de associações positivas poderosas que foram transferidas para o Dawn: ele é gentil, fofo, precioso e faz parte da conscientização ambiental. E não podemos nos esquecer do poder de limpeza de alto nível. Este atalho cognitivo comunica que o Dawn não só é amigável com seres vivos mais frágeis, como também é eficaz o suficiente para remover óleo, um dos elementos mais tóxicos e sujos que existem. Em uma das campanhas de relações públicas mais espetaculares da história do marketing, o patinho amarelo tornou-se a mascote do Dawn e um poderoso GDM associado diretamente à marca. Trinta e cinco anos mais tarde, gerações mais jovens que nem sequer se lembram do derramamento de óleo do *Exxon Valdez* ainda consideram os patinhos relevantes, o que transcende as origens do símbolo. Com o equilíbrio perfeito entre gentileza e eficácia, a nova mascote do Dawn tornou-se ainda mais poderosa do que Madge. Ao comunicar os dois benefícios mais importantes de detergente para lavar louça (eficácia e gentileza), o Dawn conseguiu aumentar, e muito, a participação de mercado, deixando a Palmolive comendo poeira.

Ser singular é superestimado. Essa é a razão pela qual nove em cada dez marcas fracassam: elas tentam atrair clientes com algo que é inovador até demais, algo que os clientes *nunca* viram antes. E não é isso o que as pessoas querem. Elas anseiam pelo que é familiar, não pelo que é único. Nós gostamos de uma pitada de distintividade, algo que nosso cérebro ainda reconhece e a que pode se apegar com facilidade. Não queremos novas ideias para além daquelas que agregam valor a algo que já conhecemos e compreendemos. Portanto, ao desenvolver uma variedade de ativos de diferenciação de marca, em especial aqueles construídos sobre bases sólidas já existentes, você estabelece múltiplos sustentos para sua marca na mente das pessoas. Eliminar esses DBAs é um meio de destruição de valor, da qual pode ser difícil de se recuperar. Quando se elimina ativos de diferenciação de marca, você elimina a estrutura de memória que construiu na cabeça do público. E, ao abandonar anos de associações positivas, você não apenas prejudica a saúde da marca, mas também seu negócio como um todo.

Na verdade, abandonar um DBA ou um GDM é como cortar um galho de sua árvore ou arrancar suas raízes. Os DBAs e GDMs têm o sistema de fixação mais forte na mente, indo bem mais fundo no cérebro do que qualquer outro ativo. Ao cortá-los, eles perdem a oportunidade de crescer na estrutura de memória do público-alvo. Cada vez que faz uma mudança nos DBAs, você diminui seu conectoma e torna mais difícil para seus consumidores conectar os pontos à medida que eles perdem associações positivas. Em vez disso, é necessário proteger os DBAs como uma mãe protege os filhotes. Você não pode ser descuidado com esses ativos; pelo contrário, deve reverenciá-los devido ao poder que têm. E, se os abandonar, não se surpreenda quando as quedas de receita inevitavelmente ocorrerem. Queira estar no ramo de construção de um portfólio de ativos de diferenciação de marca, não no de destruição. E, se não compreende a importância dos ativos de diferenciação de marca no cérebro, está tornando mais difícil o crescimento do seu negócio.

CAPÍTULO 6

POR QUE CONSTRUIR CAMADAS É MELHOR DO QUE SE CONCENTRAR EM UMA SÓ

Regra do Instinto: Uma única mensagem da marca sufoca o crescimento; várias mensagens a levam adiante.

A marca de *skincare* CeraVe foi lançada em 2006, oferecendo aos consumidores apenas três produtos: creme hidratante, loção hidratante e gel de limpeza hidratante. Ao longo da década seguinte, a marca cresceu sem causar comoção na participação de mercado até que, em 2017, foi adquirida pela sua marca-mãe, Valeant, da L'Óreal. Nos quatro anos seguintes, para a surpresa da maioria das empresas no setor de cuidados com a pele, a marca disparou para o topo, expandindo-se para mais de setenta produtos e encabeçando a categoria. Até 2021, o hidratante para mãos e corpo da CeraVe era líder de mercado nos Estados Unidos, com cerca de 200 milhões de dólares em vendas, superando marcas conhecidas, como Gold Bond, Nivea, Cetaphil, Jergens, Eucerin e Aveeno. A CeraVe também encabeçou a categoria de produtos de limpeza facial, arrecadando milhões a mais que a Cetaphil, e quase 70 milhões de dólares a mais que a Neutrogena na mesma categoria. Como se já não fosse o bastante, eles tiveram o hidratante facial número um do ano, superando a Olay, que era a rainha primordial do mercado de cuidados com a pele do rosto.

Se você conhece a marca, é provável que saiba que os produtos da CeraVe são desenvolvidos em colaboração com dermatologistas, como é bem indicado nas embalagens, as quais são, em sua maioria, brancas e azuis. Mas o segredo do sucesso da CeraVe vai muito além dessa questão. Se a empresa só se concentrasse na aprovação e no desenvolvimento por parte dos dermatologistas, é claro que haveria algumas associações positivas imediatas: é testado e comprovado, é científico e é feito por especialistas. Mas isso não seria suficiente para catapultar a CeraVe para o topo da cadeia alimentar, devorando os lucros de tantas gigantes de longa data no ramo de cuidados com a pele. Em vez disso, a marca fez exatamente o que a maioria dos profissionais de marketing e publicidade diz para não fazer.

As escolas de economia, agências de publicidade e programas de treinamento em marketing ensinam que a comunicação deve ser simplificada em um único tema poderoso, enfocando uma única mensagem singular. Alguns profissionais de marketing chamam isso de "único ponto estratégico". Outros referem-se como "o ponto de diferença". Volvo igual a segurança. Tylenol representa cuidado. Apple, criatividade. Esta regra fundamental do marketing tradicional está enraizada na crença equivocada de que, se as empresas apresentarem múltiplos benefícios simultaneamente, vão diluir a mensagem que querem transmitir. O raciocínio é o seguinte: o cérebro só pode se concentrar em uma ideia por vez. Mas isso não é relevante quando se trata de conectar-se com o público. Embora o cérebro de fato aprecie simplicidade, a mente também deve ser mergulhada em múltiplas mensagens e motivadores ao mesmo tempo (em vez de apenas em um) para alcançar a preferência instintiva de uma marca. Essas camadas oferecem mais oportunidades para o cérebro se agarrar. Elas adicionam dinamismo e sabor. Pense em uma lasanha. Sem as camadas de molho branco, queijo e carne moída, tudo que resta é um punhado de massa seca e sem vida.

Uma multiplicidade de temas ou ideias ajuda a expandir o conectoma de uma marca, tornando-o mais saliente. Quando a CeraVe entrou no mercado, a mensagem que eles passavam era toda voltada aos *dermatologistas*. E, por mais que os consumidores confiem nos médicos para tomar decisões de saúde, um cara de jaleco olhando para um microscópio é unidimensional e sem graça por si só. Mas, se olhar para a embalagem da CeraVe, assistir a um de seus comerciais ou visitar o site e mídias sociais deles hoje em dia, verá algo diferente. Embora o título de "marca de *skincare* número um, recomendada por dermatologistas" seja mencionado e a embalagem reflita essa imagem clínica, há muito mais acontecendo. Múltiplas mensagens se entrelaçam. Vejamos um dos comerciais on-line deles mais visualizados: belas imagens da pele do ombro, rosto ou corpo de uma mulher são contrastadas com um fundo branco liso. A modelo poderia igualmente estar no anúncio de um produto cosmético de alto nível. Ondas gráficas azuis e brancas emanam do pote de creme hidratante, acariciando a pele da mulher com suavidade enquanto flutuam pela tela.

Os espectadores logo aprendem que essas linhas onduladas simbolizam *ceramidas*, moléculas encontradas naturalmente na pele, cuja presença é necessária para evitar o ressecamento, a acne e o eczema. A tradução no cérebro dos consumidores é clara: ao usar ceramidas nos produtos, a CeraVe está suplementando e protegendo o processo natural de rejuvenescimento da pele sem utilizar produtos químicos nocivos. Em seguida, a propaganda corta para uma sequência de "demonstração", na qual as mesmas ondas azuis e brancas, junto de gotas digitalizadas, penetram em uma seção transversal da pele, com um texto explicando como as ceramidas restauram a barreira de umidade natural da pele e retêm essa umidade enquanto a protegem de danos.

Close-ups de peles bonitas, justapostos com a explicação de como o produto funciona no interior da pele, proporcionam uma história completa e envolvem por completo a mente dos consumidores. A premissa original, respaldada por médicos e com viés científico continua presente, mas o público agora recebe uma visão *mais abrangente e completa* da marca. Tal qual a personagem Evelyn Wang, em *Tudo em todo lugar ao mesmo tempo*, ou a clássica Cinderela saindo da carruagem, descobrimos que há muito mais presença, estilo e charme quando o jaleco do dermatologista é deixado de lado. Em uma mistura perfeita de beleza, ciência, natureza e um toque especial, a CeraVe emerge como muito mais do que uma marca clínica recomendada por médicos. A proprietária anterior, a Valeant, havia descoberto uma tecnologia avançada: as ceramidas (lipídios encontrados nas células da pele que ajudam a manter uma barreira cutânea saudável). Com esse ingrediente especial, a CeraVe poderia manter afastados problemas comuns de pele, como eczema, acne e ressecamento. Foi a L'Oréal que conectou a história da tecnologia à pele bonita, limpa e suave que todos desejam. Quando a marca se baseava apenas no aspecto clínico, ela até crescia; mas, ao ser posicionada em torno de múltiplos temas, ganhou ainda mais espaço e as vendas decolaram.

Embora tanto a ciência quanto a beleza sejam importantes para a categoria de cuidados com a pele e para os consumidores, muitas marcas, por serem fiéis à antiga regra do marketing de mensagens individuais, tendem a se concentrar em um aspecto em detrimento do outro. Algumas marcas enfatizam até demais o apelo cosmético em suas comunicações com pouca ou nenhuma prova da eficácia ou da funcionalidade dos produtos. Outras concentram-se exclusivamente na tecnologia e nos ingredientes do produto. A CeraVe combina os dois com brilhantismo, enquanto incorpora uma série de outras associações positivas que florescem na mente dos consumidores, aumentando em pouquíssimo tempo o conectoma da marca.

O marketing tradicional afirmará que todos esses temas adicionais sobrepostos ao "cuidado com a pele desenvolvido com dermatologistas" são frívolos, desnecessários e prejudiciais à marca. Muitos líderes de marketing e publicidade resistirão, questionando-se como seria possível incluir cinco temas diferentes (hidratação, ciência avançada, naturalidade, saúde e beleza) em uma única comunicação. Mas, como muitas das antigas regras de marketing, elas não se sustentam. Basta olhar para qualquer anúncio da CeraVe e verá que esses cinco temas se unem em perfeita harmonia. Contanto que você amarre todas as mensagens juntas, elas não entrarão em conflito. Pelo contrário, elas trabalharão em conjunto, contribuindo para que seja reforçada a história da marca multidimensional e unificada.

Para a CeraVe, o uso de um Gatilho de Imagem contínuo (as ondas azuis e brancas que simbolizam, ao mesmo tempo, a pele lisa, a hidratação e ceramidas) em todas as comunicações também ajuda. Como um pacote embrulhado com esmero, a fita que ondula sem parar ajuda a amarrar os temas em um laço perfeito. E esse laço é crucial. Os vetores de associações precisam ser complementares, unindo-se para criar uma percepção coesa e abrangente da marca, e não um monte de associações desconexas ou contraditórias jogadas ao acaso. Quando bem-feita, uma mensagem em camadas ajuda a desenvolver o tipo de mundo de marca necessário para expandir o conectoma e ocupar o espaço físico na cabeça do público-alvo.

Não apenas a CeraVe encabeçou a categoria de *skincare* em 2021, como também atingiu 1 bilhão de dólares em vendas naquele mesmo ano. Quando a L'Oréal adquiriu a marca em 2017, eles de imediato começaram a adicionar mensagens conscientes junto ao histórico de beleza e moda da empresa e de suas marcas emblemáticas, como Lancôme, Garnier, Shu Uemura, Armani e YSL. Tendo gerenciado esse portfólio de lojas de departamento de luxo e marcas de grife, a L'Oréal sabia como criar uma imagem aspiracional, e foi exatamente isso o que levaram para a CeraVe.

Quando a L'Oréal comprou a CeraVe, a marca já era considerada de crescimento rápido na categoria de cuidados com a pele nos Estados Unidos. A L'Oréal a adquiriu junto com outras duas marcas de cuidado com a pele (AcneFree e Ambi), cuja receita combinada era de cerca de 170 milhões de dólares. Comprar um negócio assim e transformá-lo em uma marca de 1 bilhão de dólares em menos de quatro anos não foi uma tarefa fácil. A maioria das pessoas diria que as razões para esse sucesso foram simplesmente o aumento do investimento em marketing e o vasto poder de distribuição da L'Oréal, lançando a marca, até então doméstica, para os mercados globais. Em 2022, as vendas aumentaram exponencialmente ao longo de todo o ano, chegando a mais de 40% nos Estados Unidos. Houve também uma grande ajuda do influenciador do TikTok, Hyram Yarbro, que tem mais de 6 milhões de seguidores, em sua maioria da Geração Z.

Essa vantagem de distribuição e a exposição viral nas redes sociais, sem dúvidas, desempenharam um papel importante no crescimento da marca, mas tais fatores não são os únicos que impulsionaram o sucesso. Grandes empresas compram empresas menores o tempo todo, proporcionando maior financiamento e distribuição, mas é raro receberem um retorno tão extraordinário. E, embora influenciadores possam ser grandes impulsionadores de crescimento para as marcas, raramente catapultam uma marca para o topo de sua respectiva categoria. Uma das maiores mudanças entre a propriedade da Valeant e a da L'Oréal é que a expertise e a sensibilidade desta última adicionaram dimensões que a CeraVe não tinha até então. Essas novas camadas criaram uma narrativa imbatível para a marca.

Entre 2017 e 2021, as vendas da CeraVe cresceram muito em escala ano após ano no mercado estadunidense graças às camadas de associações que plantou na cabeça dos consumidores: hidratação, ciência avançada, naturalidade, saúde, beleza. Esse tipo de diversidade de temas não é apenas desejável, é imperativo. Embora vá contra as regras tradicionais do marketing consciente, a mensagem multifacetada leva a uma maior disponibilidade mental e expande o Conectoma de Marca. Como muitos raios, cada uma dessas associações positivas se junta para criar uma roda estável. Se for apenas um raio, a roda nunca sairia da garagem.

NÃO HÁ VANTAGEM EM UM FOCO ÚNICO

A ideia de apresentar apenas uma única mensagem potente a respeito de uma marca foi promovida e apoiada pelos executivos de publicidade Jack Trout e Al Ries em *Posicionamento: A batalha por sua mente*. No livro seminal, publicado em 1981, os autores descrevem o posicionamento como trabalhar com o que já está na mente das pessoas, refazendo conexões existentes sem ter que criar algo "diferente". Trout e Ries não sabiam quanto estavam certos muito antes de a economia comportamental e a neurociência surgirem na esfera do marketing. Onde eles falharam, no entanto, foi em como realmente conectar-se com a mente dos consumidores.

O livro apoiava a premissa de uma ideia simples por marca. "A melhor abordagem a ser adotada em nossa sociedade supercomunicada", afirmavam os autores, "é a mensagem simplificada". Então, a Miller deveria se limitar a ser apenas uma cerveja light. O 7UP, a não ser uma variante dos refrigerantes do tipo cola. E a Avis deveria argumentar apenas que, por ser a número dois, ela se esforça mais. Os autores escrevem acerca de "preencher um buraco na mente". Mas preencher um único buraco não vai funcionar. Em vez disso, é necessário criar uma rede inteira de rodovias da sua marca e conectá-las a outras lembranças preexistentes na mente das pessoas, e assim crescer seu conectoma.

Contrário ao que Trout e Ries disseram, não existe vantagem em um foco único. Na verdade, destilar as comunicações a uma única dimensão da marca é uma receita para *encolher* a própria marca e seu conectoma. E um conectoma com apenas uma mensagem ocupa pouquíssimas vias neurais. Desse modo, em vez de ser como a gigante figueira-de-bengala Thimmamma Marrimanu, que conta com um sistema de raízes por todos os lados e uma copa maciça, ele é como um galho. Um conectoma assim possuirá muito pouco espaço na mente. Lembre-se: como no *Banco Imobiliário*, os conectomas mais eficazes ocupam maior espaço e têm o maior rastro físico. Ter uma marca que conta somente com uma mensagem ou associação positiva é como possuir apenas uma casa em um bairro. Mas, se sua marca tem múltiplas mensagens e cria várias associações positivas, é como possuir imóveis por todos os cantos de uma cidade. Como associações positivas abundantes criam uma rede mais saliente e resiliente dentro do cérebro, os consumidores instintivamente escolherão a marca com o maior conectoma positivo e uma infinidade de temas. Na verdade, quanto mais, melhor.

Nos Estados Unidos, a Volvo era conhecida havia muito tempo pela segurança dos veículos que produziam, em parte devido ao design de suas peruas quadradas. Eles também foram pioneiros em recursos de segurança automotiva, como o cinto de segurança de três pontos, projetado pelo engenheiro da Volvo, Nils Bohlin, em 1959, e o assento infantil voltado para trás. Além disso, eles contam com uma equipe de pesquisa dedicada a acidentes desde o início dos anos 1970, cuja função é analisar acidentes envolvendo modelos Volvo para estudar o que aconteceu, e a partir disso extrair dados que ajudam a melhorar a segurança dos futuros veículos.

A perua Volvo já foi a queridinha das famílias suburbanas devido à segurança e ao tamanho. Mas essas duas associações não foram suficientes para acompanhar as mudanças no gosto do consumidor, ainda mais com a crescente popularidade dos carros *hatchbacks* e SUVs, os equivalentes modernos das peruas adquiridas por famílias. Assim, embora a Volvo tenha abandonado o design quadrado a tempo, eles mantiveram a associação positiva com a segurança e incorporaram outras mais, como: tecnologia avançada, conforto, inovação, preço acessível e luxo. Na verdade, em 2021, o *New York Times* publicou um artigo afirmando que a Volvo estava conquistando compradores com um "novo e elegante visual" (algo que ninguém diria sobre a série Volvo 900 dos anos 1990). A Volvo reconheceu que, para crescer, precisava mais do que apenas enfatizar a segurança. Manter essa mensagem como núcleo do posicionamento deles ainda era necessário para sustentar a identidade original da marca; mas, ao adicionarem novas camadas, eles também aumentaram a relevância dentro da mente de potenciais compradores de carros.

O cérebro anseia por estímulo. Portanto, quando recebe múltiplas associações positivas, ele se envolve na história que tais associações ajudam a contar. Ao engajar-se em múltiplas associações, o cérebro permanece atento e alerta, em vez de ficar entediado ou desinteressado. Mensagens singulares têm o que pode ser chamado de "baixa utilização cerebral". Ou seja, se você se concentra em apenas uma única mensagem, como "propósito" ou "saúde", então só vai se conectar com uma parte do cérebro de sua audiência. Múltiplas mensagens, semelhantes a gatilhos multidimensionais, visam a várias partes do cérebro. Quanto maior a "utilização cerebral", ou quanto mais partes do cérebro se conectam com a mensagem, mais engajado o cérebro se tornará. Desse modo, ao fornecer múltiplas mensagens a que se apegar, mais associações positivas são incorporadas nos caminhos neurais da audiência.

Em nenhum lugar esse princípio é mais evidente do que na esfera de admissões universitárias. Steven, um candidato recente, achava, assim como seus pais, ter grandes chances de ser aceito em Yale. Era o melhor aluno da turma, editor-chefe do jornal da escola, estrela do time de futebol, tirou notas excepcionais no SAT, o exame admissional escolar americano, e, além de tudo isso, fazia trabalho voluntário no hospital local aos fins de semana. Mas Steven não foi aceito em Yale; na verdade, não foi admitido em nenhuma das universidades que integram a Ivy League. Nicolas, outro estudante da mesma turma, com pontuações mais baixas e, pelo que dizem, menos credenciais, agora está morando no Old Campus de Yale e torcendo pelos Bulldogs. Como isso aconteceu?

A resposta é simples. Steven adotou uma abordagem consciente. Na redação, descreveu sua paixão pelo desenvolvimento de softwares e os benefícios para a sociedade, destacando as conquistas das quais estava mais orgulhoso. Os motivos racionais por que ele seria um ótimo candidato não podiam ter sido mais claros. Em contraste, Nicolas, cujo amor lancinante por histórias compartilhadas com a avó, teceu um rico tecido de associações em camadas por intermédio da redação de candidatura, o que o colocou em perspectiva. Em uma história cativante sobre o relacionamento especial que tem com a avó e a primeira viagem feita para o exterior, Nicolas transportou os leitores aos grandiosos locais históricos da Europa, onde caminhou entre os grandes. Os sagrados salões ecoavam enquanto luminárias ganhavam vida, o que proporcionou lemas e conselhos inspiradores ao jovem. Por fim, ele encerrou a redação com uma sessão de FaceTime com a avó, em que, transformado pela experiência vivida, ele projeta uma maior determinação sobre o caminho que deve seguir.

Nicolas foi admitido porque o ensaio dele funcionava em um nível de todo diferente do de Steven (um nível instintivo). Em vez de apenas contar, concentrou-se em mostrar. Em vez de destacar conquistas passadas, concentrou-se no futuro. Em vez de *proclamar* que tinha paixão, provou isso por intermédio da história que contou. Em um cruzamento entre ficção histórica e fantasia, a redação de 650 palavras de Nicolas conectou-se com várias facetas da mente dos oficiais de admissão. Afinal, eles tomam decisões como qualquer outra pessoa. Enquanto o comitê de admissões contemplava cada candidato nas reuniões semanais, Nicolas parecia um ser humano completo e vivo, alguém que gostariam de conhecer (com paixões, filosofias, peculiaridades e senso de humor). Já Steven se enquadrava mais em uma lista unidimensional de estatísticas, sem vida refletida nas palavras. Contrário à crença popular, desde que você esteja acima da nota de corte, é raro a decisão de admissão se resumir aos números. Também se trata de uma questão de desenvolver rapidamente um Conectoma de Marca pessoal, rico em camadas e multidimensional.

A ATRAÇÃO DO PROPÓSITO

Em 2010, sob liderança do CEO Paul Polman, a Unilever iniciou uma nova estratégia chamada Marcas com Propósito por intermédio do Plano de Sustentabilidade da Unilever. Polman estava determinado a criar uma estratégia em longo prazo que colocasse a sustentabilidade no centro da empresa multinacional de cuidados pessoais e bens de consumo. Ao longo dos anos, porém, essa ênfase míope silenciosamente cobrou seu preço. Até 2023, os lucros da empresa haviam diminuído nos últimos cinco anos consecutivos, e as ações da Unilever caíram quase 18% entre 2022 e 2023. Os investidores estavam, como esperado, insatisfeitos.

Terry Smith, fundador e gestor do Fundsmith Equity Fund, o décimo quinto maior acionista da Unilever, criticou a estratégia orientada para o propósito da marca, destacando a importância da utilidade dos produtos da Unilever em detrimento do propósito por trás deles. Em um exemplo, ele afirmou que "uma empresa que sente que precisa definir o propósito da maionese Hellmann's sem dúvida perdeu o rumo, na nossa opinião". Ele também questionou a mensagem da marca de sabonete Lux, que faz parte da empresa; mensagem essa que se baseava em "inspirar as mulheres a superar julgamentos sexistas cotidianos e a expressar beleza e feminilidade sem pedir desculpas". Smith afirmou que, da última vez que verificou, sabonetes serviam para ser usados no banho.

Embora as declarações de Smith possam parecer simplistas, ele não estava sozinho ao reconhecer como uma ênfase excessiva no propósito pode ter, realmente, prejudicado as marcas da empresa. Paul Matthews, chefe de comunicações e assuntos corporativos da Unilever, admitiu abertamente que a empresa talvez tenha "dado um passo maior que as pernas... ao falar sobre o propósito da marca de forma isolada em relação a tudo o mais necessário para que uma empresa cresça e seja bem-sucedida". Para alguns consumidores e investidores, ficou claro que a marca estava perdendo identidade própria, já que um foco excessivo no propósito havia dominado todas as outras mensagens e causado estragos nos lucros e perdas da empresa. Após reconhecer as desvantagens de um foco unicamente direcionado no propósito da marca, Matthews expressou sua epifania: "É preciso uma grande inovação, é preciso o preço certo, é preciso que seja acessível." A empresa aprendeu uma importante lição. O propósito de uma marca e os valores que abraça são críticos, ainda mais em uma época em que os *frameworks* ambientais, sociais e de governança se tornaram centrais nas práticas empresariais, e com razão. No entanto, eles são apenas uma peça do quebra-cabeça, e não o motor principal do crescimento de uma marca, e por isso não devem ter um lugar desproporcional na estratégia de uma empresa.

A Unilever não está sozinha nesse erro. Começando por volta de 2009, muitas marcas decidiram focar o propósito acima de tudo. Identificar exatamente o motivo pode ser difícil, mas houve uma voz que causou um burburinho bastante ruidoso, uma mensagem que foi reforçada por muitos outros. Nessa época, o autor e palestrante inspiracional Simon Sinek apresentou seu famoso TED Talk, "Comece pelo porquê: Como grandes líderes inspiram pessoas e equipes a agir", que foi seguido pelo lançamento de seu livro sobre o mesmo tema naquele ano. Na apresentação, que até o momento foi vista quase 62 milhões de vezes, ele defendeu uma nova visão de como fazer negócios. Em vez de concentrar-se no que você vende, como o produz e por que o vende, Sinek propôs inverter essa hierarquia, colocando o "porquê" em primeiro lugar, acima de tudo.

As empresas da Fortune 500 compraram a ideia de ponta a ponta. Gastaram centenas de milhares de dólares para definir o propósito de suas marcas e começaram a promovê-lo em comunicações apoiadas por milhões de dólares em suporte de marketing. Empresas de pesquisa começaram a rastrear quanto os consumidores se importavam com o propósito de uma marca juntamente com iniciativas importantes, como o histórico da empresa em sustentabilidade, diversidade e outros aspectos ambientais, sociais e de governança. E, como era de se esperar, a porcentagem de *millennials* e *Gen Z* que se importavam com o propósito era maior do que a de outras gerações, o que deu ainda mais motivos para aqueles ansiosos para atrair consumidores mais jovens a prestarem atenção. Ao longo da década seguinte, essa tendência continuou e pode ter sido ainda mais influenciada pela pandemia de covid-19. Após esse acontecimento mundial, os consumidores pareciam mais sintonizados com questões sociais, fossem de equidade, inclusão ou ambientais. Só de 2019 a 2021, a porcentagem de pessoas que queriam que as marcas refletissem seus valores aumentou seis pontos.

Havia apenas um problema. Como você deve saber a essa altura, o que os consumidores dizem querer e o que acabam escolhendo têm pouca relação entre si, uma vez que o comportamento deles é dominado pela mente inconsciente. Enquanto 65% dos consumidores afirmam querer marcas com propósito, apenas 26% deles de fato as compram. Isso ocorre porque há uma série de outros fatores que levam as pessoas a escolherem marcas. Esses "impulsionadores de negócio", se comparados com os "impulsionadores de propósito", incluem elementos como benefício ao consumidor, expertise profunda, tecnologia avançada, relevância cultural e a imagem da marca. Sem esses elementos, a marca passa uma impressão unidimensional que não contribui para sua relevância.

Isso não quer dizer que o propósito não possa, ou até mesmo não deva, ser uma das mensagens na sua abordagem multicamadas. Mas é preciso encontrar o equilíbrio certo: há uma correlação direta entre comunicar a quantidade certa de propósito e fazer sua marca crescer. E, provavelmente, não é tanto quanto você pensa. Por exemplo, algumas marcas cujo foco são os propósitos gastam até 90% de seus anúncios em impulsionadores de propósitos (como causas sociais, contribuições para caridade e sustentabilidade), reservando apenas 10% para impulsionadores de negócios. Elas estão invertendo a ordem das coisas. Na verdade, deveriam estar gastando apenas 10% de seus anúncios em propósito; isso deveria ser um acompanhamento, não o prato principal. Além disso, comunicar que você está "fazendo o bem" não é o mesmo que de fato *fazer o bem* enquanto proporciona benefícios ao consumidor.

Comunicar o propósito se tornou uma nova tendência de marketing, e profissionais da indústria têm se aglomerado em torno disso como abelhas, mesmo tendo poucas provas de que realmente funciona. Já que há pouco entendimento sobre o que impulsiona de verdade a preferência e o crescimento, esses tipos de tendência surgem a cada década ou mais (seja posicionamento emocional, hipersegmentação ou amor à marca) e são vistos como uma bala certeira para o sucesso. Mas como é inerente a todas as tendências, elas são temporárias. Portanto, embora focar superficialmente no propósito possa parecer nobre, se seu crescimento diminuir e seus negócios despencarem, você não conseguirá fazer muita coisa de bom para ninguém.

Por que construir camadas é melhor do que se concentrar em uma só

VÁRIOS PONTOS DE CONTATO LEVAM À RELEVÂNCIA

Conforme discutido, a relevância ocorre quando a marca está conectada a múltiplos pontos de contato cotidianos na mente das pessoas. Isso funciona não apenas em publicidade, mas também ao se candidatar a um emprego ou apresentar seus serviços a um cliente em potencial. Mas vários pontos de contato só podem ser alcançados se você transmite sua mensagem em camadas. Ao fazer com que múltiplas associações de marca trabalhem em conjunto, você cria mais caminhos na mente e maior saliência, afetando melhor a decisão instintiva de uma pessoa.

De forma alguma você deve concentrar-se em três, quatro ou cinco mensagens *desconexas* ou em camadas que se *contradizem*. Criar um Conectoma de Marca bem equilibrado requer cuidado na criação de impulsionadores diversificados que, quando combinados, contêm uma história coesa e criam uma noção de superioridade. No entanto, ainda é necessário ter uma identidade de marca predominante com vários impulsionadores e pilares de apoio sob tudo. É disso que se trata criar camadas.

Uma famosa e histórica marca de tênis percebeu o poder da criação de camadas após perder participação de mercado por mais de vinte anos. Uma vez líder na categoria de calçados esportivos, a participação de mercado dela foi caindo aos poucos ao longo de duas décadas, de um pico de 50% para 25%. Todas as principais agências de publicidade tentaram ajudar, mas nenhuma conseguiu reverter a situação. Chega de tentativas. O diretor de marketing, olhando para o modelo mais recente da marca em seus pés, pegou o telefone e ligou para um amigo da escola de negócios, o qual trabalhava em uma das principais consultorias de gestão. Após dois anos de trabalho e 10 milhões de dólares, esse grupo de consultores disse a ele que a resposta para trazer o negócio à tona novamente era mudar a posição da marca para uma única mensagem: "alcance mais".

Parecia uma solução razoável; afinal, tratava-se de uma marca esportiva em que o alcance era primordial. A empresa lançou a nova estratégia no mercado, contratou um jogador de basquete famoso e gastou milhões no desenvolvimento de publicidade digital e televisiva, além de alguns outros milhões para veicular os anúncios. Infelizmente, isso não conseguiu impulsionar o crescimento. O alcance, por si só, não era a resposta. O diretor de marketing, agora desesperado, decidiu tentar uma abordagem não convencional: conduzir trabalho estratégico e pesquisas no nível implícito. Para a surpresa dele, isso revelou que vários temas eram essenciais para atrair consumidores em potencial, ainda mais os *millennials*, que era a categoria em que havia uma grave escassez de usuários: temas como tecnologia avançada de calçados, estilo e a história da empresa como pioneira no movimento da corrida. O cenário vencedor que alcançou a meta de crescimento foi aquele que combinava os quatro impulsionadores. Qualquer um desses temas individuais não funcionaria de modo isolado.

Armada com a fórmula de crescimento para atrair *millennials* para o negócio, a empresa criou uma campanha de marketing de 360 graus baseada na nova estratégia — e algo incrível aconteceu. A receita foi de um declínio constante para um crescimento de dois dígitos em questão de semanas. Quando os resultados de mercado chegaram, o diretor de marketing comentou, surpreso: "É engraçado, tentamos cada um desses temas separados ao longo dos anos, mas nunca os usamos todos ao mesmo tempo." Os resultados foram tão extraordinários que pareciam mágicos. Mas não eram; tratava-se de ciência. A marca havia crescido fisicamente na mente das pessoas, e, de um único impulsionador com poucas associações, passou para uma multiplicidade de impulsionadores com várias associações, assim criando maior saliência e resultando em uma nova onda de crescimento após décadas de declínio.

Essa noção de multiplicidade não se trata apenas da amplitude da marca, mas do significado e conhecimento. Múltiplos impulsionadores resultam em maior conversão porque, quanto mais entendemos de uma marca, mais nossa mente se conecta com ela. Por exemplo, ao conhecer a história do fundador de uma empresa, ou o que chamamos de história de fundo, você será mais leal a ela do que se não a conhecer. Infelizmente, muitas vezes empresas tentam ignorar o próprio passado e herança, já que acreditam que isso é antiquado e pode fazer a marca parecer datada. Mas, quando a história do fundador é apenas uma camada da mensagem que querem passar, apoiada por outras, ela pode fazer maravilhas. Isso não apenas se mostrou verdade na transformação da marca de tênis, como também é fácil de ver em muitas outras. E a história não precisa estar no passado distante.

Pense no vinho Josh Cellars, com sede na Califórnia e fundado em 2007 pelo sommelier, vinicultor e ex-executivo de vinhos Joseph Carr, que em 2009 ainda vendia caixas do vinho direto de seu caminhão. Como vinicultor da Califórnia, ele enfrentava um legado de mercado difícil, com o primeiro vinhedo na Califórnia tendo se estabelecido centenas de anos antes. Mas Carr tinha uma história própria na qual decidiu confiar, que era a de seu pai, em cuja homenagem o vinho foi nomeado. Mesmo que o vinho fosse novo, ele infundiu a marca em uma tradição de trabalho árduo, atenção aos detalhes e paixão, qualidades essas que explica terem sido transmitidas pelo pai. A maneira como conta a própria história enquanto fundador, por meio do marketing, é baseada na experiência de Josh Carr enquanto artesão e homem de família. Quando a marca apresenta a própria linha do tempo, começa com o nascimento de Josh Carr. É destacado o tempo dele no serviço militar, o casamento, o trabalho como lenhador e bombeiro voluntário em sua cidade natal de Berlin, no norte do estado de Nova York.

Agora, lembre-se: a marca está falando do pai do vinicultor, nem mesmo é do vinicultor em si. E, admitidamente, nada disso tem a ver com o vinho que Carr produz, mas a marca se apoia em associações de família, persistência e até mesmo no *sonho americano*. Embora alguns conhecedores possam torcer o nariz para a marca, o mercado de vinhos diz outra coisa. De 2018 a 2023, ano após ano, a Josh Cellars apresentou um crescimento de dois dígitos incomparável. Em 2014, vendeu apenas 300 mil caixas de vinho. Em 2018, mais de 2 milhões. Quanto a 2023? Cinco milhões de caixas em um ano. Sendo, hoje em dia, a marca número um na categoria de vinhos de mesa premium nos Estados Unidos, a história da marca e a narrativa do fundador estão impregnadas de tradição.

No entanto, parar na história não é suficiente. Crie apenas uma grande ideia para sua marca e ela permanecerá escondida na mente, uma estrada solitária, longe do movimento, isolada das conexões com associações importantes e lembranças no cérebro. Adicionar várias mensagens em camadas sobre essa ideia proporciona um ecossistema robusto, cheio de associações positivas nas quais o cérebro se perde. Pense em cada mensagem-chave como uma engrenagem. Por exemplo, engrenagem um: que benefício sua marca proporciona ao público-alvo? Engrenagem dois: como o produto ou serviço trabalha para entregar esse benefício? Engrenagem três: em que avanços ou inovações a marca foi pioneira? Quando as engrenagens se conectam e giram juntas, elas impulsionam o motor

Por que construir camadas é melhor do que se concentrar em uma só

da marca. Ainda precisam se encaixar direitinho; ou, caso contrário, você não chegará a lugar nenhum. Mas, quando o fazem, esse motor pode se tornar um crescimento por anos a fio.

ENVIANDO MÚLTIPLAS MENSAGENS

Múltiplas mensagens constroem uma história envolvente, na qual o consumidor quase se torna um personagem. Ele se torna parte da história e da marca. Mas isso não é o que a maioria dos anunciantes e suas agências de publicidade faz hoje. Se você defender essas abordagens multidimensionais na execução de suas comunicações, esteja preparado para enfrentar resistência. Muitos dirão que é impossível incluir todas essas mensagens em uma única peça criativa. Portanto, eles sempre acabam compartimentalizando. Se disser à agência de publicidade que sua pesquisa mostra que a marca tem três impulsionadores de negócios, eles seguirão a abordagem tradicional: dividir esses impulsionadores, colocando cada um em um veículo de mídia diferente.

Por exemplo, eles podem colocar o produto ou benefício para o consumidor em anúncios de TV, a razão para acreditar na marca em anúncios digitais e o propósito no site. Mas isso não funcionará. O cérebro não consegue juntar fontes de informação díspares em uma história coesa e inteligível a respeito de uma marca. Durante anos, uma empresa de cereal bastante conhecida tentou encontrar o *melhor* posicionamento de marca. Variou nas mensagens, às vezes enfatizando o sabor, então a saúde, depois que tudo era natural e assim por diante. Esses esforços não levaram a lugar algum. Somente quando combinaram três qualidades (saboroso, saudável e menos processado) em uma única campanha, a marca enfim começou a crescer outra vez.

Cada tema ou camada em sua mensagem deve ser visto como um potencial impulsionador de conversão para o público-alvo almejado. E, já que esse é o objetivo, todos são importantes. Ao decidir qual focar, considere de três a quatro camadas para começar. Imagine, por exemplo, que você possui uma lojinha de móveis vendendo peças artesanais feitas por artesãos dedicados que vivem dentro de um raio de, mais ou menos, oitenta quilômetros da loja. O modelo tradicional de marketing diria que é preciso criar uma mensagem centrada com exclusividade no artesanato local. Mas pode ser que os consumidores também precisem saber que os móveis são elegantes e que tornarão a casa deles mais sofisticada e acolhedora. Só nisso, você já tem múltiplas mensagens para impulsionar a escolha de alguém (a arte local não é capaz de fazer tudo isso sozinha). Ou, se gerencia uma cafeteria, uma possibilidade é destacar que todo o seu café é certificado como um comércio dentro das regularidades, justo, e que você apoia as equipes de futebol e beisebol do bairro. Aqui, você tem mensagens sobre expertise em café, propósito e comunidade. Note que nenhuma dessas mensagens se contradiz, e cada uma se une às outras para ajudar a expandir o conectoma da marca.

Depois de escolher as mensagens que deseja transmitir, o passo seguinte é colocá-las em prática. Não se esqueça dos Gatilhos de Crescimento. Um comercial de sessenta segundos sobre algo fresco, natural e maduro não é necessário se você tiver alguns motivadores certos ou ativos de diferenciação de marca que possam transmitir essas mensagens em poucos segundos. O cérebro faz o resto. Tanto a categoria quanto os Gatilhos de Marca são eficazes aqui. E, embora qualquer marca na categoria possa usar um determinado Gatilho de Crescimento, como discutido, você quer que a *sua* marca o possua. As ondas no anúncio da CeraVe, por exemplo, poderiam ser usadas por qualquer marca de *skincare* para simbolizar uma pele suave. Mas, ao renderizá-las em azul e branco (as cores dominantes na paleta da CeraVe), fazendo com que emanem do pote de creme e associando-as tanto à tecnologia de ceramida quanto à pele suave, a marca agora as tem como propriedade. Quando essas ondas fluem e ondulam ao longo de uma pele limpa e pura, o cérebro processa o significado intrínseco de umidade (água) e saúde. Assim como o produto na demonstração é mostrado penetrando na pele, o que comunica eficácia, essa mensagem que é passada se infiltra na estrutura de memória dos consumidores.

Mais uma vez, o objetivo é imergir a mente da audiência na história da marca. Um exemplo útil disso pode ser encontrado no Vrbo, da Expedia, originalmente chamado de "vacation rentals by owner", que oferece casas nos locais mais cênicos e belos ao redor do mundo. No entanto, eles complementam essa mensagem com associações de família, amigos, férias e escapismo. Fundidas, essas mensagens criam as férias perfeitas que todos querem ter (colocando o cérebro, e você, no centro da narrativa da marca). Você se torna imerso, imaginando-se lá, cercado pelas pessoas que ama, sem preocupações no mundo, desfrutando-se da companhia uns dos outros nesse ambiente lindo. Há também a ênfase de que, diferentemente do Airbnb ou de um hotel, quando se aluga um Vrbo, aluga-se uma "casa de férias completa", só vocês, nada de "estranhos" no pacote.

Se eles se concentrassem apenas em uma dessas mensagens, o cérebro não receberia a história completa. Reunir família e amigos é ótimo; mas, se for em um apartamento apertado de um quarto em uma área congestionada da cidade, com poucas comodidades, ninguém se interessará. É por isso que o Vrbo usa três temas principais para impulsionar a preferência instintiva: casas bonitas em ambientes deslumbrantes, família e amigos, e um lugar completo para chamar de seu enquanto estiver lá. Além disso, o Vrbo proporciona um ótimo exemplo de como retratar várias mensagens por intermédio de múltiplos meios ou sentidos. Em seus anúncios, as localizações cênicas das casas não são mencionadas em nenhum diálogo ou texto, elas são mostradas. As imagens fazem a maior parte do trabalho pesado para que o peso não recaia apenas nos textos de apoio.

Quando se trata de construir uma marca pessoal, os mesmos princípios de camadas são válidos. Se você apenas transmitir uma "mensagem" a seu respeito, é provável que parecerá monótono. Pense naquela pessoa em um jantar que conta a mesma história repetidas vezes sempre que se encontram. Com o tempo, é fácil perder o interesse, e o cérebro se desliga. É por isso também que currículos incluem mais do que apenas como suas habilidades se alinham a um cargo de trabalho. De igual importância são algumas estatísticas que exibam resultados, educação, trabalhos voluntários, alguns hobbies pessoais e detalhes sobre você. Os empregadores desejam contratar indivíduos bem equilibrados que não apenas saibam como realizar determinada função, mas que também sejam uma adição positiva para a equipe como um todo.

Em uma entrevista de emprego, apresentar múltiplas mensagens em camadas é particularmente útil. Pense em suas forças, habilidades e conquistas até o momento presente como sua expertise de marca, em como você pode ajudar a empresa com os benefícios que oferece, e em seu entendimento e entusiasmo pelo que a empresa faz como sendo seus valores — por exemplo, trabalho em equipe e uma forte ética de trabalho. Você também tem uma história de fundo: a narrativa única que faz de você quem é e que o trouxe até este ponto. Embora grande parte dessa história permaneça a mesma de entrevista para entrevista, ela deve ser adaptada especificamente para cada oportunidade à qual se candidata. Assim como uma marca precisa corresponder ao que está armazenado na memória dos consumidores para ser a escolha deles, as dimensões de um candidato precisam corresponder ao funcionário ideal que o recrutador executivo ou o gerente de contratação tem em mente. É assim que você receberá a oferta de emprego. Assim como acontece com as marcas, você não pode apenas *dizer* às pessoas que é atencioso, inteligente e engraçado. Faz-se preciso compartilhar histórias que comuniquem tais características para que o entrevistador chegue por conta própria a essas conclusões a seu respeito.

Curiosamente, pesquisas mostram que 70% dos empregadores classificam a personalidade do candidato entre os três principais fatores de contratação, enquanto apenas 7% consideram a aparência e 18%, a educação. Como o cérebro opera por instinto, o imenso papel que um fator intangível desempenha no processo de entrevista não deveria ser uma surpresa. A pessoa sentada do outro lado da mesa lhe fazendo perguntas é, no fim das contas, humana. O cérebro dela funciona como o de qualquer outra pessoa, e do mesmo jeito que o de qualquer consumidor ao escolher um produto.

Nesse caos, "personalidade" é um termo genérico, uma palavra que empregadores usam para descrever a intuição que têm quando o candidato diante deles corresponde com o candidato idealizado que têm em mente. Eles estão mesmo julgando a personalidade? Não exatamente. Se gostam da "personalidade" de um candidato, significa, na verdade, que há uma correspondência entre os dois conectomas (o do candidato e o do empregador) baseada nas mensagens que você está transmitindo. Lembre-se: você *é* uma marca. E todos os motivadores de transmissão de mensagens trabalham juntos para construir seu Conectoma de Marca. Juntos, eles criam uma multiplicidade de associações implícitas que elevam a percepção da sua marca, fazendo com que o entrevistador se conecte com você sem nenhuma dificuldade — movendo sua candidatura para longe do grupo do "não" e trazendo-a para o grupo de "devemos contratar".

Para uma indústria que foi criada à base da abordagem da singularidade na construção de marcas, toda essa ideia de múltiplas mensagens soa como uma completa heresia. E se você conversar com alguém que segue o manual de instruções tradicional do marketing, assim como as regras do marketing consciente, é provável que enfrentará objeções: não se pode encaixar mais de uma mensagem em um anúncio (o que não é verdade). O cérebro não pode processar mais do que uma mensagem por vez (o contrário é verdadeiro: o cérebro prospera com a abundância). Essa abordagem é sem foco e indisciplinada (múltiplas mensagens podem, sem dúvidas, ser focadas e funcionar a seu favor).

Mas dê um passo para trás e pense: o que seria do planeta Terra sem camadas? O que seria da nossa cultura sem complexidade? Como seria uma história sem personagens, enredos, subtramas, tensões? Como seria o mundo se fôssemos todos iguais? Os seres humanos são multifacetados, então é razoável que as mensagens para eles também sejam assim. De certa forma, é bem simples. Ao se conectar com as pessoas em múltiplos níveis, você essencialmente as alcança onde quer que estejam e ilumina o cérebro delas

Por que construir camadas é melhor do que se concentrar em uma só

com seu conectoma. Sua marca só pode se expandir para todos os cantos da mente dos consumidores se você preencher o máximo possível das vias neurais deles, conectando-se com as associações positivas que eles já têm e criando outras. Um único caminho não é o suficiente.

CAPÍTULO 7

A NECESSIDADE INCONSCIENTE PELA FANTASIA

Regra do Instinto: As pessoas dizem que querem a realidade, mas instintivamente escolhem a fantasia o tempo todo.

Pense em um jantar maravilhoso de Dia de Ação de Graças. É provável que se lembre do peru recém-saído do forno, do cheiro quase inebriante enquanto o prato era servido em uma travessa e posto à mesa de jantar. Com amigos e familiares à sua volta, que estão em casa por conta do feriado, todos admiram a ave assada com perfeição em toda a sua glória dourada e crocante, soltando um coro de exclamações de admiração. Ao olhar ao redor, para seus entes queridos (todos sorrindo), você se sente abraçado pelo calor familiar e pela gratidão. Essa cena está gravada em sua memória. Mas há grandes chances de você não se lembrar dos restos destroçados da carcaça deixada na bancada por tempo demais com a gordura já rançosa e seu cachorro à espreita. Também não deve se lembrar da discussão que estourou quando seu tio fez aquela piada, de novo, de que o pão de milho da sua mãe estava seco demais. Isso porque o cérebro grava lembranças em suas formas idealizadas, e o que de fato aconteceu não importa.

A necessidade inconsciente pela fantasia

Essas recordações menos agradáveis fazem parte da verdade feia e confusa da qual as pessoas não querem fazer parte. Mas muitos anunciantes têm na cabeça que é por isso que os consumidores clamam: realidade. No entanto, não poderiam estar mais enganados. Nossa mente inconsciente clama por *fantasia*. É por isso que o cérebro armazena a lembrança do peru recém-saído do forno e a alegria que você sentiu na presença de entes queridos antes que o Fido roesse as sobras até o fim e sua mãe fosse tirada do sério. Nossas fantasias mais aspiracionais e desejos mais íntimos vêm da mente inconsciente, na qual nossas recordações são armazenadas. O sucesso não é resultado da dramatização da realidade; ele é resultado do alinhamento da marca com as fantasias das pessoas. Ao se aproveitar dessas associações positivas, a marca pode percorrer os mesmos caminhos neurais que as fantasias das pessoas, ligando-as na mente delas. Talvez essas fantasias incluam felicidade e saúde, uma aposentadoria em um grande iate, popularidade, ou a habilidade de derrotar um oponente em uma partida de basquete.

Indústrias inteiras são construídas baseadas na fantasia. Tome como exemplo a indústria de fragrâncias. Não há exemplo melhor do que os anúncios da linha Charlie da Revlon nos anos 1970. Charlie foi, de muitas maneiras, a fragrância original da fantasia moderna. Com 10 milhões de dólares em vendas no primeiro ano da marca (1973), sendo o lançamento de uma fragrância com maior sucesso até então, seus anúncios apresentavam a atriz Shelley Hack como uma mulher estilosa, independente e confiante quanto a seu carisma. Em um deles, interpretando a personagem "Charlie", ela chega a um restaurante dentro de seu Rolls-Royce branco, borrifa um pouco de perfume e desce do carro vestindo uma roupa que combina com o automóvel: um macacão dourado brilhante. Ela flutua pelo bar, enquanto Bobby Short canta "Kind of young, kind of now... kind of free, kind of wow", e rodopia junto de seu par. Os dois aterrissam em uma cabine particular com o cabelo em movimento. Em outro anúncio, ela chega de barco a uma festa já bombando em um iate glamouroso usando um blazer preto com lantejoulas e uma calça preta, fazendo cabeças virarem ao entrar em outro restaurante movimentado, com Mel Tormé agora cantando, descontraído, o jingle da Charlie. Com uma borrifada de perfume no pescoço, ela atravessa a multidão, a alma da festa.

Na época, esses anúncios capturaram a fantasia que muitas mulheres dos anos 1970 desejavam, uma mistura de brilho e vitalidade com independência e força feminina; uma nova fantasia que era, para uma nova geração, empoderadora, sexy e elegante. Vendida como uma "fragrância mais original", Charlie foi o perfume mais vendido por anos a fio. A linha também desempenhou um papel fundamental nas vendas de fragrâncias. Antes de Charlie ser lançado em 1973, a maioria das vendas de perfumes acontecia em torno dos feriados e datas comemorativas, em geral com homens comprando como presente para as esposas e companheiras. Mas, com Charlie, a Revlon vendeu a fantasia não para os homens, mas direto para as mulheres em qualquer época do ano. Hoje, alguns espectadores podem achar esses comerciais bregas ou cafonas, mas a famosa imagem da mulher Charlie caminhando cheia de confiança pela sala, e estampada nos anúncios impressos, tornou-se sinônimo de "libertação feminina".

Outra indústria obviamente construída com base na fantasia é a automotiva. Não é preciso ir além da Mercedes-Benz. Seu comercial em 2013 para o modelo CLA inundou a mente dos espectadores (em especial a dos homens) com fantasia. O breve comercial começa com Satanás (interpretado com maestria por um Willem Dafoe com aparência diabólica) tentando um jovem comprador em potencial a vender a alma em troca do novíssimo CLA. O diabo evoca imagens do homem no futuro se assinar o contrato: farreando a noite toda com o Usher, acompanhado pela modelo Kate Upton no tapete vermelho, o rosto estampando as capas de revistas e ainda com uma multidão de mulheres perseguindo-o pelas ruas como se ele fosse uma estrela do rock. Nada é capaz de capturar com mais eficácia a fantasia de um homem fã de carro esportivo do que isso.

Não importa se os espectadores acreditam que isso acontecerá de verdade se comprarem o veículo de luxo; a partir do momento em que a Mercedes implanta essas associações grudentas na mente do público, elas estarão para sempre conectadas ao carro. Melhor ainda, no final do comercial, o homem percebe que pode ter tudo isso mesmo sem vender a alma, pois o CLA acaba sendo razoavelmente acessível. É o mesmo glamour, brilho e independência representados pela fragrância Charlie, mas a fantasia é atualizada e embalada para um público novo e moderno.

E, claro, há a moda. As roupas que usamos dizem às pessoas quem somos, ou, pelo menos, quem queremos que os outros pensem sermos, e as marcas mais bem-sucedidas sabem disso. Por exemplo, as marcas de moda mais valiosas hoje incluem Louis Vuitton (32,3 bilhões de dólares), Hermès (18,3 bilhões de dólares) e Gucci (18,2 bilhões de dólares). Assim como cosméticos e carros, cada uma constrói um tipo particular de fantasia para que a mente do público se prenda a ela, tornando-se parte da história da marca. A Gucci é tanto eclética quanto sofisticada e se conecta com o desejo de expressar o eu verdadeiro, ao mesmo tempo que é glamourosa e desejada. Um comercial deles para a linha de fragrância Guilty é o exemplo perfeito, com o ator Elliot Page, a atriz Julia

Garner e o rapper e produtor A$AP Rocky passando juntos uma noite cheia de intrigas e romance.

Quando se trata de vender fantasia, cosméticos, carros de luxo e moda não são nenhuma surpresa. Os profissionais de marketing mais tradicionais até diriam que essas são as "categorias de fantasia". Mas, ao contrário da crença popular, a fantasia não é uma exclusividade dessas indústrias. A fantasia impulsiona praticamente *todas* as grandes marcas, comunicando-se com nosso desejo de um eu superior e melhorado, e criando uma preferência instintiva pela marca em diferentes categorias. Não importa se é o "melhor papel-toalha do mundo" da Bounty, que limpa como mágica o leite derramado, ou o medicamento para psoríase da Otezla, que permite que as pessoas exponham os braços com confiança. Em todos esses casos, cuidados com a saúde e medicamentos, causas sociais e arrecadação de fundos, ou campanhas políticas... a fantasia reina acima de tudo.

Mas não é isso o que as pessoas dizem. Elas *dizem* querer a realidade o tempo todo. "Eu quero pessoas que se pareçam comigo. Que são realistas e cujos corpos não sejam perfeitos. Cujas casas são um pouco bagunçadas. Cujos filhos não as escutam, assim como os meus." Mas essa é a mente consciente falando. Como discutido, o que dizemos e o que fazemos são duas coisas bem diferentes. Ainda assim, isso não impede os profissionais de marketing mais tradicionais e as equipes de criação de agências de publicidade de tentarem satisfazer esse suposto desejo pela realidade. Afinal de contas, eles estão ouvindo os consumidores. Mas, quando chega a hora, a realidade não é o suficiente. O conteúdo criativo que, com consistência, melhor apresenta o desempenho do mercado (na TV, nas redes sociais ou em anúncios digitais) tem tudo a ver com uma perfeição quase inatingível: uma família de aparência impecável jantando em um terraço ao ar livre, sob um varal de luzes com estilo vintage, em uma casa elegante tirada direto das páginas de uma revista de decoração; o casal elegantemente vestido saindo do carro esportivo rumo a uma noite com os amigos; um pai e um filho caindo na risada durante um jogo improvisado de futebol americano. Essas são as imagens que ficam gravadas na mente porque, quer percebamos ou não, todos nós somos influenciados pela fantasia. Não conseguimos evitar, o cérebro anseia por isso.

NOSSO CÉREBRO NA FANTASIA

Além de criar camadas para uma mensagem, as fantasias têm uma alta utilização cerebral. Elas iluminam a mente e empregam múltiplas partes do cérebro, enquanto se conectam a ideias e visuais idealizados armazenados na memória. Ao fazer isso, aproveitam-se das nossas associações positivas, consumindo nossa atenção e se fechando para o mundo que nos cerca. É como quando você está preso em uma reunião que passou da hora estipulada, e sua mente começa a divagar, presa em uma fantasia a respeito do fim de semana que está por vir. Você fica tão concentrado naquele fim de semana perfeito que pode demorar um momentinho para perceber que não respondeu à pergunta do chefe e que seu colega o está cutucando para que se pronuncie e dê uma resposta.

Fantasias (nas quais a mente cria histórias fictícias espontâneas conectadas a nossos objetivos e sonhos futuros) são construídas usando uma longa rede cerebral. Essa rede inclui o hipocampo, que desempenha um papel importante na memória, aprendizado e humor, mas não só isso. Para que a fantasia possa funcionar, outras regiões do cérebro devem estar envolvidas, codificando e recuperando lembranças, gerando cenas coerentes e complexas, e regulando nossas emoções. Fantasiar exige muita atividade cerebral, e é por isso que pode dominar a mente por um tempo, fechando-se para tudo o mais. As fantasias utilizam nossos cinco sentidos e absorvem totalmente nossa atenção, permitindo-nos acessar e desenvolver com segurança narrativas mentais, que podem ou não estar fora de alcance na vida real.

Fantasias também são universais. Enquanto cada um de nós pode ter objetivos específicos diferentes, grandes grupos de pessoas compartilham da *mesma* fantasia. Se você é um atleta amador que almeja as ligas profissionais, ou um homem de meia-idade que joga uma partida fim de semana sim e outro não, você vai querer vencer do mesmo jeito. Todos, independentemente da origem, querem uma aposentadoria em que possam desfrutar de uma vida de lazer sem ter preocupações financeiras, seja imaginando-se em uma praia em Bali ou relaxando em casa sem precisar pensar em nada. E não vamos esquecer o amor, o desejo universal pelo romance e pela intimidade.

Quando se projeta a experiência idealizada do público, seja lá qual for, você cria uma conexão neural entre a fantasia dele, a qual armazena na memória, e sua marca. Assim como se conectar com o familiar *versus* o único, ou a saudosas lembranças das marcas que sua mãe usava enquanto você crescia, ao corresponder às aspirações profundamente arraigadas do público, você mais uma vez se aproveita das associações positivas já existentes e amplia o Conectoma de Marca. Quando a marca projeta a fantasia, o cérebro não só fica hipnotizado, excluindo tudo que há ao redor, como também se blinda da concorrência.

A necessidade inconsciente pela fantasia

CONECTANDO-SE A ASPIRAÇÕES E DESEJOS ESCONDIDOS

Fantasias giram em torno daquilo que mais queremos, sejam esperanças para o futuro ou metas ambiciosas, um corpo mais em forma ou tempo de qualidade com a família, uma riqueza inalcançável, um ambiente saudável ou apenas uma boa noite de sono. Elas representam o estado ideal que esperamos alcançar, ou a experiência ideal que gostaríamos de ter. Permitem que as marcas se conectem com os consumidores em um nível inconsciente. Quando identificada a fantasia convergente que o público-alvo compartilha, há um *match* entre o cérebro dele e a marca, deixando-o hipnotizados pela promessa de realizar seus sonhos.

Pense na obsessão que os consumidores têm pelo Zillow, o site de busca de imóveis. Mesmo pessoas que não estão necessariamente planejando se mudar se pegam passeando pelas listas, e com frequência procurando casas pelas quais não podem pagar. Em uma pesquisa de 2021, 55% dos entrevistados, dos mil que participaram da pesquisa, disseram que navegam pelo Zillow de uma a quatro horas *por dia*, e, pelo menos uma vez por semana, 80% deles fantasiam sobre as casas que encontraram no site. De acordo com a mesma pesquisa, 49% dos entrevistados afirmaram que preferiam olhar as listas do Zillow a transar. O Zillow se comunica com os "eus" superiores de seus milhões de visitantes (quem eles *querem* ser, como *querem* viver). As pessoas querem imaginar a própria casa como um castelo, e não como o apartamento apertado ou a casa bagunçada que está transbordando de tralha acumulada com o passar dos anos.

Há uma razão pela qual programas de reformas de casas na TV são tão populares, e o HGTV é a nona emissora mais assistida nos Estados Unidos, com 95 milhões de lares estadunidenses sintonizando-a a cada mês. Esses programas são tão bem-sucedidos em promover uma fantasia que passaram a ditar como as pessoas compram, vendem e renovam suas casas, um fenômeno apelidado de "efeito HGTV". Pesquisas mostram que proprietários de casas realmente sacrificam o gosto pessoal para garantir que as moradias se alinhem com aquelas que veem na TV e em revistas de decoração.

Os esportes de faz de conta (uma indústria de quase 9,5 bilhões de dólares nos Estados Unidos) funcionam da mesma maneira. O mundo dos esportes profissionais é um grupo de elite do qual a maioria de nós nunca será talentosa o suficiente para fazer parte, nem nos nossos sonhos mais loucos. Com os esportes de faz de conta, no entanto, podemos realizar esses sonhos, mesmo que apenas no mundo virtual. Os jogadores que escolhemos se tornam parte do nosso "time", e o sucesso deles no mundo real afeta nossas pontuações e estatísticas de faz de conta. À medida que nos tornamos interligados com tais profissionais, a fantasia se espalha em nossa mente ao assumirmos o papel de treinador, proprietário e gerente. Aqui, o mundo do faz de conta não é apenas parte do marketing ou da comunicação da indústria: é literalmente a oferta. Com mais de 50 milhões de pessoas jogando esportes de faz de conta somente nos Estados Unidos (33% das quais são mulheres), a indústria continua a crescer ano após ano, com seus usuários desesperados para viver os sonhos de infância.

Mas os profissionais de marketing e as equipes de criação publicitária da variedade consciente argumentam que os consumidores desejam produtos, serviços e comunicações que sejam acessíveis em vez de aspiracionais. Eles não querem afastar potenciais compradores com algo que pareça muito fora de alcance, muito glamouroso. Por exemplo, eles bateriam o martelo de que uma loja de departamento com desconto como a Kohl's deveria sinalizar que é uma pechincha, mostrando pessoas comuns usando roupas cotidianas e comuns. Como você pôde perceber pelos resultados, esse modelo de negócios não funciona. As pessoas querem o melhor dos dois mundos: desejam alcançar aquele estilo aspiracional usado por celebridades *e* pagar menos. É por isso que uma empresa como a Target faz mais de 100 bilhões de dólares em receita anual, prometendo moda de qualidade a preços razoáveis. Nos dias atuais, consumidores de todas as classes sociais estão mais educados do que nunca porque estão expostos e intimamente familiarizados com o que moda, qualidade e artesanato representam. Eles sabem o nome dos designers das marcas que as celebridades usam, notam detalhes especiais como costura fina em roupas e sapatos de grife, apreciam cronógrafos de precisão em relógios. A Target enfoca a qualidade e o estilo para tornar a fantasia alcançável.

A JUSTAPOSIÇÃO DA FANTASIA E DA REALIDADE

Mesmo quando você pensa que a fantasia não está em jogo, se olhar com mais atenção, sempre a encontrará superando a realidade. E, quando as duas coexistem lado a lado, os resultados podem ser poderosos. Vinte anos atrás, a preocupação com as mudanças climáticas era limitada a um pequeno grupo nichado: em suma, "abraçadores de árvores" e funcionários do Greenpeace. Mas, em 2006, a porcentagem de pessoas que concordaram com a afirmação "A gravidade do aquecimento global costuma ser subestimada" atingiu um recorde histórico de 38% para aquela época, e 43% da população se preocupava "um montão" com o meio ambiente. Esse aumento na preocupação foi, em grande parte, devido a um importante evento. Não a um tsunami, a um terremoto, a uma seca ou ao desaparecimento de uma espécie, mas a um filme que, em algum momento, seria visto por milhões de pessoas.

Uma verdade inconveniente, lançado em 2006 e estrelado pelo ex-vice-presidente Al Gore, foi tanto um sucesso comercial quanto de crítica, ganhando o Oscar de Melhor Documentário e arrecadando quase 50 milhões de dólares. De acordo com um estudo sobre o impacto do filme, "pesquisas e dados mostram que, diferente de qualquer trabalho ou evento anterior, o filme foi um ponto de virada para fazer os estadunidenses pensarem e agirem de forma mais consciente sobre o aquecimento climático". Mas o que poderia ter tornado um único documentário (um gênero não necessariamente conhecido por sua ampla audiência) tão popular a ponto de desencadear um movimento ambientalista *mainstream*?

Esse é o poder da fantasia. Durante anos, outros defensores do clima forneceram pesquisas, dados, fatos e números. Mas tudo isso atinge o cérebro consciente, então pouca coisa mudou na mente das pessoas e não chegou a afetar suas decisões. A eficácia do filme de Gore veio de sua apresentação do mundo natural ideal, do que um dia quase foi um Jardim do Éden. Esse é nosso desejo interior, e para onde ele insinuou que poderíamos e deveríamos voltar. Gore projetou essa fantasia por intermédio de uma ampla gama de imagens majestosas dos tesouros naturais mais icônicos e conhecidos do mundo. Além disso, contrastou essa fantasia com a realidade em uma justaposição vívida.

O contraste é como esteroides para o cérebro. Certa vez, quando uma marca de molho italiana mostrou uma comparação lado a lado entre seu pote de molho, que continha uma colher de pau em pé dentro dele (rotulado com o nome da marca), e um pote de molho com a colher caindo (rotulado como "Outros Molhos Italianos"), a fantasia foi imediata: a espessa riqueza de molho de tomate encorpado ficou mais vívida porque foi contrastada com a realidade do produto aguado, sem consistência e de segunda classe do concorrente. Ao mostrar fotos aéreas de geleiras e tundras congeladas nos Alpes, no Peru, na Argentina, no Monte Kilimanjaro e na Patagônia, e depois exibir como esse gelo recuou ao longo do tempo, o filme de Gore alcançou o mesmo efeito. Uma foto com gelo e neves abundantes dá lugar a outra de terra marrom e árida. Os espectadores não precisam usar a consciência para pensar no que está acontecendo, eles compreendem por instinto a magnitude da crise. Se ele tivesse mostrado apenas a fantasia, ou apenas a realidade, o cérebro não teria se fixado na ideia, e a proposta não teria sido tão eficaz.

Assim como a montanha coberta de neve, as geleiras agiram como um Gatilho de Crescimento fantástico: essas informações naturais e majestosas incorporam pureza, ar fresco, a beleza da natureza e limpeza. Ver tudo isso derretendo diante dos olhos foi muito impressionante. Do mesmo modo, Gore mostrou uma grade com vários animais em que cada caixa ia desaparecendo, uma metáfora visual para o declínio e a eventual extinção das espécies. E então há o urso-polar animado, que parece ter saído direto de um filme da Pixar. A imagem de um urso-polar nadando em direção a um pedaço de gelo cada vez menor é um Gatilho de Crescimento negativo, uma dose de realidade que permaneceu com os espectadores e deixou um impacto inevitável no Conectoma de Mudança Climática deles. A fantasia, nesse caso, é a de que aquele pedaço de gelo solitário e fraco mais uma vez se torne a forte geleira que era em seu antigo esplendor antes das mudanças climáticas. Ao mostrar às pessoas a diferença entre o que havia sido e o que é agora, elas foram inspiradas a preservar o mundo natural. A fantasia continha ar puro, céus limpos, vida saudável e beleza inalterada. As pessoas entraram na onda.

No entanto, quando você para de reforçar a fantasia, já não tem mais o mesmo nível de utilização do cérebro, o que significa que a lembrança se desvanece e a atenção mental é perdida. Menos utilização, menos progresso, e isso faz com que o crescimento pare ou cesse por completo. Esse feito pode ser visto em como as preocupações climáticas nos Estados Unidos têm estagnado desde, pelo menos, 2016. Embora mais de 70% dos cidadãos dos Estados Unidos acreditem que o aquecimento global está ocorrendo, isso não se traduz na preocupação que poderia ser esperada. Uma pesquisa da Gallup descobriu que apenas 43% dos estadunidenses estão "muito preocupados" com o aquecimento global atualmente (o mesmo número de 2006). Ou seja, as opiniões têm sido praticamente as mesmas todos os anos desde 2016. (De acordo com o Pew Research Center, em 2022, apenas 54% dos adultos estadunidenses acham que a mudança climática é uma grande ameaça para o país.)

O movimento parece ter perdido força quando pararam de promover a fantasia do que era possível, em contraste com a realidade do que estava sendo perdido. Em vez de avançar com a fórmula mais do que comprovada de Gore, os defensores do movimento passaram a se referir à mudança climática como uma crise existencial, retratando-a como quase inevitável. Por exemplo, no agora famoso discurso de Greta Thunberg na ONU em 2019, a jovem ativista, mal segurando as lágrimas, repreendeu com veemência os membros da ONU e, indiretamente, os espectadores em casa: "Vocês roubaram meus sonhos e minha infância com suas palavras vazias... Estamos no início de uma extinção em massa, e tudo o que vocês falam é sobre dinheiro e contos de fadas de um crescimento econômico eterno. Como ousam!" Sua raiva era palpável antes mesmo de começar uma lista de fatos precisos.

Thunberg tinha muitos motivos para estar chateada, e seu discurso virou manchetes. Mas a retratação das realidades sombrias que discursou foi uma tentativa clássica de persuasão consciente, uma abordagem confrontadora que não só é menos propensa a ressoar, como também pode ser desagradável e alienante. Sem uma mensagem de esperança, de o que poderíamos fazer juntos, de como poderíamos salvar o mundo e alcançar uma utopia ambiental, o discurso falhou em ter o impacto transformador que poderia ter tido. Pesquisas mostram que o "Efeito Greta" empoderou jovens que já se conscientizavam acerca das questões climáticas e sentiam que suas ações individuais poderiam fazer a diferença, o que é admirável. No entanto, o problema é que ela estava falando para seus consumidores já existentes. Parece que seu discurso não teve impacto em mudar a narrativa sobre a mudança climática, nem conquistou novos adeptos ao movimento. Apesar do que as regras tradicionais do marketing afirmam, nós não queremos a realidade, queremos a fantasia — e, nesse caso, a fantasia é um futuro limpo. Se Thunberg e o movimento ambiental quiserem ter sucesso no futuro, devem explorar as aspirações e os desejos universais das pessoas em vez de repreendê-las.

NO TOPO DA MENTE, NO TOPO DO MERCADO

No mundo mercadológico, cada categoria tem uma fantasia dominante. Para atividades ao ar livre, é aventura, emoção, reflexão e conexão com a natureza. Para os cuidados com a pele, é a pele perfeita, o sinal exterior de saúde e a felicidade interior. Em artigos para o lar e móveis, é a casa estilosa e confortável dos sonhos. Em bebidas esportivas, é o desempenho incomparável. Fantasias dominantes existem na política e também em causas sociais, sejam ruas seguras e limpas e casas acessíveis onde é possível criar uma família, seja um mundo em que todos são tratados com igualdade. Qualquer marca é capaz de explorar as aspirações e desejos do público, conectando-se com suas fantasias em um nível inconsciente; mas, dentro de cada categoria, quem domina é aquela que possui a fantasia.

Ao possuir a fantasia de uma categoria, você cria barreiras de entrada. Se essa posse for forte, você define a categoria e cria uma conexão entre sua marca e a fantasia em detrimento das outras. É como se todos os competidores em uma categoria estivessem escalando uma montanha, disputando para ver quem chega ao topo primeiro. Mas apenas uma marca pode se sentar no pico, forçando as demais a descerem pela encosta íngreme da montanha. Possuir a fantasia é estar no topo da mente. E, quando se está no topo da mente, você se torna o topo do mercado, o que tende a ser uma vantagem instintiva duradoura.

Por exemplo, a Gatorade vem liderando a categoria de bebidas esportivas desde sua criação em 1965. Em 2023, as vendas anuais atingiram 6,25 bilhões de dólares, quase quatro vezes mais que as do concorrente BodyArmor (1,65 bilhão de dólares) e cinco vezes mais que as do Powerade (1,26 bilhão de dólares). É verdade que a Gatorade foi a primeira bebida esportiva no mercado, mas seu sucesso contínuo é o resultado de como a marca promoveu a fantasia de desempenho incomparável, representada por seu porta-voz entre os anos 1980 e 1990, Michael Jordan, com gotas laranja néon saindo dos poros e simbolizando a sua superioridade atlética, sua força de vontade sendo alimentada pelo Gatorade. Ao possuir essa fantasia, a Gatorade é fisicamente mais dominante no cérebro dos espectadores. Mas não é necessário ser o primeiro no mercado

A necessidade inconsciente pela fantasia

para possuir uma fantasia; basta reconhecer qual pode ser essa fantasia específica e associá-la à sua marca.

Por exemplo, em 1984, o café Folgers iniciou uma nova campanha publicitária que se tornaria lendária nos círculos publicitários e na história do marketing, produzindo um dos ativos de diferenciação de marca mais eficazes: o memorável slogan que vinha acompanhado do jingle *"The best part of waking up is Folgers in your cup"*. (Se você conhece a música, é impossível não ouvir sua melodia enquanto lê essas palavras.) Durante a década de 1970 e o início da de 1980, Folgers e Maxwell House eram duas das maiores marcas de café nos Estados Unidos, com participação e desempenho bastante equivalentes em testes cegos de sabor, e estavam lado a lado no mercado. Ambas eram empresas de longa data: a Folgers começou na década de 1850, durante a corrida pelo ouro na Califórnia, servindo mineradores; e a Maxwell House foi estabelecida quarenta anos depois, em 1892, em Nashville, com seu nome sendo uma homenagem ao primeiro cliente do fundador, o Hotel Maxwell House.

No entanto, quando o anúncio "The Best Part of Waking Up" foi lançado, a Folgers logo superou a Maxwell House, e em poucos anos se tornou a marca de café número um do país. Por quê? Porque a campanha permitiu que ela dominasse a fantasia da manhã perfeita. Acredite ou não, nenhuma empresa de café havia se concentrado naquela parte crucial do dia. Até então, as empresas de café temiam que, caso se concentrassem com exclusividade nas manhãs, estariam colocando todos os ovos na mesma cesta e perdendo outras ocasiões e momentos em que as pessoas queriam uma xícara de café fresco, como naquele reforço das três da tarde ou na xícara depois do jantar. O que elas não tinham sacado é o que Morgan Seamark, estrategista de marca e diretor-gerente da

Triggers, explica tão bem: "O que você comercializa e o que vende são duas coisas diferentes." A Folgers até podia estar vendendo café, mas eles comercializavam muito mais.

A equipe de criação da DDB Needham, trabalhando nessa questão para a Folgers, continuava batendo na mesma tecla ao tentar desenvolver o anúncio. O diretor criativo revisava ideia após ideia da equipe e continuava balançando a cabeça em negativa. Após uma dessas ocasiões, deu uma olhada no escritório da equipe, apontou para um monte de esboços no chão e perguntou: "O que é isso?" O *copywriter* disse que não era nada bom, só alguns descartes que iriam para o lixo. Mas algo chamou a atenção do diretor criativo. Ele pediu à equipe que o guiasse pelo conceito da campanha que mostrava uma pessoa cheirando (*em vez de bebendo*) o café na xícara com os olhos fechados, um sorriso se formando enquanto inalava a rica fragrância. O diretor criativo *sentiu* que a ideia tinha potencial. O anúncio idealizava o momento em que aquele que bebia o café começava um novo dia cheio de possibilidades, transformado não pela cafeína no café, mas pelo aroma da bebida. Acontece que, no cérebro, o aroma é o código para um sabor rico e superior (um dos mais poderosos Gatilhos de Crescimento na categoria de café).

Quaisquer preocupações com a perda de consumidores do cafezinho da tarde ou da noite logo se dissiparam. A Folgers descobriu que a fantasia daquela primeira xícara transformadora pela manhã era algo que os consumidores desejavam *o tempo todo*, de modo que não impediria que escolhessem a marca em outros momentos do dia. Isso acontece porque a primeira xícara é o "teste de tortura" (a que conta mais). Acordar com uma xícara de café ruim pode arruinar todo o dia de uma pessoa. A força da fantasia matinal aumentou o Conectoma da Folgers e, em vez de limitar o uso, fez com que a marca se tornasse a escolha favorita, não importando a hora do dia. A participação de mercado da Folgers disparou, e a marca continuou a desfrutar de uma vantagem instintiva significativa em "sabor e aroma ricos" (percebidos *versus* reais), superando a Maxwell House e criando barreiras de entrada para outras marcas de café por anos a fio.

O LADO POSITIVO E NEGATIVO DE CELEBRIDADES E *INFLUENCERS*

Fantasias e celebridades andam de mãos dadas. Seja on-line ou personalidades da mídia, atletas profissionais, atores e músicos populares, empreendedores de sucesso ou qualquer pessoa que possa representar o *zeitgeist* cultural atual, essas figuras são capazes de ser um Gatilho de Crescimento eficaz quando usadas corretamente. Celebridades são um tipo de influenciador. Outros tipos de influenciador também podem afetar suas decisões (o alfa do grupo social, aquele colega de trabalho carismático que está sempre um passo à frente de todos, o vizinho descolado que parece levar uma vida encantada ou o amigo da academia com abdômen definido), mas nenhum deles é capaz de explorar a fantasia como as celebridades.

Quando uma marca usa uma celebridade que é bem conhecida e bem-vista nas mensagens que transmite e nos anúncios que faz, ela se conecta inconscientemente com o público por conta da nossa crença instintiva de que celebridades levam vidas mágicas. Elas são ricas, vão a festas melhores, convivem com outras pessoas importantes, se encontram com presidentes, possuem várias casas e fazem viagens glamourosas. Essas pessoas têm um status elevado na sociedade, o que nos faz admirá-las e colocá-las em um pedestal. Os mais cínicos entre nós podem negar, mas todos nós admiramos alguma celebridade (é parte do funcionamento do cérebro).

Isso tem acontecido ao longo da evolução humana, pois nós somos programados para admirar pessoas com mais prestígio. De acordo com Joseph Henrich, professor de biologia evolutiva humana da Universidade de Harvard, e o antropólogo político Francisco Jose Gil-White, a seleção natural favoreceu aqueles de nós com a capacidade de copiar o comportamento das pessoas mais bem-sucedidas ao nosso redor. O que também incluía a bajulação dessas pessoas, buscando interagir com elas o máximo possível. Com o tempo, à medida que os humanos se dispersaram e os círculos de influência das pessoas cresceram, esse desejo permaneceu e se desenvolveu em uma preferência instintiva por imitar e reverenciar as figuras mais populares da sociedade em geral.

Para tratar de um dos fenômenos de celebridades mais intrigantes, não é preciso ir além do efeito Taylor Swift em 2023. A *The Eras Tour* arrecadou mais de 590 milhões de dólares apenas em vendas de ingressos, sendo a turnê de maior bilheteria de todos os tempos de uma artista feminina. Mais de 3,5 milhões de pessoas se cadastraram para a pré-venda de ingressos e, mesmo depois de "derrubar" o Ticketmaster devido ao volume esmagador de tráfego no site, 2 milhões de ingressos foram vendidos em um dia. Fãs lotaram os espaços de ponta a ponta, com braços estendidos, esperando que um pouco da magia dela os contagiasse. Isso foi a Beatlemania dos anos 1960 ressurgindo mais uma vez.

Parte do sucesso da cantora vem de reforçar as diferentes "eras" de suas músicas, alimentando o impulso nostálgico dos fãs atuais e com frequência introduzindo novos fãs a seu material. Mais importante, contudo, é que Swift gerencia sua fama de uma maneira única que permite aos fãs, os Swifties, entrarem em sua vida de fantasia enquanto ela é um sincero livro aberto no que diz respeito a altos e baixos. Enquanto a maioria das celebridades pode

A necessidade inconsciente pela fantasia

acabar agindo com indiferença, os Swifties recebem uma mistura incomparável de aspiração e acessibilidade (sentem que ela é amiga deles). Eles até fazem pulseiras de amizade para comemorar essa conexão profunda.

Lembre-se: uma marca é conhecida pelas associações que mantém. Quando uma empresa recebe o endosso de uma celebridade, acreditamos, sem nos darmos conta, que o produto, serviço, investimento ou causa devem ser bons, já que as associações positivas que temos com aquela celebridade são agora atribuídas à marca. O status da celebridade eleva o patamar da marca com a qual está associada. De acordo com Frank Farley, professor e psicólogo da Universidade Temple, quando acompanhamos celebridades ou outras figuras famosas na mídia, "muitas vezes vivemos parte de nossa vida por intermédio delas". Isso dá um novo significado ao termo *starstruck*, que é esse encantamento quase hipnótico por pessoas famosas. Não quer dizer que iremos sair correndo para fazer um tour pelas casas das celebridades de Hollywood. Na verdade, quer dizer que, no inconsciente, queremos nos conectar com os status delas. Farley explica: "Todos nós temos sonhos de riqueza, fama, felicidade, estilo, influência social, e assim por diante, que começam logo cedo com contos de fadas e a maneira como criamos nossos filhos."

Como resultado, se uma pessoa famosa lhe falasse sobre um produto, conceito ou uma ideia, isso teria mais chances de ficar no seu Conectoma de Marca porque você já conhece a celebridade. Celebridades já têm grandes conectomas, então a marca se beneficia dessas associações já estabelecidas. À medida que o conectoma da celebridade e o da marca se fundem, a empresa em questão ganha maior saliência e maior participação na mente do consumidor. Em palavras mais simples, você está colando um ao outro: a celebridade e a fantasia que representa com sua marca. Um estudo da Universidade de Leicester colocou esse efeito de "colagem" em prática. Primeiro, mostraram aos participantes uma imagem de Jennifer Aniston na Torre Eiffel, e observaram quando um neurônio específico disparou. Em seguida, mostraram Aniston e a Torre Eiffel em duas imagens diferentes, separadas. O mesmo neurônio disparou em ambos os casos. Na mente dos participantes, a Torre Eiffel havia se tornado indissociavelmente ligada à atriz.

O cérebro do público já tem um conectoma físico de Aniston, construído a partir dos muitos papéis da atriz ao longo da carreira de trinta anos no cinema e na televisão, em especial como Rachel, na popular série *Friends*. Quando a vemos associada com produtos de *skincare* da Aveeno ou com a Smartwater, novas mensagens sobre as marcas são adicionadas aos caminhos neurais que já temos para ela, tornando as empresas mais memoráveis e fazendo com que seus conectomas se desenvolvam e cresçam com mais rapidez. Não faz mal que Aniston esteja incrível aos 50 e poucos anos e traga associações de saúde, boa forma e confiança para ambas as marcas. Se uma celebridade bastante conhecida for bem aproveitada, e se novas informações ou visuais forem adicionados a ela, cria-se uma nova associação com mais rapidez e eficácia do que se apenas apresentasse algo novo por si só.

Claro, o neurônio Jennifer Aniston pode ser igualmente aplicado a outros atores de Hollywood, atletas profissionais, socialites e ao crescente grupo de *influencers* das redes sociais, os quais têm cativado o público das gerações *millennial* e Z. O uso moderno da palavra *influencer* só foi oficialmente dicionarizado no Merriam--Webster em 2019. Nesse mesmo ano, a empresa de pesquisa de mercado Morning Consult descobriu que 54% dos jovens estadunidenses se tornariam *influencers* se dada a oportunidade, e que 86%

deles estavam dispostos a serem pagos para postar conteúdo patrocinado. O Pew Research Center constatou que 54% dos usuários de redes sociais com idade entre 18 e 29 anos relatam que *influencers* on-line impactam suas decisões de compra. Aqueles que trabalham com redes sociais também são um grande negócio, com um gasto estimado de 16,4 bilhões de dólares em marketing de *influencers* globalmente em 2022.

Celebridades grandes são caras, podendo custar milhões de dólares por ano para uma marca. Mas *digital influencers* oferecem parte desse poder de celebridade a um preço muito mais razoável. O que alguns podem deixar a desejar em fama, muitas vezes compensam com expertise e engajamento do público. As audiências dos *influencers* podem variar de alguns milhares a mais de 1 milhão. Não importa o número de seguidores; pois, se estão falando para um público nichado ou conectados a uma comunidade específica, a voz deles pode ter um grande impacto. Esses *influencers* têm sua própria rede de entusiastas, que estão obsessivamente interessados em seus conselhos (o que amplifica suas vozes). Por exemplo, eles podem não ser conhecidos em todos os cantos do mundo, mas *influencers* como a "sussurradora para pais *millennials*", Dra. Becky, e a maquiadora e blogueira de beleza Huda Kattan têm milhões de seguidores bem dedicados. Elas não estão sozinhas, outros *influencers* se concentram em receitas saudáveis e apetitosas para crianças, marcenaria, cuidados com a pele ou investimentos. E isso para não falar de personalidades das redes sociais como o "comediante silencioso" Khabane "Khaby" Lame (que, em 2024, tinha 161,5 milhões de seguidores no TikTok) e a dançarina Charli D'Amelio, a *influencer* mais bem paga do TikTok em 2022. Ainda assim, o tamanho da audiência não é o fator mais importante no mundo dos *influencers*; o que realmente é levado em conta é o nível de engajamento que têm com o público.

Uma audiência bem engajada de dez mil pessoas que compra tudo o que um *influencer* recomenda é mais valiosa do que uma audiência de 1 milhão que não engaja. *Influencers* são como um endosso de celebridade, mas em uma escala menor e mais direcionada. E não é preciso trabalhar para uma grande empresa ou gerenciar uma corporação multimilionária para contratar um *influencer* desse tipo. Se você é um empreendedor ou administra um pequeno negócio, reserve um tempo para conhecer os *influencers* do seu setor (uma voz em que as pessoas confiam e respeitam). Esses profissionais podem não ser celebridades; mas, se sua audiência se conectar com eles em um nível profundo, podem ser uma maneira eficiente de expandir rapidamente seu Conectoma de Marca.

Mas tenha cuidado. Muitas marcas dependem até demais de celebridades e *influencers*, o que pode ser prejudicial para os negócios. Se, na mente dos consumidores, você depender demais deles para fixar sua marca, eles podem acabar se tornando uma base frágil. Pior ainda, podem abalar a marca. Testes de publicidade com frequência revelam que as pessoas se lembram mais da celebridade do que da marca que ela está promovendo. Uma celebridade deve ser um catalisador para dramatizar os benefícios da marca, e não se tornar a história principal. Se sua publicidade tem mais a ver com a celebridade do que com os benefícios e a expertise do seu negócio ou causa, os consumidores nunca terão uma compreensão substancial do que está sendo vendido. Além disso, e se essa celebridade cair em desgraça? Se for cancelada? Se sua marca se tornar muito dependente dessa celebridade com os dois conectomas se fundindo, quaisquer associações negativas que a celebridade adquirir também impactarão negativamente sua marca. Celebridades vêm e vão, você não vai querer que elas levem sua marca consigo se desaparecerem do amor do público.

De acordo com a empresa de pesquisa de mercado Ipsos, a probabilidade média de um anúncio ter um alto desempenho, em vez de baixo, é 6,01 vezes maior com um personagem da marca, e apenas 2,84 vezes maior com uma celebridade. Portanto, celebridades com certeza podem dar uma impulsionada no negócio, mas a conexão delas com a marca não pode ser tão forte quanto a de um personagem específico criado só para a marca. Existem muitas outras maneiras, além das celebridades, de construir uma estrutura de memória e saliência que leva a marca ao posto de favorita. Ativos de diferenciação de marca vão muito além de personagens, cores e formas de embalagem. Desde universos específicos de marcas até símbolos, essa área do marketing é um verdadeiro tesouro de possibilidades inexploradas. Muitas empresas se dariam melhor se desenvolvessem mais os ativos de diferenciação de marca e os Gatilhos de Crescimento para criar um reconhecimento consistente da marca, em vez de gastar uma fortuna com uma celebridade.

O EFEITO MADOFF E O USO NEGATIVO DA FANTASIA

No geral, as fantasias são boas. Como explica a psiquiatra estadunidense Ethel S. Person, "de fato somos influenciados pelas nossas fantasias, que podem nos ajudar a estabelecer metas e fornecer motivação para alcançá-las". Mas elas também podem ser exploradas, com pessoas exercendo uma influência indevida sobre nós. Se tiverem nossos melhores interesses em mente, não há problema (uma transação mutuamente benéfica pode ocorrer). Mas, quando nossos melhores interesses não são levados em consideração, as coisas podem dar errado de uma hora para outra. Portanto, entender como a fantasia funciona também é capaz de nos ajudar a reconhecer quando algo pode ser bom demais para ser verdade.

Nossa atração instintiva por aspirações, como celebridade e fama, ou notoriedade e status social, pode nos levar a ignorar sinais de alerta. Mesmo quando a verdade está bem diante de nós, a adoração por heróis e o desejo podem substituir o bom senso e, nesses casos, faríamos quase qualquer coisa para obter uma fatia de tal fantasia. Falhamos em investigar mais a fundo ou realizar a devida diligência porque estamos cegos para a realidade. Isso é chamado de "Efeito Madoff", nomeado em homenagem ao desonrado gestor de investimentos Bernie Madoff e seu esquema Ponzi de quase trinta anos.

Há três elementos que constituem o Efeito Madoff. O primeiro é uma barreira de boa vontade quase impenetrável. Madoff havia desenvolvido essa barreira ao longo dos anos, resultado das associações positivas acumuladas durante uma carreira brilhante que se estendeu por décadas. Depois de começar a carreira no setor financeiro na década de 1960, desenvolvendo relacionamentos com grandes investidores e pessoas influentes na cidade de Nova York e em Palm Beach, na Flórida, ele construiu uma reputação ao ajudar a lançar o mercado Nasdaq e ao atuar como diretor por três mandatos no início dos anos 1990. Conhecido por ser confiável e de boa reputação, ele mantinha relações amigáveis com os reguladores financeiros, chegando até a participar de comitês consultivos da Comissão de Valores Mobiliários (CVM). Madoff solidificou a própria reputação no final dos anos 1980, quando sua corretora foi uma das poucas a atender o telefone enquanto centenas de clientes queriam o dinheiro de volta durante a queda no mercado de ações de 1987, um dia que ficou conhecido como "Segunda-Feira Negra". Mas Madoff saiu dessa situação parecendo um cavaleiro de armadura reluzente: intacto. Só naquele dia, criou uma barreira de boa vontade tão grande que ninguém jamais suspeitaria que, em segredo, ele conduzia o maior esquema Ponzi do mundo.

O segundo elemento do Efeito Madoff é a promessa combinada de riqueza *e* celebridade. Madoff não era apenas um queridinho de Wall Street. Ele desenvolveu uma base de clientes que exalava exclusividade, composta de celebridades de primeira linha e instituições bancárias de alto nível: a Fundação Wunderkinder, de Steven Spielberg; a fundação de Elie Wiesel; o proprietário dos Mets, Fred Wilpon; o bilionário magnata da mídia Mortimer Zuckerman; o HSBC Holdings do Reino Unido; o Royal Bank of Scotland; o Nomura Holdings, no Japão; e o BNP Paribas, na França. Com o tempo, todos queriam participar, e, reconhecendo o poder da fantasia e do prestígio, Madoff atiçou as chamas do interesse. Usando nomes de celebridades e de instituições financeiras de respeito que investiam com ele, as pessoas acharam que só podia se tratar de um investimento inteligente e seguro. Tudo o que Madoff precisava fazer era dizer "Spielberg colocou dinheiro no meu fundo" (um claro Gatilho de Crescimento verbal), e os investidores praticamente *imploravam* para que o dinheiro deles fosse aceito. E, se nem todos os investidores no fundo de Madoff podiam se misturar com a clientela de celebridades, pelo menos o dinheiro deles poderia.

Assim como qualquer marca de sucesso, o terceiro elemento do Efeito Madoff incorpora ativos de diferenciação de marca (DBAs) e Gatilhos de Crescimento. Coerente com a marca, ele aproveitou os DBAs que mantinham associações com riqueza, prestígio, exclusividade e sucesso. Então transferiu os escritórios para o glamouroso e memorável Lipstick Building na Third Avenue, em Midtown Manhattan, e se locomovia de hidroavião até o trabalho a partir de sua casa, em Rye. Gerentes de fundos de elite começaram a dizer às pessoas que elas precisavam investir com Madoff: ele é mágico. Ele gerava retornos extraordinários para os clientes, o que só fortificava ainda mais sua reputação como o mago de Wall Street.

Um resultado desses três elementos é que o Efeito Madoff atinge nosso FOMO (o medo de ficar de fora de algo que está acontecendo, em português) inerente. Como explicou o rabino Leonid Feldman, do Templo Emmanuel em Palm Beach:

— Se alguém dissesse "quero investir 5 milhões em seu fundo", ele diria "não, não, não". Para conseguir investir com ele, era preciso conhecer alguém que conhecia alguém que conhecia alguém.

E as pessoas estavam doidas para investir com ele. Em outras palavras, o Efeito Madoff depende, em parte, do efeito da escassez, um viés cognitivo que nos faz valorizar alguma coisa que está em falta. Se algo esgota, ou se alguém lhe diz que outra pessoa quer essa coisa, você passa a desejá-la mais. Não há nada melhor para atiçar o interesse do que prateleiras vazias.

Embora tivessem recebido vários relatórios implicando Madoff, até mesmo a CVM foi enganada, achando que o homem não era capaz de fazer nada de errado. Enquanto isso, 50 bilhões de dólares em ativos estavam indo direto para o bolso dele. Talvez a parte mais trágica do Efeito Madoff seja a capacidade de prejudicar pessoas inocentes que são apanhadas em seu turbilhão. Pessoas comuns que tiveram o "privilégio" de investir com Madoff foram arruinadas. Por exemplo, Arnold Sinkin, um ex-vendedor de tapetes de 76 anos, havia investido todo o dinheiro dele e da esposa, cerca de 1 milhão de dólares conquistados após 54 anos de trabalho. Dentro de 48 horas após a prisão de Madoff, todas as economias e o fundo de aposentadoria dos Sinkins desapareceram.

A necessidade inconsciente pela fantasia

Parece que a cada tantos anos surge um novo e chocante relatório sobre investidores sendo enganados. Desde a Enron, em meados dos anos 2000, até o colapso da *exchange* de criptomoedas FTX em 2022, sob liderança do CEO Sam Bankman-Fried, infelizmente há muitos exemplos por aí. Todos esses casos dizem muito a respeito de como o cérebro funciona e de como o Efeito Madoff se aproveita desse desejo inconsciente por fama *e* riqueza, uma combinação letal. Essas oportunidades são tão atraentes que parecem ser uma escolha óbvia. Nosso cérebro, instintivamente, ignora a necessidade de fazer pesquisas e investigações sobre decisões que de fato exijam isso. Nossas fantasias nos fazem colocar as pessoas em pedestais, exagerar os benefícios, minimizar os riscos e nos atrair vezes e mais vezes para a possibilidade de dinheiro fácil. Portanto, embora a fantasia possa ser útil para criar um grande conectoma e construir uma marca, você também precisa estar ciente dos perigos.

Como uma mariposa em direção à chama, somos atraídos por marcas e ideias aspiracionais, mesmo que muitos de nós conscientemente aleguem que queremos a realidade. As fantasias vêm em muitas formas, e nosso cérebro as acolhe de braços abertos. Esperamos alcançar algumas; outras podem nunca se concretizar. Mas isso não nos impede de sonhar. Algumas são tão pequenas quanto ter uma casa com um cheiro agradável; outras são tão grandes quanto se tornar muitíssimo rico. Mas fique em paz, a fantasia não é uma técnica limitada a um punhado de indústrias, como cosméticos e moda; ela é eficaz em todas as indústrias, desde saúde e serviços financeiros até a televisão e o entretenimento. Embora os detalhes das aspirações e desejos possam variar de pessoa para pessoa, nossas fantasias são notavelmente convergentes (união familiar, ser bem-visto no trabalho, fazer uma viagem de férias exótica). Todas elas refletem quem queremos ser, o que queremos da vida ou como seria fazer algo totalmente fora da nossa experiência cotidiana.

Devido à alta utilização cerebral e às conexões multidimensionais, as fantasias dominam a mente, excluindo todo o resto. Da mesma forma, ao conectar a marca a uma fantasia, seu conectoma cresce, excluindo os concorrentes e contribuindo para uma vantagem instintiva. Mas, se não tomarmos cuidado, elas também podem nos cegar. Elas tendem a nos fechar para informações que deveríamos buscar, como dados concretos, provas de desempenho e riscos negativos. Entendendo esse fato e como esses conceitos funcionam, é possível reconhecer quando a devida diligência é necessária e também se proteger de pessoas que possam usar da fantasia para tirar proveito de você.

CAPÍTULO 8

ABRACE O NOVO

Regra do Instinto: Depender de quem já é cliente é uma armadilha. Pessoas que não compram da sua marca lhe trarão mais crescimento.

Em 1997, Chip Wilson fez sua primeira aula de ioga. O antigo trabalhador do oleoduto do Alasca, que se tornou designer e fabricante de roupas para skate, surf e snowboard, vinha ouvindo falar cada vez mais de ioga nos meses anteriores: ele havia visto um anúncio de aulas colado em um telefone público, lido um artigo no jornal, e se encontrou entreouvindo uma conversa em uma cafeteria quando o assunto surgiu. Ele decidiu descobrir do que se tratava todo aquele burburinho e fazer uma aula. Nas quatro semanas seguintes, Wilson ficou surpreso ao ver a turma crescer de cinco participantes para trinta, todas mulheres, exceto ele. Com isso, percebeu que uma mudança estava em curso. Enquanto as roupas de academia se limitavam a camisetas velhas e shorts desgastados (nada que alguém usaria em qualquer outro lugar senão a academia), Wilson decidiu desenvolver um novo tipo de roupa mais técnica para um mercado emergente: mulheres jovens, profissionais, bem-sucedidas e atléticas. Em 1998, nasceu a Lululemon Athletica.

O que começou como um estúdio de design durante o dia e um estúdio de ioga à noite se transformou em uma loja de artigos únicos em 2000, cujo foco eram calças de lycra para mulheres. Acelerando até 2023, a empresa havia se expandido para 650 locais de varejo ao redor do mundo, sendo 350 deles nos Estados Unidos. A receita da Lululemon em 2022 foi de 8,1 bilhões de dólares, um aumento impressionante de 29% em relação ao ano anterior, com as vendas on-line representando cerca de 52% da receita total. Chip Wilson revolucionou as "roupas de academia" criando uma nova categoria de vestuário atlético: o *athleisure*.

Ainda assim, o mais impressionante a respeito da marca não é o passado, mas o modo como está se posicionando para criar um crescimento sustentável no futuro. Embora a Lululemon tenha começado com calças de ioga para mulheres, à medida que foi crescendo, eles mantiveram algo em mente que muitas marcas perdem de vista: os não clientes. A maioria das marcas que seguem as regras tradicionais do modelo de marketing consciente não gasta tempo o bastante pensando além da caixinha. Elas têm uma ideia míope de que novos clientes não são dignos de serem perseguidos ou que são impossíveis de conquistar. Mas isso traz à tona uma pergunta óbvia: o que deve ser feito para continuar gerando crescimento? Embora a receita incremental possa ser alcançada por meio de aquisições, a maioria das marcas não pode simplesmente adquirir o caminho até o topo. Além disso, o crescimento orgânico é, de longe, o tipo mais respeitado que se pode alcançar, e é a chave para aumentar o preço das ações de uma empresa. Você pode perder tempo tentando atrair clientes "semelhantes", aqueles que são parecidos com os que já tem, para escolherem sua marca, mas isso impõe um limite rigoroso no grupo de compradores em potencial.

A Lululemon, por outro lado, conseguiu manter os clientes fiéis enquanto atraía um público-alvo almejado completamente inesperado: os homens. Qualquer profissional de marketing tradicional diria que isso é quase impossível. Como uma marca conhecida por calças femininas de ioga poderia atrair um público masculino? Nunca vai acontecer, diria a maioria. Mas eles estariam errados. Embora quase 70% da receita da Lulu venham de produtos femininos, as roupas masculinas agora representam 30% das vendas. E adivinha só? Os homens estão adorando. Em 2020, a receita da categoria masculina da Lululemon cresceu 27% em uma base de crescimento anual composta de dois anos, superando o da categoria feminina. Em 2022, o *Wall Street Journal* falou de um fervoroso grupo de seguidores obcecados pelas calças da marca. Nesse mesmo ano, a revista *Esquire* referiu-se às calças ABC da empresa (um acrônimo interessante para descrever como elas se ajustam à área mais sensível do corpo masculino, "*anti-ball crushing*") como um "clássico cult".

As calças masculinas mais populares da Lululemon, a ABC e a Commision, não se parecem com moletons largos e desleixados que alguém usaria em casa em um sábado qualquer. Elas são formais o suficiente para serem usadas como calças sociais, mas o tecido é do tipo pelo qual a Lululemon se tornou conhecida: técnico, atlético, elástico e confortável. Apelidado como "Lulule-Men", esse segmento em ascensão de clientes da marca está, de acordo com Deb Hyun, vice-presidente sênior de gestão e operações globais da Lululemon, se tornando uma grande parcela de compras totais. Simplificadas, sem muitos botões ou zíperes, a beleza dessas calças reside no equilíbrio maravilhoso que alcançam entre três fatores: estilo, conforto e tecnologia avançada.

Mas um ótimo produto por si só não explica como a Lululemon conseguiu atingir o público-alvo almejado com tanto sucesso. A marca principal teve que evoluir. A ideia tradicional de que um homem *nunca* entraria em uma loja de calças feminina de ioga (muito menos usaria roupas com o logotipo da Lululemon, que se assemelha a um penteado feminino) é baseada nos princípios do marketing consciente. Aqui, o efeito *influencer* atuou como um endosso subliminar. Homens vendo outros homens que respeitam (seja um amigo, um colega de trabalho, ou jogador da NBA, alguém passando na rua ou que apareceu no feed das redes sociais) usando uma calça da marca fez toda a diferença. Isso deu aos homens uma "permissão" implícita para abraçar o que poderiam ter descartado como uma "marca de mulher".

Apesar do que pensam os profissionais de marketing tradicionais, a capacidade da Lululemon de mudar o foco de um público exclusivamente feminino para o masculino prova que você não está preso a quem já é seu cliente. A chave nesse caso foi criar uma expertise expansível, "esticando" a combinação de alta tecnologia, estilo simples e conforto das mulheres para os homens em todo o portfólio de produtos, e deixar que os *influencers* fizessem a mágica implícita acontecer. Qualquer marca tem a capacidade de alcançar novos clientes se trabalhar em um nível instintivo. E não é só que elas *podem* atrair o público-alvo almejado, elas *devem*. O conhecimento tradicional afirma que os bons clientes são quase impossíveis de converter devido à lealdade que têm a produtos e serviços de outras marcas, então é melhor concentrar-se em seu público principal. Isso não poderia estar mais errado. Nosso cérebro é uma máquina de aprendizado. O órgão está em constante mudança, e fazer uma pessoa criar um novo hábito é mais fácil do que se imaginaria. Depender de quem já é cliente é uma armadilha, mas é uma da qual se pode escapar, ou evitar de vez, se priorizar consistentemente seus recursos na conquista de novos clientes.

A ARMADILHA DO CLIENTE PRINCIPAL

Todos os anos, cerca de dois terços dos diretores e líderes de marketing relatam que o foco no ano seguinte será comercializar os produtos e serviços para quem *já é* cliente deles. Parece lógico. Eles presumem que é mais fácil e menos caro vender mais produtos para aqueles que já são clientes do que adquirir novos. Clientes novos, acreditam eles, têm hábitos e lealdades enraizados e difíceis de mudar, o que tornaria quase impossível atraí-los para uma franquia. Há apenas um problema com esse modo de pensar: empresas que priorizam os esforços de marketing para clientes atuais em vez de novos acabam estagnando e, no fim das contas, diminuindo com o tempo.

Entre essas marcas, estão inclusas algumas mencionadas anteriormente neste livro, como a Kohl's e a Victoria's Secret, mas já há muitas outras, como Sears, Kmart, JCPenney, Toys"R"Us, Circuit City, Lord & Taylor, Borders Book and Music, Kodak e Blockbuster. Todas elas tendiam a concentrar os recursos de marketing, pesquisas de consumidores e posicionamento em clientes atuais. Os resultados falam por si: participação de mercado em declínio, crescimento inferior ao dos concorrentes e, para algumas, falência.

Empresas que se concentram com exclusividade naqueles que já são clientes iludem-se ao acreditar que a marca está indo bem. Eu chamo isso de Armadilha do Cliente Principal. E por que se trata de uma armadilha? Por três razões: primeiro, há uma rotatividade constante em cada franquia. Clientes supostamente leais não são tão leais quanto se imagina. Segundo, se você não está reabastecendo sua franquia o tempo todo com novas gerações de clientes, seu negócio vai diminuir de tamanho. É seu trabalho apresentar a marca para essas novas gerações. E, se você não está crescendo, então está morrendo. E terceiro, os clientes principais lhe dão uma falsa sensação de segurança porque tendem a gostar da marca exatamente do jeito que ela é.

Toda marca acumula associações negativas ao longo do tempo, mas o cliente principal raras vezes revelará esses defeitos. Só é possível descobrir potenciais problemas ao monitorar as associações negativas que penetram na mente do público-alvo almejado. Ao entender a natureza dessas associações negativas, você começará a entender o que precisa fazer para superá-las. Esse é o segredo para atrair novos consumidores para sua marca.

Se você acredita que sua marca é, em essência, perfeita e não precisa de mudanças, ou se acredita que vender para quem já é cliente é simplesmente mais fácil, o final é o mesmo: você se concentra mais nos consumidores atuais e o crescimento desacelera. Mas a maioria das marcas não leva nada disso em consideração. E, quando percebem que o crescimento está estagnado, podem chegar a acreditar que é porque não estão atendendo bem o *suficiente* aqueles que já são clientes. Como resultado, muitas redobram os esforços, esperando que a lealdade dos clientes atuais os ajude a superar a situação. Mas o que precisam reconhecer é que a lealdade é tão forte quanto seu conectoma.

VERDADE *VERSUS* LEALDADE INCENTIVADA

Em 2022, as empresas gastaram 5,6 bilhões de dólares em programas de fidelidade, recompensas e incentivos relacionados. Porém, se estão gastando todo esse dinheiro, basicamente, para comprar a lealdade dos clientes, será que isso pode mesmo ser chamado de lealdade? Se elas precisam incentivar os clientes o tempo todo com um fluxo interminável de recompensas, programas de fidelidade e outros incentivos financeiros para mantê-los consigo, o que, para começo de conversa, isso diz sobre a relação delas com os clientes? Essa conexão só dura o tempo que as recompensas também durarem. Se a "lealdade" é frágil a esse ponto, então todos os sinais indicam para o fato de que tais empresas nunca criaram um Conectoma de Marca positivo o suficiente na mente das pessoas.

Com o tempo, empresas que dependem da suposta lealdade dos atuais clientes obtêm desses esforços retornos cada vez menores (é como fazer limonada espremendo os mesmos limões várias vezes). Esse tipo de lealdade é, no máximo, frágil. Sem dúvida, as indústrias de hospitalidade e aviação são conhecidas por oferecerem alguns dos mais elaborados benefícios de fidelidade, e programas de recompensa assim podem ajudar a manter o retorno daqueles que já são clientes. A lealdade também pode ajudar a criar estabilidade, ainda mais se a marca estiver em estágios iniciais. Mas depender demais de tais programas para *manter* os clientes evidencia que há um problema com o conectoma. Como saber se isso está acontecendo? Se você só consegue atingir seus números de vendas por meio de descontos agressivos, é provável que esteja caindo nessa dependência.

Tome como exemplo a Bed Bath & Beyond, de Nova Jersey, que entrou com pedido de falência em abril de 2023. Assim como a Kohl's, essa marca, que estava por todos os lados ao longo dos anos 1990 e no início dos anos 2000, caiu na Armadilha do Cliente Principal e não conseguiu escapar. Em vez de priorizar o público-alvo almejado e atrair novos clientes dos concorrentes, eles continuaram dando descontos e cupons para os que já eram clientes. O programa de cupom tornou-se tão central para o modelo da marca que eles ficaram mais conhecidos pelos pedacinhos de papel azul e branco, que ofereciam 20% de desconto, do que pela ampla variedade de produtos para o lar que vendiam.

Como descrito pela *CNN Business*, o programa era "icônico" e um "símbolo da cultura pop", com clientes em todo o país acumulando os cupons em carteiras, bolsas, armários e escrivaninhas. Na verdade, os cupons se tornaram tão comuns que, com o tempo, quase perderam o valor, pois os consumidores das 360 unidades, e das 120 lojas dedicadas a bebês, a Buybuy Baby, passaram a esperar os 20% de desconto independentemente da situação. Com camadas de cupons, um atrás do outro, os consumidores começaram a perder a noção do *valor real* dos produtos vendidos pela Bed Bath & Beyond. E, mesmo que alguns desses clientes continuassem voltando, muitos outros começavam a encontrar novos lugares para comprar travesseiros, toalhas e cortinas.

A ascensão do varejo on-line e a chegada da Amazon com certeza desempenharam um papel nessa questão, mas seria uma ignorância deliberada pensar que a Internet sozinha matou a marca. Outras empresas tradicionais, como Costco e Walmart, estavam atraindo clientes ao mesmo tempo que a bb&b declinava. Enquanto isso, outros varejistas de desconto também estavam superando a cadeia em termos de preço. Sem a antiga vantagem competitiva de 20% de desconto, de 2012 a 2019, a empresa se viu com as vendas estagnadas. Aqueles clientes vistos como leais não tiveram problema em trocar de loja. Quando a empresa entrou com pedido de falência, tinha ativos de 4,4 bilhões de dólares contra uma dívida de 5,2 bilhões de dólares.

Em 2023, a Bed Bath & Beyond foi comprada pela Overstock por 21,5 milhões de dólares (para uma empresa com 7,9 bilhões de dólares em vendas, essa compra pareceu uma pechincha). A Overstock assumiu o nome empresa comprada e colocou toda a operação on-line, combinando as extensas linhas de produtos das duas empresas e dando à BB&B uma segunda chance. Se mudarem a estratégia e pararem de oferecer descontos tão grandes, há uma chance de sobrevivência. Mas só o tempo dirá. E, embora o CEO da Overstock tenha declarado que usarão o cupom azul com menos frequência, a estratégia continua parecendo voltada até demais para recompensas de 20%. O sucesso da marca reimaginada ainda está por ser visto.

Se a marca está mesmo saudável, você não deveria precisar desse tipo de incentivo à lealdade. O conectoma da marca deveria ser tão grande e positivo que o cérebro dos consumidores se torna viciado não em cupons, mas na marca. É aí que a verdadeira lealdade *instintiva* entra em jogo. Em outras palavras, a lealdade existe, mas é provável que não seja o que você pensa. A lealdade não é um tipo de devoção consciente a você e à marca. Não se trata de um amor emotivo pelos serviços oferecidos ou pelos produtos. E certamente não é o resultado de descontos e recompensas infinitos. A verdadeira lealdade não pode ser comprada, só pode vir de um enorme Conectoma de Marca físico, repleto de associações positivas. É quando os consumidores compram da sua marca no piloto automático vezes após vezes. Esse tipo de conexão não precisa ser incentivado, é instintivo.

A lealdade instintiva é movida por um Conectoma de Marca grande, saudável e 90% positivo. A lealdade comprada e consciente é movida por incentivos, promoções e programas de recompensa. As principais empresas de consultoria gerencial construíram práticas de aconselhamento de bilhões de dólares, prometendo aos clientes poder ajudá-los a medir e aumentar a lealdade consciente dos clientes com conceitos como o Net Promoter Score. Mas, para dizer a verdade, elas não conseguem. Mesmo que a lealdade do cliente seja exaltada como um dos conceitos de marketing mais antigos e confiáveis, ela se baseia em uma premissa falha. A lealdade é vulnerável, não está enraizada nem é o segredo para o crescimento de um negócio.

A ILUSÃO DOS CLIENTES DEFENSORES

Um artigo de 2003 intitulado "The One Number You Need to Grow", escrito por Frederick F. Reichheld, membro da Bain e guru da lealdade, afirmou que a lealdade impulsiona o crescimento da receita, e que a verdadeira lealdade não se trata de compras repetidas, mas sim da influência dos clientes leais sobre outros como defensores de uma marca. No artigo, Reichheld apresentou aos leitores a métrica que criou para acompanhar esse conceito: o Net Promoter Score (NPS). Os líderes empresariais não demoraram a se apegar à lealdade porque podiam medi-la, e, com o NPS, eles por fim tinham um método de fazer comparações entre marcas e empresas. As equipes de gestão passaram a se concentrar em aumentar a métrica em marcas existentes. Bancos de investimento e firmas de *private equity* começaram a usá-la (além dos habituais índices financeiros) ao realizar a devida diligência em oportunidades de aquisição. O conceito foi bastante adotado nas diretorias das empresas da Fortune 500. Havia apenas um problema: há poucas provas de que o NPS ou a lealdade realmente estejam correlacionados com crescimento dos negócios.

Já na década de 1960, os professores Andrew Ehrenberg e Frank Bass questionaram o quanto é válido enfocar a lealdade dos clientes já existentes. Ehrenberg e Bass (o Instituto Ehrenberg-Bass para Ciência de Marketing da Universidade da Austrália do Sul, fundado em 2005, foi nomeado em homenagem a eles) adotaram uma visão matemática do marketing e do crescimento das marcas. Semelhante aos gatilhos, eles desafiaram muitas crenças aceitas no marketing e demonstraram com estatísticas que, para crescer, as marcas precisavam aumentar o avanço para dentro das casas, ou seja, a porcentagem de lares que compram um produto específico ou serviço.

Embora vissem aqueles que já eram clientes como uma forma de manter a estabilidade da marca, esses dois professores alertaram que confiar na lealdade como um caminho para o crescimento é ineficaz. Na verdade, eles desafiaram todo o conceito de lealdade e explicaram que os clientes não compram apenas uma marca repetidas vezes. As pessoas utilizam uma variedade de marcas na mesma categoria, o que significa que, mesmo que a sua seja a principal, em determinadas circunstâncias os consumidores muitas vezes complementam com outras. Se em algum dia sua pasta de dente não estiver na prateleira, o cliente escolherá a de um concorrente. Ehrenberg e Bass reconheceram que a única maneira confiável de crescer é concentrando-se na expansão de novos clientes.

Ir para dentro das casas leva a maiores receitas e lucros (à medida que essa entrada aumenta, a participação de mercado também cresce). No entanto, isso não pode ser dito sobre a lealdade. Assim como na Armadilha do Cliente Principal, Ehrenberg e Bass descreveram três problemas em depender de clientes já existentes. Primeiro, há um fluxo contínuo de clientes em todas as franquias. Mesmo marcas com as maiores taxas de lealdade, como a Tide e a

Coca-Cola, sofrem com esse problema. Não importa se a experiência e o atendimento ao cliente são excelentes, uma quantidade significativa de deserções vai ocorrer. Segundo, há apenas um número limitado de usuários leais a cada marca. Usuários frequentes costumam representar, no máximo, 20% dos clientes de um negócio. Usuários moderados tendem a compor 30%, e os usuários ocasionais formam o restante. Se os usuários frequentes representam apenas 20% da base de clientes (mesmo que sejam responsáveis por 50% do volume), o público-alvo é simplesmente pequeno demais para gerar um crescimento elevado em relação aos milhões de clientes que existem no mundo. Em terceiro, e último lugar, os usuários frequentes já compram uma grande quantidade da marca (eles estão saturados). Por exemplo, se você vende xampu, é improvável que consiga fazer com que o cliente lave o cabelo mais de uma vez por dia.

O Instituto Ehrenberg-Bass defende que todos os anos 50% dos usuários deixam uma franquia. Elyse Kane, professora de marketing e ex-vice-presidente de insights e análises da Colgate-Palmolive, descreve essa situação como o cenário do balde furado. Para manter o balde cheio, é necessário continuar a despejar mais água a uma velocidade maior do que a do vazamento. Isso significa que as empresas precisam repor 50% do volume com novos usuários para evitar que o negócio decline. E, para crescer, precisam adicionar mais de 50%. Se 50% dos clientes estão saindo todos os anos, é melhor arranjar uma mangueira de incêndio de novos clientes.

Novos clientes também representam uma fonte de volume muito maior do que os clientes atuais. Como descrito anteriormente, os clientes leais são a menor parcela de sua base e representam uma população diminuta. Em contraste, existem milhões de clientes em potencial lá fora que você pode agregar ao mercado. É preciso visar ao maior grupo de clientes possível, não ao menor. É matemática simples. Quanto mais pessoas alcançar com sua estratégia de marketing, mais retornos obterá. É por isso que você só pode alcançar um crescimento agressivo por meio do recrutamento do maior público possível de novos clientes. Seja uma startup ou uma grande marca estabelecida, para obter o crescimento máximo, o objetivo principal deve ser o de aumentar a entrada domiciliar, não a lealdade.

Essa entrada difere significativamente entre grandes marcas com maior participação de mercado e marcas pequenas com menor participação de mercado. Por exemplo, uma marca com 15 a 20% de participação de mercado terá taxas de entrada muito mais altas do que uma com apenas 2% de participação. No entanto, há uma diferença *mínima* na lealdade entre marcas de alta e baixa participação de mercado. Isso significa que há pouca ou nenhuma correlação entre lealdade e crescimento de participação de mercado. Se houvesse, veríamos uma lealdade maior em marcas com mais participação de mercado. Assim como um hamster na roda, as marcas ficam girando em círculos atrás da lealdade, mas estão perseguindo a métrica errada. Assim como o propósito da marca, a lealdade é uma distração de marketing; não ajuda a melhorar ou escalar um empreendimento.

Isso quer dizer que os clientes atuais não são importantes? Claro que não. É absolutamente necessário tratar os clientes principais com apreço e fazer tudo o que estiver ao alcance para manter cada um deles. Na verdade, quando se trata da experiência do cliente, obter altas pontuações de satisfação dos clientes principais não é suficiente. As empresas precisam aspirar e alcançar a experiência "ideal". A questão é que, mesmo com os melhores esforços, a lealdade aumentará apenas um pouquinho. E sem dúvida não se traduzirá em um crescimento significativo.

PRIORIZANDO O PÚBLICO-ALVO DE CRESCIMENTO EM VEZ DO PRINCIPAL

Portanto, embora seja preciso otimizar a experiência do cliente para mantê-lo, é necessário investir mais recursos na aquisição de clientes, o que só é possível ao se direcionar para pessoas que ainda *não* são compradores. O alvo almejado só se tornará um usuário se estiver positivamente propenso à marca, o que significa que terá um Conectoma de Marca robusto, recheado de associações positivas. Como discutido, o cérebro está o tempo todo adicionando e perdendo associações. Não importa se você está falando de um cliente atual, um usuário em potencial, um não usuário, um usuário inativo ou um ocasional. Se for capaz de expandir o Conectoma de Marca na mente dos usuários, então você consegue fazer isso na mente de praticamente qualquer pessoa.

Dito isso, usuários de marcas concorrentes são uma fruta mais fácil de colher do que os não usuários, pois já estão comprando na categoria da marca em questão. Se os usuários em potencial não estão comprando sua marca, então, por definição, você tem um Conectoma de Marca menor na mente deles do que o daquela que eles preferem, e seu Conectoma de Marca talvez tenha algumas associações negativas que estão criando barreiras. A maioria das pessoas tem uma marca preferida, mas isso não significa que elas sejam monogâmicas. Ser uma das várias escolhas instintivas em uma categoria é o caminho para aumentar a entrada domiciliar e obter maior participação de mercado. Para alcançar isso, é preciso quase sempre avaliar a marca na mente do alvo almejado, determinando como criar melhorias, remover barreiras e tornar o Conectoma de Marca maior e mais positivo.

Veja, por exemplo, a Tide e a Seventh Generation, ambas conhecidas pelos detergentes para lavanderia e produtos de limpeza, mas com posicionamentos muito diferentes: limpeza poderosa e eficiente *versus* responsabilidade ambiental, respectivamente. Lançada em 1946, a Tide é uma das maiores marcas existentes, com taxa de entrada domiciliar de cerca de 49,3%. Já a Seventh Generation, estabelecida 42 anos depois, em 1988, tem menos da metade disso. Uma das razões pelas quais a taxa de entrada domiciliar da Tide não é ainda maior é porque eles perderam os representantes familiares das gerações *millennial* e Z (que estão mais preocupados com o meio ambiente do que as gerações anteriores), ou porque falharam em atraí-los da mesma forma que atraíam os donos e donas de casa mais antigos.

Muitas marcas diriam que a Tide nunca conseguirá atrair o consumidor "natural". Nem a Seventh Generation conseguirá converter clientes da Tide para sua marca. Essas suposições não são verdadeiras, simples assim. Na verdade, a maioria dos clientes da Seventh Generation veio de marcas tradicionais, como a Tide e outras, à medida que foi aos poucos, e em diversas categorias, mudando o consumo para produtos "naturais". Não há razão para que a Tide não pudesse alcançar, digamos, 60% de entrada domiciliar se conseguisse superar as barreiras mentais resultantes das associações negativas no Conectoma que os clientes "naturais" têm dela. Da mesma forma, se a Seventh Generation dedicasse tempo para descobrir o que estava impedindo mais clientes de deixar a Tide e outros detergentes tradicionais para aderir à marca deles, eles poderiam criar mensagens repletas de associações positivas, superando quaisquer associações negativas e aumentando a saliência do conectoma na mente do alvo almejado.

Na mente dos clientes da Tide, é provável que o Conectoma da Seventh Generation contenha associações de ser muito caro e não ser tão eficaz. O Conectoma da Tide na mente dos usuários *millennials* "naturais" está carregado de associações negativas sobre ser agressivo para a pele, prejudicial ao planeta e feito com produtos químicos que poderiam se infiltrar no corpo e, no longo prazo, prejudicar a saúde da família. De novo, se essas percepções são precisas ou não, não importa; o que conta são os resultados. Se a Seventh Generation quiser fazer um grande esforço concentrado para desviar clientes da Tide, basta a marca superar as associações negativas a seu respeito usando associações positivas e expandir o conectoma na mente deles. Com uma tendência crescente do "verde", talvez alguns dos clientes atuais da Tide até já estejam se voltando para opções mais naturais em outras áreas, comprando em lojas como a Whole Foods, por exemplo, e adotando uma alimentação mais saudável. Esse consumidor "em transição" é um alvo perfeito para a Seventh Generation que tenta aumentar a entrada domiciliar.

Para conquistar esses usuários em potencial, a Seventh Generation teria que superar cada uma de suas barreiras mentais, enquanto toma cuidado para não as reforçar por acaso. Os consumidores *millennials* da Tide podem estar adotando uma alimentação mais natural, mas ainda não passaram a usar detergentes naturais porque estão preocupados que a Seventh Generation não vai limpar as roupas direito. O que for branco não ficará imaculado. Os germes ficarão escondidos nas bainhas das calças. Para que a Seventh Generation obtenha um avanço com tais clientes, precisa convencê-los de que a marca é tão eficaz quanto a Tide. Atualmente, a empresa promove o slogan "Limpar com propósito", mas o propósito não deve ser a principal, nem a única, mensagem que uma marca vende. (Observe que a Seventh Generation também é propriedade da Unilever.)

Ao atacar a base de clientes da Tide, a Seventh Generation poderia ajudar a resolver o problema do balde furado. Com uma entrada domiciliar de quase 50%, a Tide tem um enorme volume de clientes, e atacar seus maiores concorrentes tem o melhor retorno de investimento porque eles têm mais usuários a perder (o que significa que há mais para se ganhar). Se a Seventh Generation conseguir persuadir até mesmo 5% desses clientes da Tide a serem convertidos, seria uma grande conquista. Mas, para provar que os produtos deles funcionam tão bem quanto os da rival, precisam incorporar essa eficácia e expertise em suas comunicações. Por exemplo, nos dias de hoje a marca é transparente acerca de quais ingredientes seus produtos excluem, aqueles que são prejudiciais para o meio ambiente, mas é menos clara quanto a quais ingredientes os produtos incluem. Para avançar na direção dos clientes da Tide, eles poderiam criar uma história sobre o mecanismo de ação para explicar como a fórmula que utilizam limpa as roupas. Em suma, precisam transmitir que o poder de limpeza deles é igual ou superior ao da Tide. Perceba que essa mensagem não está mudando em nada o negócio principal da marca, apenas destacando um aspecto do produto que muitas vezes é negligenciado.

Nesse processo, a Seventh Generation poderia mostrar ao alvo almejado (usuários de detergentes comuns) que eles não precisam fazer nenhum sacrifício: podem obter os mesmos resultados de limpeza enquanto usam um produto mais natural. E, se continuarem a construir seu conectoma na mente dos usuários em potencial, quem sabe quantos poderiam converter? Lembre-se: é tudo uma questão de crescimento. Quanto maior o conectoma, maior é o público; quanto maior o público, maior é a entrada domiciliar; e quanto maior a entrada domiciliar, maior é a participação de mercado e crescimento de receita.

E, embora grande parte do mundo dos negócios esteja fixada na lealdade como um caminho para o crescimento, as fissuras começam a aparecer no muro desse pensamento popular. Com base em uma análise da Bain & Company feita com quase cem mil compradores de todo o mundo, tentar criar clientes leais que comprem mais produtos ou serviços de uma empresa ao longo do tempo é um trabalho em vão. "Em vez disso", explica, "há uma regra simples que as marcas bem-sucedidas seguem: é tudo uma questão de aumentar a entrada domiciliar".

AS IDEIAS MAIS PODEROSAS SÃO UNIVERSAIS

No fim das contas, há apenas dois segmentos de clientes que importam: o cliente principal e o alvo almejado, as pessoas que compram de você e aquelas que não compram (pelo menos não ainda). Mas a maioria dos profissionais de marketing nunca concordaria com isso. Eles acreditam na segmentação de audiências da forma mais detalhada possível. Esse tipo de segmentação de mercado é uma das técnicas de pesquisa e marketing mais populares hoje em dia. E também um resquício do passado. Ainda assim, firmas de consultoria e pesquisa continuam a vendê-la para empresas ano após ano por centenas de milhares de dólares por estudo, apesar de haver poucas provas que sugiram que uma maior segmentação significa mais eficácia.

Atribuir diferentes rótulos a diferentes segmentos com características distintas não é útil. Construir uma série de perfis, seja a "Nancy Tricoteira" ou "Joe, o Corredor", não fornece uma visão útil quando estamos tentando expandir uma franquia com o maior público possível. Além disso, caso o público seja segmentado em fatias cada vez menores, nunca terá recursos suficientes para colocar o marketing em prática para cada uma delas separadamente. Mesmo as maiores empresas da Fortune 100 não têm recursos suficientes para realizar esforços de marketing separados para mais de um ou, no máximo, dois públicos-alvo.

Uma teoria por trás da segmentação é que, neste mundo cada vez mais dividido, as pessoas estão tão polarizadas umas das outras que a mesma mensagem nunca funcionaria para vários públicos. Mas, quando pensamos por meio da lente do instinto, o panorama muda. Em um nível implícito, as pessoas são muito mais semelhantes do que pensamos. As lembranças delas sobre as marcas, e as fantasias que têm sobre família e futuro, são notavelmente semelhantes. O que significa que as ideias mais poderosas são universais. E, portanto, sua mensagem também deveria ser. Uma marca forte e saudável é uma marca convergente, com as mesmas associações em vastos segmentos da população. Então, se você se sentir tentado a dividir seus públicos ou fragmentar demais os gastos com mídia, preste bem atenção. Ao segmentar demais o público-alvo e transmitir uma mensagem personalizada a cada um, pouco a pouco a marca começa a se desintegrar. Quando a empresa significa algo diferente para diferentes pessoas, ela deixa de ser uma marca. E isso custa muito dinheiro no processo.

As marcas mais salientes trazem temas e associações similares à mente de todos (tanto de novos clientes quanto daqueles que já são). Então, a grande questão não é "Como nossos clientes são diferentes?", mas "Como nossos clientes são semelhantes?". Em certos cenários, faz sentido personalizar a mensagem para o público; mas, na maioria das vezes, é muito mais eficiente e fácil concentrar os recursos limitados em transmitir uma mensagem universal para o maior número possível de pessoas, e por intermédio do maior número possível de canais.

Você pode encontrar mensagens universalmente poderosas mesmo em segmentos que as pessoas acreditam serem o completo oposto. Na superfície, por exemplo, democratas e republicanos parecem ter perspectivas diametralmente opostas a respeito de tudo, desde gastos com defesa até questões sociais. Pelo menos é isso o que as pesquisas políticas dirão. Mas um experimento interessante foi realizado em um estado democrata. Quando se coloca um *R* (de republicano) ao lado do nome de um candidato na cédula de votação, esse candidato automaticamente sofre uma desvantagem de 5 e 20 pontos, dependendo do distrito. No entanto, coloque um *D* (de democrata) ao lado do mesmo nome, mantendo a *mesma mensagem*, e o oposto ocorre: uma vantagem de 5 a 20 pontos. Isso significa que existem mensagens universais que todos podem concordar; trata-se apenas de uma questão de criar as associações certas para que sejam aceitas por ambos os lados.

Para maximizar o crescimento, as marcas precisam concentrar-se em conquistar o alvo almejado, e não em criar audiências e mensagens fragmentadas. Na verdade, é provável que as mensagens utilizadas para elevar a marca e atrair o alvo almejado também ajudarão a manter os usuários atuais. Se adotar a abordagem de segmentação, no entanto, estará apenas se distraindo do que realmente precisa fazer: criar uma entrada domiciliar maior. Em vez disso, você estará tentando manter conversas 24 horas por dia, sete dias por semana, com uma infinidade de públicos diferentes, dividindo-os em segmentos cada vez mais finos e desviando-os do verdadeiro prêmio de conquistar o alvo almejado enquanto mantém os clientes atuais. Afinal, essa é a forma mais rápida e eficaz de maximizar a marca e colocá-la no topo.

A cada ano, impressionantes 75% dos diretores de marketing afirmam que planejam vender produtos existentes para os atuais clientes. Com certeza, muitos líderes têm um medo inerente de que será difícil, senão impossível, trazer novos clientes ou até mesmo usuários em potencial para a franquia. Então, permanecem na zona de conforto, nunca se desviando, concentram-se nos clientes principais e acumulam incentivos para mantê-los na empresa. Mas não se pode extrair leite de pedra. É tiro e queda: assim como um balde furado, com o tempo os clientes vão embora. Se você não encher esse balde, antes que perceba, ele estará completamente vazio. O crescimento tem que vir de algum lugar, e a única maneira de manter esse balde cheio é investir a maior parte dos recursos de marketing na aquisição de novos clientes (não em quem já é cliente). Para ser eficaz na conversão do alvo almejado, é preciso eliminar barreiras e abordar os fatores de escolha, os quais podem ser diferentes dos fatores dos clientes atuais. Mas a alternativa (continuar tentando encontrar mais clientes com o mesmo perfil dos que já tem) é um trabalho em vão. Nunca haverá clientes suficientes assim. Se você tem um dólar para gastar, deve aplicá-lo no maior número de clientes em potencial possível, pois isso lhe proporcionará o maior retorno.

 E adivinha só? Quando se eleva a marca para o patamar do alvo almejado, é obtido um efeito colateral maravilhoso. Aqueles que já são clientes se sentem validados, ficam um pouco mais confiantes ao usar a marca e a rotatividade diminui. Afinal, estavam certos o tempo todo. Essa é a beleza de operar sob a lente instintiva. O que é bom para o alvo almejado também acaba sendo bom para o cliente principal, e os efeitos positivos começam a se multiplicar, levando ao crescimento de ambas as fontes. Como uma planta bem regada, sua presença crescerá em múltiplas direções.

CAPÍTULO 9

DEIXE O FUNIL NO PASSADO

Regra do Instinto: Abandone o funil e construa sua marca da noite para o dia.

Essa é a verdadeira genialidade dos Estados Unidos, a fé nos sonhos simples de seu povo, a insistência nos pequenos milagres. Podemos colocar nossos filhos na cama à noite e saber que estão bem alimentados, vestidos e seguros. Podemos dizer o que pensamos, escrever o que pensamos, sem ouvir uma batida repentina à porta. Podemos ter uma ideia e iniciar nosso próprio negócio sem pagar um suborno ou contratar o filho de alguém. Podemos participar do processo político sem medo de retaliação, e sabemos que nossos votos serão contados (ou pelo menos, na maioria das vezes...).

Mas, mesmo enquanto falamos, há aqueles que estão se preparando para nos dividir, os mestres da manipulação e os traficantes de anúncios negativos que abraçam a política do vale-tudo. Bem, eu digo a eles esta noite: não existe um país liberal e um país conservador. Existem os Estados Unidos da América. Não existe um país negro e um branco e um latino e um asiático. Existem os Estados Unidos da América.

Quando Barack Hussein Obama proferiu essas palavras memoráveis pela primeira vez, ainda não era o quadragésimo quarto presidente dos Estados Unidos (na verdade, estava bem longe disso). Em 27 de julho de 2004, sendo um senador praticamente desconhecido de Illinois, Obama subiu ao palco para fazer o discurso de abertura na Convenção Nacional Democrata (DNC, em inglês) em Boston, Massachusetts. O que se sabia a respeito dele país afora era quase nada. A menos que você vivesse no South Side de Chicago, é provável que não tivesse um Conectoma de Marca do Obama na mente (sem raízes, sem ramos, sem folhas, sem copa). Mas, quando ele subiu ao púlpito, se você assistiu ao discurso, esse conectoma passou de um solo árido para a menor das sementes e, então para a maior das árvores, tudo dentro de dezesseis minutos.

No palco, lendo de um teleprompter (um dispositivo que nunca tinha usado antes daquele verão), ele começou expressando gratidão, dizendo que "esta noite é uma honra particular para mim porque, sejamos sinceros, minha presença neste palco é bastante improvável". Em seguida, deu continuidade contando a história de sua herança: um pai que cresceu no Quênia frequentando a escola em uma cabana de zinco e pastoreando cabras quando criança; uma mãe que cresceu no Kansas com uma "fé inabalável nas possibilidades dessa nação". Enquanto falava sobre a grandeza daquele país e seu povo evocou a famosa fala da Declaração da Independência sobre todos os homens serem criados iguais, um tema que manteve ao longo do discurso.

Ele se dirigiu não apenas aos democratas presentes na plateia do FleetCenter naquela noite, mas também a qualquer um que estivesse assistindo de casa, não importando qual fosse a afiliação política. Embora ele ostensivamente estivesse lá para apoiar John Kerry, parte do discurso expôs as filosofias e os valores do jovem

Obama para todos ouvirem, aquilo que, com o tempo, se tornaria a plataforma presidencial do político quatro anos depois. Mas esses não eram apenas os pontos de discussão típicos dos democratas. Também não eram mensagens republicanas. Eles foram projetados especificamente para atrair o maior número possível de eleitores.

Como assistir a uma partida de tênis, ele alternava entre questões com que cada lado se preocupava: não confiar demais no governo para resolver problemas, e garantir que as oportunidades sejam acessíveis para todos, não importa de onde venham ou a cor da pele; estar preparado para a guerra e derrotar inimigos no exterior, e fornecer cuidados de saúde em casa; apoiar as liberdades constitucionais e buscar a independência energética. Essa abordagem atingiu um clímax temático quando Obama disse: "Os comentaristas gostam de dividir nosso país em Estados Vermelhos e Estados Azuis, Estados Vermelhos para os republicanos e Estados Azuis para os democratas. Mas eu tenho notícias para eles também. Nós adoramos um Deus incrível nos Estados Azuis, e não gostamos de agentes federais vasculhando nossas bibliotecas nos Estados Vermelhos. Nós treinamos os times da Little League nos Estados Azuis e temos amigos gays nos Estados Vermelhos. Há patriotas que se opuseram à guerra no Iraque e patriotas que a apoiaram. Somos um só povo. Todos nós jurando lealdade às estrelas e às listras, todos nós defendendo os Estados Unidos da América."

A ideia é que essas eram mensagens *estadunidenses*, repletas de Gatilhos de Crescimento universais que funcionavam para além de gêneros, idades, etnias, estados e distritos. Ele falou de pessoas que conheceu em cidadezinhas e grandes centros urbanos, em salões dos VFW (Veteranos de Guerras Estrangeiras, em inglês) e nas ruas das cidades, em famílias de classe média e famílias trabalhadoras, em veteranos e patriotas. E tudo isso foi sublinhado pela ideia de esperança, que se tornaria seu grito de guerra político nos anos seguintes. O número de associações positivas direcionadas às pessoas durante aqueles 25 minutos era imenso. E, ao deixar o palco naquela noite, já havia sussurros sobre o futuro de Obama como presidente dos Estados Unidos.

Na noite daquele dia, no *Hardball*, *talk show* da NBC, Obama foi descrito por Andrea Mitchell como um "verdadeiro destaque" e uma "estrela do rock", mas Chris Matthews foi certeiro quando disse: "Eu vi o primeiro presidente negro." Kevin Lampe, um conhecido consultor político democrata que já havia trabalhado com Obama até então, estava na noite do discurso na DNC e ecoou essa sensação: "Eu subi ao palco com o senador estadual que veio do meu bairro, e saí do palco com o próximo presidente democrata dos Estados Unidos." Naquele momento único, Obama lançou sua campanha presidencial, posicionando-se com inteligência para o centro moderado, os independentes e os estados decisivos que determinam as eleições.

Aquele discurso criou Obama. Ele irrompeu na cena política como o encerramento de um show de fogos de artifício, e sua marca se aprofundou nas redes neurais de cada espectador. Ninguém era capaz de não ver o discurso, de não o ouvir; aquelas palavras eram literalmente inesquecíveis. Ele eclipsou qualquer candidato em potencial naquele momento, com sua árvore crescendo acima das demais, elevando a marca dele para se tornar o *de facto* para as eleições primárias quatro anos mais tarde. Obama se distinguiu não porque era único, mas porque conectou a marca dele com todos os tipos de questão, valor e ideal com os quais as pessoas se importam, fossem elas de direita, de esquerda ou do centro. Ao fazer isso, ampliou a presença dessa marca na mente de *todos* ao mesmo tempo. Construiu a marca dele da noite para o dia, criando relevância e importância em questão de minutos.

Não se engane, isso não se trata de uma declaração política. Tampouco é um endosso a favor ou contra as políticas que Obama apresentou enquanto presidente. Não importa se o ama ou o odeia, se votou nele ou não, se é republicano ou democrata, de esquerda, direita ou centro. Isso é uma lição de marketing baseado em instintos superiores. A genialidade do que ele e sua equipe conseguiram alcançar em questão de minutos, e continuaram a alcançar depois do ocorrido, é uma lição magistral sobre como expandir o Conectoma de Marca em tempo recorde e desafiar as regras tradicionais do marketing.

Obama continuou a construir o Conectoma de Marca dele nos quatro seguintes. Apareceu nos principais programas de televisão várias vezes, discutindo os problemas da política moderna no *The Daily Show with Jon Stewart*, lendo o "Top Ten" no *Late Show with David Letterman* e promovendo a ideia de empatia na *Oprah*. Em todas as aparições, ele vinha com um tom raro: combinando leveza, humor e charme com uma abordagem séria sobre as questões enfrentadas pelo país e pelo mundo.

Tão importante quanto foi o fato de que, ao aparecer nesses programas, ele estava conectando sua marca aos artistas queridos a que as pessoas assistem todos os dias. Muitos pensaram "esses são nossos programas" e, portanto, ele era "nosso" candidato. Assim, o conectoma dele tornou-se indissociavelmente entrelaçado com a cultura popular. Quando foi a esses programas, estava aproveitando também os Conectomas de Marca deles, criando um endosso implícito para a própria candidatura. O *The Daily Show* atraía públicos jovens, o Letterman estava no ar havia quase 25 anos e a audiência diurna da Oprah era enorme. As pessoas não viam apenas Obama, o candidato, mas também Obama, o humano. A humanidade dele era reforçada ainda mais quando era visto jogando basquete, tomando uma cerveja em um bar local durante a campanha ou até mesmo fumando um cigarro de vez em quando.

Mas todo o sucesso começou com aquele discurso.

Na política, o cérebro está constantemente tentando categorizar os candidatos em uma das duas categorias: esquerda ou direita. Com base na aparência do candidato, no histórico, nos pontos de discussão e nos traços visuais, as pessoas fazem um julgamento rápido: eles são ou democratas ou republicanos, o que de imediato limita o público à metade da população de eleitores. Mas, embora tenha se candidatado como democrata, Obama resistiu à classificação. Pode até nunca ter movido os republicanos mais ferrenhos para o lado dele, mas não precisava. Ao falar de questões que importavam para todos os lados do espectro político, o cérebro dos republicanos moderados e dos independentes não conseguia classificá-lo com facilidade em nenhum dos dois grupos, fazendo com que ele se estabelecesse naquele ar rarefeito, o pináculo de fantasia que muitos eleitores desejam alcançar, mas nunca conseguem com os candidatos apresentados a eles: o centro moderado. É como se o cérebro das pessoas estivesse acompanhando aquela partida de tênis, olhando de um extremo do espectro político à esquerda para o outro à direita e depois repetindo o ato. Elas não tinham escolha a não ser ver o candidato como algo fresco e diferente no "ponto ideal" ao centro.

Obama era inspirador e autêntico, pedindo por união em um momento de divisão e inspirando esperança para o futuro. Esse discurso o fez superar as probabilidades. Embora a maioria das marcas políticas leve décadas para desenvolver conectomas e se tornar bem conhecida, garantindo uma enorme vantagem nas urnas, Obama surgiu do nada. Ele não fazia parte de nenhuma dinastia política, como os Kennedy ou os Bush, que se apoiaram na familiaridade do nome geração após geração. Ele não tinha o benefício de ser uma marca com um legado nem o benefício da incumbência. Era um novato.

Ao bombardear o público com as associações positivas certas em um ritmo acelerado, é possível fazer um gigante Conectoma de Marca brotar da noite para o dia. Esse efeito de impacto de alta velocidade quebra as barreiras conscientes do cérebro, colocando o crescimento da marca em alta velocidade, como se o terreno de memória do cérebro tivesse sido tratado com Miracle-Gro. Foi exatamente isso que o discurso fez. Associações positivas de esperança, igualdade, liberdade, história, sucesso compartilhado, força e orgulho patriótico, segurança, paz, persistência e uma história de sucesso de imigrantes brotaram. Não havia uma única "grande ideia", mas muitas ao mesmo tempo. E ele foi cuidadoso ao evitar ideias como projetos de infraestrutura, estímulo econômico (um eufemismo para gasto) e constitucionalismo evolutivo, que são notoriamente conhecidas por afastar republicanos. Embora Obama tenha mencionado Kerry várias vezes, o cérebro dos espectadores registrou todos esses ideais positivos e os conectaram com o orador. E essas conexões duraram anos a fio (alguns diriam que ainda existem).

De certa forma, Obama é uma marca disruptiva definitiva. A combinação de Gatilhos Verbais universais e a personalidade carismática, estilo descolado e direto, que são atípicos na maioria dos políticos, rompeu a bolha. Ele criou uma avalanche de associações positivas que se conectaram a questões familiares da vida das pessoas, aproveitou-se dos conectomas de figuras da cultura pop e apresentou uma mensagem principal forte (a audácia da esperança) com uma multiplicidade de mensagens que eram Gatilhos de Crescimento subjacentes. Todas essas associações positivas aceleraram a expansão do Conectoma de Marca dele em um piscar de olhos. E, embora seja possível fazer isso, é raro porque a maioria dos candidatos não emprega tantas das novas regras para obter a vantagem instintiva simultaneamente, como fez Obama.

O ex-presidente desafiou o construto clássico de marketing conhecido como o funil de marketing, um processo passo a passo conceitualizado há mais de um século. O funil afirma que, para fazer com que alguém escolha sua marca, essa pessoa deve passar por uma série de etapas específicas, durante as quais decide conscientemente se a escolhe ou a rejeita. Mas esse conceito surgiu muito antes de alguém ter uma noção de como a mente de fato toma decisões. Foi projetado para um mundo em que as pessoas pensavam que o cérebro funcionava de modo sequencial, como um processador de dados.

Mas os conectomas crescem organicamente por meio de lembranças cumulativas, o que significa que não é necessário forçar um caminho por meio de um processo de várias etapas para fazer com que alguém escolha sua empresa, causa ou ideia. Um ecossistema de conexões de marca pode se desenvolver na mente do público a qualquer momento (porque o processo de crescimento não é sequencial, nem precisa passar por etapas). Embora um Conectoma de Marca possa levar anos para ser desenvolvido, ainda é uma possibilidade fazer brotar todo um sistema de caminhos neurais de uma só vez, como nos mostra Obama. O que significa que, ao aproveitarmos as técnicas instintivas, sequer precisamos do funil.

A FALHA DO FUNIL DE MARKETING

O executivo de publicidade E. St. Elmo Lewis é creditado por ter criado o conceito de funil de marketing e vendas em 1898. Considerado uma das primeiras teorias atestadas de marketing, o funil tem sido tratado como uma verdade absoluta por quase todos os departamentos de marketing, vendas e mídia no mundo dos negócios. Embora existam várias variações, em essência ele consiste em cinco estágios: conscientização, interesse, desejo ou consideração, ação ou conversão e lealdade ou defesa. O funil com frequência é simplificado para conscientização, consideração, conversão e lealdade. Em algum momento da trajetória, a maioria dos profissionais de negócios é ensinada que deve seguir esse funil.

A parte mais ampla do funil, o topo, é o estágio de conscientização, após o qual ele vai se estreitando ao longo da jornada dos clientes à medida que estes, com sorte, passam de estarem cientes da marca para escolhê-la e apoiá-la, que é o estágio de lealdade ou defesa na extremidade mais estreita do funil. Cada estágio exige uma técnica de marketing diferente, destinada a ajudar a conduzir o usuário em potencial através do funil, preparando-o em cada estágio para o que vem em seguida.

Por exemplo, a conscientização pode incluir técnicas de amplo alcance, como publicidade digital ou televisiva, redes sociais e otimização de mecanismos de busca; o interesse pode ser sustentado por uma comunicação mais direta e detalhada com os usuários, como o envio de e-mails e newsletters, respondendo a perguntas por meio de chats ao vivo ou fornecendo estudos de caso e histórias de sucesso ao público-alvo; o desejo e a consideração podem ser estabelecidos por meio de demonstrações de produtos ou serviços, vídeos e gráficos de comparação competitiva; e a ação ou conversão, que também é chamada de "teste", pode ser incentivada por técnicas promocionais como descontos, amostras, cupons e *free-standing inserts* (FSIs), que são encartes publicitários avulsos, como um anúncio em um jornal. Os profissionais de marketing podem, então, buscar criar lealdade ou almejar que seus clientes defendam as marcas por meio de programas de fidelidade (embora, como já discutido, depender em excesso desses programas pode, no longo prazo, colocar uma marca em uma posição precária).

Os profissionais de marketing acreditam que, se os consumidores já ouviram falar da marca (a fase da conscientização), eles são mais propensos a fazer parte de pesquisas ou ouvir informações específicas na fase de interesse. A partir daí, o desejo e a consideração se aprofundam. E assim por diante. Mas o funil não leva em consideração o que está acontecendo em um nível instintivo: o crescimento e a expansão do conectoma. À medida que aprendemos novas informações, associações são adicionadas às vias neurais da marca no nosso cérebro. Se você fornecer associações positivas suficientes ao mesmo tempo, essas vias ou ramificações podem se estender em diferentes direções, e uma rede robusta pode se formar de uma só vez.

No momento em que o conectoma está totalmente desenvolvido, com um rastro físico maior e com mais associações positivas do que os conectomas da concorrência, o consumidor está pronto para escolher essa marca, o que significa que ele parte para a ação e faz uma compra. Quando sua árvore cresce tanto que a copa dela bloqueia o restante da floresta, sua marca se torna a primeira escolha automática. Os estágios não têm nada a ver com isso.

O verdadeiro processo que ocorre não é linear porque não é assim que o cérebro funciona. As pessoas não tomam decisões sequenciais ou com base em algum modelo linear racional. Mas é fácil entender como o conceito de funil se tornou popular. Dividir o processo em estágios deu aos profissionais de marketing uma maneira de gerenciá-lo e, mais importante, de medi-lo. Ou assim pensavam. Medir as etapas do processo de tomada de decisão não aproxima em nada o público-alvo de fazer uma escolha. Além disso, seguir os estágios do funil, se abordado de maneira tradicional, é como assistir a uma chaleira ferver, o que sempre parece levar uma eternidade. Isso também leva os líderes a gastarem quantias excessivas em promoções ao consumidor e outras técnicas que são incertas.

Se você está satisfeito com o método de aquisição lenta e gradual (que pode levar de seis meses a um ano ou mais), então fique à vontade para continuar. Mas suspeito que a maioria das pessoas preferiria atravessar esse funil o mais rápido possível, movendo-se da conscientização para os defensores da marca em minutos, dias ou semanas em comparação a meses, anos ou décadas. Sejamos sinceros: você talvez fizesse qualquer coisa para acelerar o ritmo de aquisição e conversão de clientes. Quando abordado por meio da perspectiva de conectar-se com a mente instintiva, espalhando associações positivas pelo cérebro e construindo o Conectoma de Marca, o funil se torna obsoleto.

Como bem sabemos, convencer qualquer pessoa (sejam clientes ou compradores b2b) a respeito de *qualquer coisa* é quase impossível, e é por isso que percorrer o funil é tão demorado. As técnicas de marketing em cada etapa são projetadas para empurrar, puxar e forçar as portas até que elas, relutantes, se abram (se é que algum dia chegam a se abrir). Em resumo, com um cérebro consciente relutante a mudanças, é preciso usar muita força para empurrar um cliente em potencial pelo funil e convertê-lo em um usuário leal. Mas, com os atalhos cognitivos corretos, é possível aproveitar as lembranças que já existem na mente do público-alvo, adicionando associações positivas e criando novas raízes e ramificações quase que de imediato. É como um vídeo em *time-lapse* de sementes dispersas crescendo em uma floresta tropical em questão de segundos.

Em essência, você pode pular o funil. Mas nunca ouvirá ninguém no mundo do marketing admitir isso em voz alta. Ainda assim, fatos são fatos. Se o funil de marketing fosse um fenômeno inevitável, todas as empresas passariam pelo mesmo processo passo a passo. Mas não é o que acontece. Disruptores digitais, como Dollar Shave Club (DSC) e Casper Sleep, construíram seus negócios praticamente da noite para o dia. Isso porque as marcas não precisam passar por essas etapas de tomada de decisão na mente das pessoas. Ao aproveitar-se do mecanismo nativo do cérebro, você pode abandonar essa estratégia ultrapassada do funil e, como Obama, passar de um completo desconhecido a uma sensação global em um tempo bastante reduzido.

ATALHO PARA O CRESCIMENTO

É comum as empresas que vendem diretamente ao consumidor usarem os Gatilhos de Crescimento com mais eficácia do que muitas das principais empresas da Fortune 500. Talvez isso aconteça porque, antes de mais nada, elas nunca aprenderam as antigas regras do marketing. Os departamentos de marketing das empresas da Fortune 500 são mais propensos a oferecer programas de treinamento nas técnicas clássicas de marketing. O conteúdo certo, combinado com os motivadores certos que correspondem às associações e lembranças dos consumidores, é de muitas maneiras mais valioso do que ter grandes recursos financeiros. Quando preenchido com Gatilhos de Crescimento, esse conteúdo implicitamente cria uma enxurrada de associações positivas. Ele contorna o pensamento racional e os benefícios emocionais estimulados, e vai direto para a mente instintiva com múltiplos temas e associações ricas. Ao aproveitar os atalhos do cérebro, elimina-se a necessidade de etapas e acelera o processo de conversão de clientes. Não é necessário gastar muito dinheiro para impulsionar o crescimento; basta potencializar a comunicação com o conteúdo certo.

Um dos melhores exemplos desse processo acelerado é encontrado no sucesso do DSC. Quando o DSC lançou um vídeo no YouTube em 2012, nem mesmo o fundador e CEO Michael Dubin sabia o que estava prestes a acontecer. O vídeo, com Dubin como porta-voz da empresa, viralizou. O site caiu naquele dia devido ao intenso acesso, e durante os dois dias seguintes eles receberam 12 mil pedidos. O DSC gerou 3,5 milhões de dólares em receita naquele ano; quatro anos mais tarde, esse valor subiu para 225 milhões, momento em que a Unilever comprou a empresa por 1 bilhão de dólares (conferindo à marca o status de unicórnio). O simples vídeo digital, que nem mesmo foi exibido na TV, custou apenas 4.500 dólares para ser produzido, e foi filmado em um dia por um amigo de Dubin que anos antes havia frequentado aulas de improviso com ele.

As habilidades de atuação de Dubin brilharam. No vídeo, ele mantém um semblante sério diante do que só pode ser chamado de um ataque de humor excêntrico, mas relevante, enquanto elogia as qualidades do produto e tece críticas aos maiores concorrentes da marca. Mas não foi apenas o fato de o vídeo ser "engraçado" ou o de que o público, em sua maioria *millennial*, é um cliente *direct-to-consumer* (DTC). Dubin estava lançando Gatilhos de Crescimento em rápida sucessão, acessando associações positivas na mente da audiência e criando um conectoma expansivo.

Como uma empresa DTC, o Dollar Shave Club sempre teve preços baixos (representados pelo slogan "*Shave Time. Shave Money*"), mas isso era apenas uma das camadas da mensagem deles. A qualidade e a eficácia eram transmitidas com o design da lâmina de aço e tira de babosa, além da afirmação de que as lâminas eram "boas para c@!#lho". A suavidade era transmitida por uma criança pequena fazendo a barba de um homem adulto. Eles promoviam a conveniência da entrega em casa. E uma camada de simplicidade estava sempre presente. Enquanto grandes marcas, como Gillette e Schick, estavam adicionando mais lâminas e recursos sem parar, o DSC tinha como foco voltar ao básico. Como Dubin questiona no vídeo: "Você acha que precisa de um cabo vibratório, uma lanterna, um coçador de costas e dez lâminas?" Havia até uma camada de história familiar quando ele mencionava que "o seu avô tinha uma única lâmina... e pólio". E não vamos nos esquecer do toque de valores e propósito quando ele mostrava um trabalhador no armazém, destacando que "não estamos apenas vendendo lâminas, também estamos gerando novos empregos".

Parte do vídeo foi filmada no que parecia ser o escritório de Dubin, localizado no porão, antes de ele sair para o andar do armazém, uma grande diferença do que a maioria dos consumidores esperaria de um dos gigantes da indústria de lâminas (arranha-céus brilhantes e impessoais, edifícios sem personalidade). Mas aquele vídeo era *repleto* de personalidade com Gatilhos de Crescimento explodindo para a audiência a uma velocidade impressionante. Esse mundo empreendedor despojado foi o cenário perfeito para a abordagem simplificada da marca. O DSC criou um contraste marcante com a concorrência: baixo custo, alta qualidade, uma entrega bastante conveniente que ia direto para a casa do cliente. E não podemos nos esquecer do humor, zombando dos dinossauros da indústria. Ao criar esse contraste, o DSC destruiu o funil e construiu uma base de clientes específica em 1 minuto e 33 segundos que as pessoas levaram para assistir ao vídeo.

Ao adicionar associações negativas aos conectomas concorrentes dominantes, como o da Gillette, a árvore do DSC se tornou maior e mais robusta, fazendo com que a da concorrência se tornasse menos saudável. É como se a copa menor do DSC eclipsasse a da Gillette, roubando sua luz; as raízes do DSC cresceram com tamanha rapidez que absorveram a água e os nutrientes da Gillette. Os consumidores não precisavam de todos os recursos e extravagâncias em suas lâminas, nem deveriam pagar demais para manter o escritório brilhante da Gillette em funcionamento, mas eles não tomaram essa decisão conscientemente. Naquele momento de extremo contraste, as sinapses deles dispararam, os cérebros se iluminaram e os instintos guiaram suas escolhas.

Nesse processo, o Dollar Shave Club conquistou participação de mercado de grandes peças do tabuleiro, como Gillette e Schick. Note que estas são duas das maiores marcas da categoria. Alguns observadores externos podem pensar que teria sido melhor para o DSC concentrar-se em competir com outras marcas de tamanho semelhante. Mas essa é uma estratégia de todo equivocada, para não dizer uma receita para o fracasso. Se você é uma startup ou uma empresa menor, é provável que tenha recursos limitados, o que significa que seu foco deve estar em um concorrente com um *enorme* volume de consumidores, e não em um com menor. Imagine, por um momento, que você tem apenas um dólar para gastar em marketing. Acha que é melhor apostar esse dólar contra um pequeno concorrente com algumas centenas de clientes... ou contra um grande concorrente com vários milhares? A resposta, é claro, é o maior. É matemática simples. Você obterá um retorno sobre o investimento (ROI, em inglês) mais alto ao mirar em uma peça maior do que ao focar seus dólares limitados uma marca menor.

O maior concorrente dominante tem mais clientes para serem conquistados. E, em especial quando sua empresa é pequena ou está começando, é preciso desestabilizar os concorrentes e rapidamente alcançar o público-alvo almejado. Se feita direito, essa estratégia permitirá que você faça avanços impressionantes da noite para o dia. O sucesso do DSC mostra como é possível ao mesmo tempo criar conscientização e persuadir as pessoas a mudar de marca, deixando de comprar de um grande concorrente. Além disso, se essa abordagem pode ser adotada por pequenas startups, também pode ser adotada por marcas estabelecidas, permitindo que aproveitem do potencial de crescimento inexplorado.

ACELERANDO COMPORTAMENTOS RESISTENTES POR MEIO DA METÁFORA E DO HUMOR

Um dos maiores mitos do marketing é que comportamentos já existentes são quase impossíveis de mudar. Mas isso só ocorre porque as pessoas costumam tentar modificar esses comportamentos por meio de técnicas conscientes, como a persuasão ou a promoção. Mesmo marcas com alta lealdade, como o Facebook ou a Tide, podem ser desbancadas. É por isso que, com mais frequência do que se imaginaria, pequenas marcas DTC conseguem conquistar participação de mercado de grandes marcas tradicionais que, de outra forma, seriam consideradas invulneráveis. Quando se sabe como mudar o Conectoma da Marca, torna-se uma possibilidade alterar os comportamentos mais resistentes (seja fumar, partidarismo político ou lealdade a uma marca) em um curto período. Repito: em vez de forçar as pessoas através do funil de marketing, você pode jogar com suas associações e lembranças existentes, e quebrar a resistência a um ritmo acelerado. Metáforas e humor são dispositivos poderosos que são particularmente eficazes nesse processo.

METÁFORAS

Metáforas são o Michael Jordan dos dispositivos instintivos, pois mudam rapidamente percepções e comportamentos enraizados com uma jogada definitiva. Ao incorporar metáforas em sua mensagem, você pode bombardear a audiência com associações positivas e fazer o conectoma crescer em pouco tempo. Como Gatilhos de Crescimento supereficazes, elas influenciam indiretamente a mente das pessoas, aproveitando o que já existe em suas lembranças. Ajudam a mudar percepções com rapidez, reformulando uma ideia quase no mesmo instante, seja aproveitando os caminhos neurais atuais ou criando novos, os quais se tornam parte dos vetores interconectados no cérebro.

As metáforas funcionam tão bem porque são fáceis para o cérebro entender, ajudando-o a compreender um conceito que pode ser bastante complexo. Lembre-se: o cérebro é preguiçoso e não quer trabalhar duro. As metáforas garantem que o órgão não precise fazer isso, permitindo que compreenda uma ideia em termos de outra já conhecida. Ao fazer isso, novas conexões são criadas entre a referência que está na mente e a marca que você está vendo.

E as mais eficazes das metáforas são aquelas que são comuns ou que incorporam exemplos bem conhecidos, o que as tornam mais fáceis de serem compreendidas. Embora alguns possam argumentar que essa abordagem cheia a clichê, lembre-se de que a familiaridade é algo *bom*. Por exemplo, se eu disser que o crescimento de uma empresa tem a trajetória do *Titanic*, você não teria dificuldade em entender o que isso significa. Se eu dissesse que o crescimento de uma empresa tem a trajetória do *Barge 129* (um navio afundado descoberto em Lake Superior em 2022), o impacto não seria o mesmo. Isso também se aplica ao que foi dito no início desta seção, quando mencionamos, e não está aberto à discussão, o maior jogador da NBA de todos os tempos, Michael Jordan, e suas habilidades mundialmente famosas com as enterradas. Se esta seção tivesse começado com "Metáforas são o Kevin Martin dos dispositivos instintivos, mudando rapidamente percepções e comportamentos enraizados na jogada definitiva mais próxima do botão", a menos que você seja um grande fã de *curling*, é provável que fosse ficar perdido. (Sem ofensa ao "Old Bear", Kevin Martin, o maior jogador de *curling* canadense de todos os tempos.)

Esse é um recurso poderoso porque evoca processos cognitivos além da linguagem, acessando o mapa mental da audiência, o qual inclui imagens, sons, sensações e cheiros. Por exemplo, a imagem de uma flor desabrochando pode ser uma metáfora para o crescimento pessoal e o alcance do seu completo potencial. O som do vento soprando na vela de um barco pode ser uma metáfora para liberdade ou viagem. O cheiro de cidra quente pode evocar o outono. Esse poder pode ser observado em diversos setores, não apenas em produtos de consumo.

Um nível significativo de doenças nos Estados Unidos, com grande custo para o sistema de saúde, resulta da falta de adesão dos pacientes aos tratamentos terapêuticos. Em outras palavras, nem todos tomam os medicamentos que melhoram a saúde quando, como e na medida em que deveriam, e nem sempre seguem as orientações médicas. A cada ano, nos Estados Unidos, a não adesão a medicamentos constitui até 25% das hospitalizações e pode ser responsável por até 125 mil mortes e 50% das falhas no tratamento. Entre os pacientes com doenças crônicas, apenas cerca de 50% dos medicamentos são tomados conforme prescrito. A adesão à medicação em pacientes com asma ou doença pulmonar obstrutiva crônica varia de um máximo de 78% a um mínimo de apenas 22%. Por mais inacreditável que seja, a adesão não está como deveria mesmo em categorias como câncer, em que o uso de medicamentos pode ser uma questão de vida ou morte.

Vamos encarar a realidade. As pessoas não gostam de tomar medicamentos. A sobrecarga de comprimidos é um problema real. E, em um mundo onde se opta por uma alimentação mais natural e elimina produtos químicos das despensas, não é surpresa que os pacientes relutem em tomar medicamentos. Mas há dois problemas nisso. Primeiro, existem muitas condições em que a adesão é crítica para a saúde. Segundo, a não adesão a eles é cara, custando aos contribuintes e ao sistema de saúde em geral 548,4 bilhões de dólares por ano.

A comunidade médica, a indústria da saúde e grandes empresas de consultoria tentaram quase tudo para mudar esse comportamento. Vídeos instrutivos e educacionais de enfermeiros e médicos, alertas, alarmes de lembrete, adesivos e mensagens nas embalagens de medicamentos... a lista é extensa. Em mais de 115 estudos de pesquisa sobre intervenções em comunicação de risco, os quais envolveram mais de 34 mil participantes, foram poucos os que conseguiram causar um impacto significativo; a avaliação geral dessas intervenções de adesão foi, no melhor dos casos, mista. É fácil entender por quê. Cada uma dessas abordagens está tentando persuadir o cérebro consciente a fazer algo ao qual é resistente. Essas técnicas não funcionam para mudar comportamentos instintivos. Mas metáforas podem ajudar.

Um estudo separado, conduzido em 2008, se destaca de todos os outros. Ele encontrou uma diferença marcante no comportamento dos pacientes por meio do uso de uma metáfora não em relação à adesão à medicação, mas em relação a um problema de saúde comportamental ainda mais resistente: o tabagismo. As técnicas tradicionais usadas para mudar o comportamento dos fumantes incluíam o habitual: imagens de pulmões corroídos e os efeitos do câncer, além de explicações sobre quantos anos a vida dos fumantes seria reduzida se continuassem fumando. Essas técnicas típicas e confrontacionais não tiveram sucesso. Tampouco haviam progredido os testes de espirometria que relataram o desempenho dos fumantes na capacidade pulmonar e na função respiratória, ou outros testes que mediam a velocidade com que eles podiam respirar. A ciência parecia obscura, irrelevante, e as fotos assustadoras de pulmões enegrecidos eram alienantes. Sem nada familiar a que o cérebro se apegar, a questão não causa impressão alguma nos participantes.

Mas, no estudo de 2008, apresentaram aos fumantes a "idade pulmonar" deles. Idade pulmonar é uma metáfora simples para como os pulmões dos participantes funcionam bem. Em vez de focar a ciência, os clínicos que conduziam o estudo disseram aos participantes a idade equivalente de seus pulmões. Por exemplo, um jovem de 20 anos descobriu que tinha a idade pulmonar de um quarentão. Os pulmões de um participante de 60 anos eram mais parecidos com os de alguém com 75 anos. E adivinha? Funcionou. Foi um dos poucos estudos a mostrar uma diferença significativa na cessação do tabagismo. Mas aqui está a pergunta importante: por que isso aconteceu?

Acontece que saber a idade pulmonar de alguém é mais poderoso do que saber a condição real dos pulmões. Pense nisso. Que jovem de 20 anos quer ser informado de que seus pulmões parecem com os de alguém de 40 anos? A caracterização simbólica dos pulmões de um fumante foi mais poderosa do que a literal porque se aproveitou dos caminhos neurais estabelecidos sobre envelhecimento. Em vez de introduzir e explicar o teste de espirometria ou a velocidade de respiração, ou mostrar imagens dos pulmões de outra pessoa, a explicação foi imediata e pessoal. As taxas de cessação do tabagismo literalmente dobraram de 6,4% para 13,6% como resultado da abordagem. Os participantes não precisaram aprender jargões novos ou tentar se imaginar no lugar de outra pessoa. Em vez disso, o caminho já estava pavimentado na mente deles, permitindo que um novo fosse aberto em um dos comportamentos mais resistentes e autodestrutivos do planeta. Nesse sentido, as metáforas podem ser Gatilhos de Crescimento definitivos... elas podem literalmente salvar vidas.

HUMOR

Além da metáfora, o humor é outro recurso que pode ajudar a superar a resistência e construir um conectoma com rapidez. Mas não é qualquer tipo de humor que funciona, como demonstrado pelos anúncios do Super Bowl de 2023, da Quiznos e da Skittles. Muito do humor visto nas comunicações de marketing hoje é supérfluo: humor bobo e sem relação, humor por humor, humor que tenta se aproveitar de uma tendência cultural, mas está desconectado da própria marca. Todos esses tipos de humor acabam entrando por um ouvido e saindo pelo outro. Assim como os profissionais de marketing e de publicidade às vezes confundem criatividade com eficácia, o humor às vezes é usado apenas para provocar uma risada. E, embora o resultado possa ser engraçado, muitas vezes é esquecível ou irrelevante. Em vez disso, o humor apresentado deve estar conectado ao benefício sendo ofertado ao público-alvo ou destacar um contraste entre a marca e a concorrência. Caso contrário, não será criada uma associação forte o suficiente para se fixar na mente e expandir o Conectoma de Marca.

Uma das melhores maneiras de usar o humor é para criticar a concorrência. Assim como Michael Dubin, do Dollar Shave Club, fez o público rir à custa de seus concorrentes, mostrando-os como excessivamente superprojetados, caros e frívolos (um uso eficaz do humor), o humor é regularmente usado com grande efeito durante debates políticos. Por exemplo, no primeiro debate das primárias republicanas de 2023, todos os oito candidatos entraram em cena com força. Mas uma das performances mais memoráveis veio de Nikki Haley, ex-governadora da Carolina do Sul. Ainda que estar na posição de sete para uma em relação aos homens no palco pudesse parecer uma desvantagem, Haley conseguiu transformar isso em um ponto positivo. Em um momento durante o debate, quase todos os outros sete candidatos estavam levantando a voz uns sobre os outros e, entre toda a gritaria e conversa caótica, era quase impossível discernir quem estava dizendo o quê. Quando o moderador Bret Baier direcionou a pergunta seguinte para Haley, ela respondeu com uma tirada cronometrada com perfeição: "Então, Bret, o que eu gostaria de dizer é que isso é exatamente o motivo pelo qual Margaret Thatcher disse que, se você quer que algo seja dito, peça a um homem; se quer que algo seja feito, peça a uma mulher." A plateia explodiu em risadas.

No debate presidencial de 1984 entre o então presidente Ronald Reagan, que tinha 74 anos na época, e o ex-vice-presidente Walter Mondale, Reagan foi questionado sobre se ele poderia estar muito velho para ser presidente. A resposta dada? "Não farei da idade um tema desta campanha. Não vou explorar, para fins políticos, a juventude e a inexperiência do meu oponente." Nem mesmo Mondale conseguiu conter o riso. Mas ele não riu por muito tempo, pois Reagan venceu a eleição daquele ano com uma vitória esmagadora.

Como instrumento retórico, o humor pode ter um impacto semelhante ao da metáfora. Ele estimula o cérebro, atrai a atenção e pode deixar uma impressão duradoura no seu conectoma que fatos ou números sozinhos não conseguem. Onde ele difere da metáfora é que, quando entendemos uma piada, sentimos que fazemos parte do grupo e estamos mais próximos e alinhados com a pessoa que a contou. Por isso, o humor é particularmente poderoso na política. A questão que o político está abordando se torna mais memorável por causa do humor e, no processo, nós passamos a simpatizar com ele. Mas o humor que é usado apenas para causar uma risada, sem levantar uma questão, é um esforço inútil. Ao usar o humor como atalho para desestabilizar a concorrência ou acentuar um benefício ou uma expertise, a mensagem se torna mais marcante e se infiltra na estrutura da memória com mais rapidez, criando uma saliência quase imediata (e isso não é uma piada).

O reinado de mais de cem anos do funil de marketing prova quanto ele se tornou enraizado. E, assim como muitas das outras abordagens de marketing consciente, o conceito do funil desvia os profissionais de marketing daquilo em que realmente precisam se concentrar, que é em construir a presença física de uma marca. Os estágios do funil são desnecessários. Se usar os códigos ou os motivadores direitinho, construir associações positivas suficientes e conectar-se de forma sucinta com o público em um nível instintivo, você pode direcionar a escolha da marca de uma só vez. A prova disso está no resultado, seja com empresas que vendem direto ao consumidor, políticos bem-sucedidos ou até mesmo na saúde: a ruptura pode construir um Conectoma de Marca em um período mais curto do que se imagina. Metáforas e humor certamente ajudam no processo, mas tudo se resume a adicionar associações positivas e conectar-se com questões da vida das pessoas as quais elas valorizam. Não se arraste pelos estágios do funil; pois, quando feita corretamente, a saliência pode estar a apenas alguns minutos de distância.

CAPÍTULO 10

A MARCA IMORTAL

Regra do Instinto: Não existe um ciclo de vida finito para as marcas. Se cuidar bem da sua, ela poderá viver para sempre.

Em março de 2020, o tom das declarações sobre a pandemia de covid-19 começou a mudar. O que de início foi visto nos Estados Unidos, naquele inverno, como um vírus distante em Wuhan, uma cidade da qual a maioria dos estadunidenses nunca havia ouvido falar, começou a se tornar mais claro como uma ameaça séria à saúde e à segurança do país. Com o tempo, foram aparecendo os pedidos de isolamento, ordens para uso de máscara e as vacinas. Mas, no início daquela primavera, muitas pessoas estavam apenas começando a se adaptar, tentando entender o que tudo aquilo significava em uma escala maior. Escolas, escritórios e restaurantes começaram a fechar. Mas negócios essenciais, como supermercados, permaneceram abertos, forçados a equilibrar a segurança de seus funcionários com as necessidades de seus clientes.

O Walmart, o maior supermercado do país (com 25% de participação de mercado) e o maior varejista, era um desses negócios essenciais. Com quase 4.700 lojas no país e outras quase 5.300 no mundo (sem mencionar as quase 600 unidades do Sam's Club), eles eram vitais para fornecer às pessoas o que mais precisavam em tempos incertos, desde alimentos até papel higiênico, sabonete e xampu, produtos de limpeza e um suprimento contínuo de desinfetante para as mãos. Quando a Casa Branca anunciou novas diretrizes de distanciamento social em 16 de março, o Walmart não demorou a agir.

Durante um período em que as vendas poderiam ter sofrido uma queda drástica, o desempenho da empresa durante a pandemia ficará na história como uma prática exemplar. Eles alteraram os horários e começaram a fechar as lojas mais cedo para realizar limpezas profundas durante a noite com equipes especiais dedicadas à sanitização adicional. Além disso, acrescentaram *dispensers* de desinfetante e lenços para clientes e funcionários. Também foram um dos primeiros grandes varejistas a instalar protetores de espirros de plexiglass nos caixas, e criou um horário exclusivo para idosos a fim de manter a população de risco longe de aglomerações. Além de todas as coisas, limitaram o número de clientes por vez, adicionaram marcadores no chão para incentivar o distanciamento social e ofereceram para os funcionários consultas médicas gratuitas por telemedicina.

Enquanto isso, o e-commerce da varejista estourou. Em abril de 2020, nos Estados Unidos, quando o varejo em geral despencou 16,4% e 2,1 milhões de pessoas perderam os empregos, as vendas de e-commerce do Walmart subiram 74% à medida que os clientes aproveitaram as opções de entrega de alimentos e coleta na calçada oferecidas. Com esse enorme aumento nas vendas, eles contrataram 235 mil novos funcionários. As vendas de e-commerce continuaram a crescer desde que a pandemia se atenuou, registrando um aumento de 27% nas vendas on-line no primeiro trimestre de 2023 em comparação com o ano anterior.

O que talvez seja mais impressionante é que o Walmart descobriu o que nenhuma outra empresa conseguiu durante a pandemia: como encontrar o tom perfeito. Enquanto a maioria dos anunciantes repetia clichês sobre "o novo normal", enfocando os "tempos sem precedentes" e as incertezas, o Walmart transmitiu a combinação perfeita de mensagens: segurança mais progresso. A ideia de segurança, junto com as precauções que tomaram, tranquilizou as pessoas e transmitiu a ideia de que poderiam ir às lojas deles sem contrair covid, enquanto uma ênfase similar no progresso incentivava os consumidores a seguirem em frente com a vida. Essa mensagem dupla, lançada em maio de 2020, foi refletida na campanha mais forte da pandemia: "Vamos manter os Estados Unidos em movimento. Com segurança."

As associações positivas que fortaleceram o conectoma do Walmart durante a pandemia foram uma extensão de sua já enorme presença. Cinquenta anos de crescimento, desde a fundação no Arkansas em 1962, levaram a empresa a se tornar a maior empregadora privada dos Estados Unidos, com cerca de 1,6 milhão de associados (ou trabalhadores nas lojas). Com uma receita de 611,3 bilhões de dólares em 2023 (um aumento de quase 7% em relação ao ano anterior), seguiu no reinado como a número um na lista da Fortune 500 por onze anos consecutivos. Mas a coroa de maior varejista e supermercado tem sido tudo, menos uma conclusão antecipada.

O Walmart teve sua parcela de contratempos ao longo dos anos, em especial no início dos anos 2000, o que incluiu críticas de baixos salários, falta de assistência médica acessível para os trabalhadores e os impactos ambientais de seus vastos supercentros e rastros de gases de efeito estufa. Mas a empresa enfrentou essas críticas bem fundamentadas de cabeça erguida, cortando tais associações negativas ao superá-las com associações positivas. O Relatório de Responsabilidade Global de 2011 do Walmart, por exemplo, destacou que a empresa aumentou em 97% a quantidade de produtos agrícolas locais em suas lojas e, ainda, que conseguiu evitar que 80,9% de seu lixo fosse para aterros sanitários. A empresa também aumentou gradualmente seu salário-mínimo, incluindo um aumento significativo em 2023, passando de 12 dólares por hora para 14 dólares por hora. Além disso, o Walmart encontrou maneiras de reduzir os custos de assistência médica por meio de programas como os Centros de Excelência, nos quais conectam funcionários a instalações de saúde para tratar uma ampla gama de condições médicas, incluindo dores nas costas, infertilidade e câncer. Muitos tratamentos são gratuitos para os funcionários que participam da maioria dos planos médicos do Walmart.

Como o Rocky Balboa do varejo, o Walmart já levou tantos golpes que, dizendo de maneira franca, deveria estar fora de combate há muito tempo. Ao longo de sua existência, a empresa enfrentou problemas legais e várias recessões, mas saiu ilesa. Como conseguiu isso? Assim como a Procter & Gamble, o Walmart adota uma mentalidade de "evolução". Eles se ajustam proativamente às tendências, criam melhorias contínuas e não demoram a operacionalizar soluções para os desejos ou problemas dos clientes. "Operacionalizar" é a palavra-chave. Fazer uma mudança significativa voltada para o consumidor em quase 11 mil lojas durante a pandemia, e fazer isso sem contratempos, não é uma tarefa fácil. O crescimento da empresa e sua resiliência em tempos difíceis não são frutos da sorte.

Se a marca é forte, as pessoas virão até sua franquia. Mas, se as operações não entregarem o que prometem, elas vão embora. Se a marca é fraca e as operações são fortes, você tem uma oferta superior, mas não recebe o crédito por isso, o que cria um problema de crescimento, tornando difícil atrair novos usuários. As principais empresas do mundo têm percepções de marca fortes *e* as operações delas correspondem a tais percepções. Uma coisa alimenta a outra, e tudo se encaixa.

Marcas como Walmart desafiam por completo o que é conhecido como o "ciclo de vida da marca e do produto", um conceito clássico de marketing imortalizado em 1967 no livro *Marketing Management: Analysis, Planning, and Control* e ainda ensinado em cursos de graduação e pós-graduação de Economia e Administração nas melhores universidades e em grandes corporações. Os quatro estágios do ciclo de vida (introdução, crescimento, maturidade e declínio) tornaram-se um princípio aceito nos negócios, ou o que alguns poderiam chamar de dogma. A teoria do ciclo de vida afirma que as marcas aumentam com mais rapidez a participação de mercado durante a introdução, ou nascimento — quando conseguem rápida distribuição e os primeiros adotantes aderem — e durante o estágio de crescimento — quando as marcas podem gastar mais dinheiro e se expandir. Elas estão no auge da força e da saúde durante esses dois primeiros estágios; mas, à medida que amadurecem, o ciclo afirma que uma desaceleração no crescimento é inevitável: vem um pico de vendas, seguido por uma queda em direção ao declínio, com as marcas, em última análise, sendo aposentadas. Com o tempo no eixo x e as vendas no eixo y, o ciclo costuma ser retratado como uma curva em forma de sino. A introdução está no lado inferior esquerdo; o crescimento, na ascensão; a maturidade, perto do topo à medida que o crescimento desacelera e se estabiliza; e o declínio, conforme a curva desce de volta no lado direito.

Mas, como muitas das teorias nas quais as antigas regras de marketing se baseavam, descobriu-se que essa também é um mito.

O conceito de ciclo de vida não só é cientificamente impreciso, como também leva a oportunidades perdidas, já que as chamadas marcas maduras perdem potenciais investimentos e crescimento contínuo. Não há razão alguma para que o crescimento não possa continuar a trajetória ascendente após o estágio de maturidade. Marcas não são humanas. Elas não têm uma vida útil finita. Também não ficam grisalhas. Não desenvolvem osteoporose, artrite ou Alzheimer. Sim, as marcas podem experienciar uma queda nas vendas se não receberem os cuidados devidos, mas isso não é uma conclusão inevitável. Se forem bem-cuidadas, podem viver para sempre.

Pense em todas as marcas que existem há cem anos ou mais: Kraft Foods, Ford, Crayola, Aqua Velva, Harley-Davidson, L.L.Bean, Nikon, Target, Coca-Cola, JCPenney, Whirlpool, Carhartt, Boeing, John Deere, GE, Equifax, UPS, Kellogg's, Johnson & Johnson, Filson, GMC, Dodge, Red Wing Boots, Laird & Company, Cadillac, Schott, Chevrolet, Lincoln, Pabst Brewing Company, Chivas Regal, Budweiser e Buick. Isso sem falar das marcas que estão por aí há pelo menos *duzentos anos*, incluindo a Colgate, Brooks Brothers, Jameson, D.G. Yuengling & Son, Harper, Jim Beam, Ames, DuPont e Dixon Ticonderoga. Essas marcas centenárias e bicentenárias merecem ser celebradas. Mas o que conquistaram não precisa ser exclusivo delas. *Qualquer* empresa pode evitar o declínio e se tornar uma marca centenária ou bicentenária. Isso porque um declínio nas vendas não tem relação com a idade da marca. Mas tem tudo a ver com o acúmulo de associações negativas que as sobrecarregam e as impedem de crescer.

Como a teoria do ciclo de vida errou tanto na compreensão? É fácil entender como os profissionais de marketing tradicionais chegaram a essa conclusão. Como todos os outros princípios de marketing conscientes, a teoria se baseava em observações superficiais.

Claro, se você acompanhar as taxas de crescimento de marcas e produtos ao longo do tempo, encontrará uma desaceleração, que é o que os defensores do ciclo de vida viram à medida que as marcas envelheciam. Mas essa não é a história completa. O que eles observaram foi uma *correlação*, não uma causalidade. O crescimento lento não é devido à idade da marca, e sim resultado da perda de relevância. Sem que os líderes empresariais saibam, associações negativas se acumulam na mente dos concorrentes e dos não usuários, tornando-os pouco receptivos aos esforços de marketing. Os líderes não percebem que essas associações negativas estão corroendo o crescimento da marca porque não as estão monitorando. Embora alguns profissionais de marketing acreditem que uma marca possa estender o ciclo de vida ao adicionar novos usos ou lançar extensões de linha, eles não reconhecem o impacto das associações negativas que sobrecarregam as marcas. Quando se está ciente dessas lembranças negativas acumuladas, você tem o poder de mudar a forma do seu ciclo de vida.

Marcas centenárias e bicentenárias continuam a crescer porque, assim como o Walmart, eliminam associações negativas assim que surgem. Elas não ficam esperando que elas desapareçam. Em vez disso, adicionam novas associações positivas para sobrecarregar as negativas e sempre se ajustam aos ambientes sociais e culturais em mudança enquanto mantêm suas raízes. Parece difícil? Só é difícil se você não estiver monitorando a mente inconsciente. Como discutido, quando associações negativas se acumulam nas vias do cérebro, o conectoma se torna mais negativo do que positivo. Isso torna mais difícil converter novos clientes e o crescimento desacelera. Como você já sabe a essa altura, associações negativas devem ser removidas assim que se tornam parte da marca;

se isso não for feito, elas se tornam cada vez mais pesadas e difíceis de eliminar, como folhas mortas consumindo uma árvore.

Assim como o funil não reflete o modo como as marcas crescem na mente, a curva do ciclo de vida não reflete como amadurecem ao longo do tempo. Sua marca pode continuar a viver, crescer e amadurecer continuamente, conquistando clientes e criando uma entrada domiciliar contínua. Com tal longevidade e crescimento, você de fato ganha a vantagem instintiva. Mas, se falhar em eliminar associações negativas, acabará descendo pelo lado mais íngreme da curva do ciclo de vida. A boa notícia é que você pode evitar esse destino prematuro. As pessoas não podem viver para sempre, mas sua marca pode.

REVOLUCIONÁRIOS *VERSUS* TRADICIONALISTAS

Sem continuamente ajustar sua marca para corresponder ao ambiente e às necessidades dos clientes em mudança, ela perderá relevância e saliência. Mas saber quanto mudar (ou o que mudar e o que não mudar) é a diferença entre sucesso e fracasso. A regra de ouro é mudar o mínimo possível. Por exemplo, em vez de abandonar um ativo de diferenciação de marca quando ele envelhece, devemos incutir nele associações adicionais e novos significados. Mantenha os principais fatores que atraem os usuários atuais enquanto adiciona novas associações positivas necessárias para converter o público-alvo almejado para a marca. E, claro, não mude as coisas apenas por mudar. Mudanças devem ser feitas com base no que está afastando o público-alvo almejado; a remoção permite que ele se converta para sua marca. Em resumo, a marca precisa continuar a mesma. Se mudar seu posicionamento central, as pessoas não vão reconhecê-la. Pior ainda, você começará a perder autenticidade, algo que os consumidores percebem a mais de um quilômetro de distância.

Infelizmente, muitas empresas tendem a não se preocupar ao alterar o posicionamento, a mensagem, os ativos de diferenciação de marca e os logotipos, e, como resultado, é comum perderem o significado da marca e, às vezes, a própria identidade. Na tentativa de intencionalmente melhorar a marca e mantê-la fresca e empolgante, acabam prejudicando-a. Chamamos esses tipos de empresa de "revolucionários". Elas sofrem de viés de otimismo. Ficam entusiasmadas demais com uma nova aparência, ideia ou tendência, muitas vezes se deixando convencer pelo que alguém lhes diz ser moderno e inovador. Como resultado, com frequência alteram o que suas marcas representam.

São essas empresas que mergulham de cabeça em um mar de mudanças sem reconhecer o que está sob as ondas (a ressaca que pode arrastar as marcas para longe, fazendo com que se percam no mar e afundem). Mudar demais não só dificulta para os que já são clientes encontrem sua marca (o que, como no caso da Tropicana, pode torná-la irreconhecível), como também pode fazer com que se sintam abandonados. Seu trabalho como proprietário da marca é proteger os significados implícitos e os ativos que residem nas lembranças dos clientes atuais, e preservar o papel deles na tomada de decisões. Sem os guias vitais, a marca perde a essência, além dos clientes atuais.

A Meta, anteriormente Facebook, é um exemplo de marca que caiu nessa armadilha de mudança, parecendo compensar em excesso por um crescente interesse em tecnologia, Internet e realidade virtual. Em 2021, o fundador e CEO Mark Zuckerberg anunciou que o Facebook mudaria o nome para Meta, refletindo como a empresa planejava voltar sua atenção para o "metaverso" nos anos seguintes. Se você estava acompanhando as notícias e ficou de queixo caído com esse reposicionamento, não estava sozinho. Conforme relatado pela *Forbes*, Kirsten Martin, professora de ética em tecnologia no Mendoza College of Business da Universidade de Notre Dame, respondeu à mudança de nome com uma crítica contundente: "Os executivos do Facebook não se mostraram confiáveis com seus produtos no mundo real, então não está claro por que deveríamos confiar neles em um mundo virtual." A despeito das críticas, é mais provável que a maioria das pessoas, incluindo os usuários do Facebook, estivesse se perguntando: "O que é o metaverso?" E muitos ainda estão.

Embora as descrições variem, o básico do metaverso envolve um mundo digital on-line ampliado pela realidade virtual, tão cativante que os usuários quase não conseguem separá-lo do mundo real. Alguns analistas estimam que o investimento da Meta para desenvolver e entrar no metaverso, começando com uma plataforma social de VR (sigla em inglês para realidade virtual), tenha sido de cerca de 5 bilhões de dólares. Em 2023, bilhões haviam sido gastos, mas o metaverso estava longe de se tornar uma realidade. O tempo dirá, é claro, mas à medida que o ChatGPT e o interesse em IA explodiram naquele mesmo ano, o metaverso parece ter sido deixado de lado por um novo desenvolvimento tecnológico muito mais tangível.

Embora possam argumentar que esse interesse seja resultado da distração causada pela "novidade bombástica", o que realmente aconteceu é que Zuckerberg apostou na revolução em vez de na evolução. Se tivesse conseguido manter a marca Facebook mais diretamente associada ao conceito de metaverso, talvez pudesse ter fortalecido ainda mais o conectoma da marca, ampliando-o e introduzindo nele uma nova e empolgante dimensão. Ele poderia ter aproveitado as associações positivas do Facebook em torno de amizade, comunidade local e conexão enquanto adicionava as associações de alta tecnologia da Meta para criar um conectoma mais equilibrado (as maravilhas do universo virtual tecnológico enraizadas na humanidade com o conforto de amigos e familiares que você já conhece). No estado atual, o metaverso pode desaparecer antes mesmo de decolar.

Enquanto revolucionar uma marca é um dos meios mais rápidos de destruí-la, ir ao outro extremo é tão perigoso quanto. Empresas desse tipo (vamos chamá-las de "tradicionalistas") tendem a se apegar rigidamente ao posicionamento passado com medo de se desviar dele de qualquer forma ou de adicionar novas dimensões. Os tradicionalistas se dedicam aos clientes principais acreditando que o valor da marca está enraizado na mente das pessoas, imutável, e, portanto, não pode, e não deve, ser alterado. Mas, enquanto esses líderes enfatizam o "verdadeiro DNA" da marca, em geral têm poucas provas de que isso de fato está mantendo os consumidores fiéis ou é eficaz em atrair novos usuários.

Se você é tradicionalista, não irá alterar em nada a marca com medo de se desviar do que ela originalmente representava. Como uma leoa cuidando dos filhotes, as empresas tradicionalistas protegem o que *acreditam* ser seu DNA de marca a todo custo, muitas vezes sem saber de verdade como ela é percebida na mente das pessoas. Quando levada ao extremo, essa mentalidade pode criar uma estagnação porque os líderes estão muito focados em clientes atuais e em como vão se posicionar. Eles sentem que qualquer coisa que façam para levar a marca para novos clientes pode prejudicá-la na mente dos clientes atuais, então se recusam a alterar o mínimo que seja, mesmo que esta tenha se tornado irrelevante. Os profissionais de marketing tradicionalistas também acreditam que uma marca só pode representar uma coisa, e não entendem como é possível transmitir novas mensagens sem perder a identidade atual. Essa abordagem leva à rigidez, o que é semelhante a uma árvore que permanece imóvel no caminho de um tornado.

Então, embora você não deva querer uma marca que oscile com cada capricho cultural, também não deve desejar uma marca imutável. Em vez de optar pela revolução ou inércia, o objetivo que deve buscar é a evolução contínua. Um equilíbrio entre permanecer fiel à identidade e aos valores centrais e evoluir com a passagem do tempo. Em contraste com os tradicionalistas e revolucionários, chamamos essas marcas de "evolucionistas". Na continuidade da mudança, a evolução se situa no ponto "certeiro" entre revolução e inércia. Se mudar só um pouquinho, os potenciais clientes com barreiras implícitas sobre a marca não terão razão para se aproximar. Se mudar demais (virando tudo de cabeça para baixo), pode fazer com que perca a autenticidade e se torne irreconhecível para os clientes atuais, o que quase sempre faz com que se afastem. Para atrair o público-alvo almejado, a marca deve manter as associações positivas pelas quais é conhecida enquanto evolui gradual e continuamente para remover as barreiras que estão no caminho.

UMA FÓRMULA PARA CRESCIMENTO E EVOLUÇÃO CONTÍNUOS

A evolução se resume a cuidar do conectoma para que a marca permaneça fresca, nova e vibrante. Embora as marcas não envelheçam intrinsecamente, elas podem se tornar insalubres se não estivermos atentos. Manter a saúde e o bem-estar da marca, portanto, requer vigilância constante. Se cuidar disso a cada passo, ela terá a oportunidade de continuar se desenvolvendo, evoluindo e prosperando, chegando à imortalidade. Felizmente, esse processo não é um jogo de adivinhação. Existe uma fórmula simples e comprovada para ajudar a dar nova vida à marca ao longo das eras em constante mudança: "Mantenha, Pare, Adicione".

MANTENHA: Reforce associações positivas. Assim como é necessário exercitar o cérebro e músculos para mantê-los fortes, também é preciso continuar "trabalhando" a estrutura de memória da sua marca para mantê-la saudável e em forma. Deve-se *manter* as associações positivas já existentes entre os usuários atuais e os não usuários. Não dá para achar que todos conhecem sua marca ou o que ela representa. Pelo contrário, é preciso ter a crença de que os não usuários não sabem *nada* a seu respeito. Fazer isso (por exemplo, os benefícios, expertise, história de fundação e ativos de diferenciação de marca) permite expandir o conectoma com clientes em potencial, incluindo as novas gerações que não cresceram com sua marca. Reforçá-las também é crucial para garantir que aqueles que já são clientes permaneçam fiéis enquanto você está evoluindo a marca. Em suma, o que é usado não se perde. Se você aprendeu a tocar piano quando criança, mas depois não praticou por vinte anos, quando voltar a tocar, é provável que esteja desajeitado. As conexões nas suas vias neurais que antes permitiam ao cérebro decifrar partituras e enviar mensagens para seus dedos sobre como e onde se mover terão enfraquecido ou desaparecido por completo. O mesmo acontece com as associações positivas de uma marca.

PARE: Erradique associações negativas. Você precisa *impedir* qualquer associação negativa de se acumular. Caso contrário, elas se transformarão em barreiras que impossibilitam novos clientes de se converterem à marca. Mas, para fazer isso, é necessário descobrir *quais são* elas. Você não descobrirá isso com pesquisas tradicionais ou pesquisas baseadas em atributos. Claro, identificar as barreiras *conscientes* da marca dessa forma (por exemplo, artificialidade em categorias de alimentos e bebidas) é uma possibilidade, mas talvez tais barreiras já sejam conhecidas. As associações negativas são aquelas que não são *conhecidas* e que surgem organicamente ao longo do tempo. Elas são sutis, muitas vezes baseadas em imagens ou persona, e só podem ser descobertas por intermédio de pesquisas implícitas. Esse tipo de trabalho revela as conexões cognitivas frequentemente equivocadas que as pessoas fizeram sobre a marca, uma narrativa negativa que você nunca poderia ter imaginado. Esse conhecimento é empoderador. Afinal, como podemos criar uma estratégia sem sabermos contra o que estamos lutando? Ao cessar qualquer comunicação que possa estar inadvertidamente reforçando uma associação negativa e substituí-la por associações positivas, o público pode se concentrar no que de fato importa: as maravilhas da marca. Assim como cortar alimentos gordurosos ou parar de fumar ajudam a melhorar a saúde física, eliminar associações negativas melhora a saúde da marca. Sem elas, você prepara o terreno para que as positivas floresçam.

ADICIONE: Construa Gatilhos de Crescimento. Reforçar as associações positivas já existentes e sobrecarregar as negativas com positivas, só o leva até certo ponto. É aí que entra o "adicione". Para evoluir com constância, deve-se *adicionar* novas associações positivas de que o público-alvo precisa para começar a aderir a ela. Gatilhos de Crescimento são o meio mais rápido de fazer isso. É como dar uma dose de B12 à marca, preenchendo-a com vigor, vitalidade e uma nova vida. Como discutido, esses atalhos cognitivos sobrecarregam os conectomas dos clientes em potencial com associações positivas que fazem o Conectoma de Marca crescer e se tornar mais saliente. Assim como superalimentos, os atalhos (como a montanha coberta de neve na categoria de garrafa de água, um ovo fresco para um café da manhã rápido ou o pai cuidando de um bebê para um xampu infantil) estão repletos de nutrientes que fazem o cérebro prosperar. Quando você os adiciona ao Conectoma de Marca já existente, tais gatilhos fazem com que novos caminhos se desenvolvam, rapidamente aumentando a presença física da marca na mente dos clientes em potencial.

"Mantenha, Pare, Adicione" é o novo mantra que as empresas devem seguir para manter suas marcas saudáveis, tanto no curto quanto no longo prazo. Ao reforçar as associações positivas que as pessoas já valorizam (Mantenha), eliminar as negativas (Pare) e adicionar novas de que os clientes em potencial precisam para se converter (Adicione), é possível impulsionar a entrada domiciliar enquanto reduz a evasão de clientes (uma receita infalível para crescimento acelerado). Esse processo (aprender a superar as barreiras mentais de novos clientes enquanto mantém os atuais) tem um bônus maravilhoso: força você a continuar evoluindo e a elevar o padrão da empresa. Nesse sentido, "Mantenha, Pare, Adicione" exige que se encontre um equilíbrio entre associações antigas e novas, assim como as marcas centenárias mais bem-sucedidas conseguiram fazer.

A Procter & Gamble é um bom exemplo disso. Os profissionais de marketing dela são protetores quanto aos valores de marca (como a Tide, Charmin e Bounty), mas com frequência atualizam as mensagens e imagens da empresa, e inovam para atender às tendências de consumo em mudança, enquanto mantêm os ativos de diferenciação de marca que historicamente construíram as empresas. Apesar de poderem fazer mais para atrair certos segmentos de clientes, como representantes familiares *millennials* e consumidores de produtos naturais, eles continuam cultivando o próprio portfólio de valiosos Conectomas de Marca. Para uma empresa fundada em 1837 como fabricante de sabões e velas, ela manteve uma relevância incrível por gerações de consumidores, contribuindo para uma receita de quase 81 bilhões de dólares em 2023, um aumento de 3,5% desde 2022.

As marcas que resistem ao teste do tempo reforçam as lembranças e associações fortes e as incorporam no conectoma que reside na mente dos consumidores, ao mesmo tempo que adicionam novas associações positivas. É por isso que, por exemplo, a marca de papel higiênico da P&G, Charmin, e duas de suas submarcas (Charmin Ultra Soft e Charmin Ultra Strong) ainda estão entre os dez papéis higiênicos mais vendidos nos Estados Unidos, e a Bounty continua sendo a número um em papéis-toalha. Muitos consumidores podem nem mesmo saber que a P&G é proprietária dessas marcas, mas estão intimamente familiarizados com os produtos mais vendidos devido a seu tamanho e sua saliência em *todas* as mentes, e não apenas em algumas. Essa universalidade não ocorre por acaso; é o resultado de educar com constância as novas gerações de consumidores no que se refere aos benefícios e à expertise das marcas, e de crescer perpetuamente seus conectomas para que continuem adicionando anos à vida delas.

A ATROFIA DIGITAL DAS MARCAS

Assim como associações negativas, existe outra força oculta que está erodindo a saúde das marcas. E trata-se de um produto do mundo digital de hoje, no qual o conteúdo se tornou o rei. As marcas hoje sentem a necessidade de se engajarem em um diálogo 24 horas por dia, sete dias por semana, com o público do outro lado das telas. Devido à enorme quantidade de conteúdo que produzem, e ao curto prazo em que podem desenvolvê-lo de forma estratégica, as marcas acabam se afastando da mensagem e posicionamento centrais, perdendo o componente "mantenha" da fórmula. Na tentativa de dizer algo novo todos os dias, o benefício e a expertise podem acabar se diluindo ou se tornando turvos à medida que o público recebe informações tangenciais a respeito da marca. Algumas mensagens chegam até a se contradizerem. Essa fragmentação digital, e a dispersão da mensagem por meio dos canais, destrói uma identidade de marca coesa e leva ao que chamo de "atrofia digital".

Quanto mais dissipada a identidade se torna na mente dos consumidores, mais a participação mental da marca gradualmente se desvanece. Isso não é uma mera preocupação com a saúde da marca; é uma questão crítica de negócios. A dissipação e a desintegração das associações estão diretamente ligadas à queda no crescimento da receita e na participação de mercado. Embora esse fenômeno existisse antes do século XXI, ele aumentou, e muito, com o advento da Web 2.0, um ambiente em que a segmentação de audiência e a fragmentação de plataformas fazem com que as pessoas recebam mensagens muito diferentes o dia todo. Com tantas mensagens circulando em diferentes sites, aplicativos e plataformas de redes sociais, as empresas estão perdendo a capacidade de criar comunicações consistentes e conexões eficazes com os consumidores.

De todos os problemas que podem prejudicar o crescimento da marca, a atrofia digital pode ser a mais vital, já que representa a maior ameaça à longevidade. Uma marca saudável é convergente. Quando começa a significar coisas diferentes para pessoas diferentes, ela para de ser uma marca. Em 2003, as receitas de publicidade digital eram de apenas 7,3 bilhões de dólares. Faz sentido. As pessoas estavam começando a se conectar on-line, e a revolução digital estava em andamento. Em pouco tempo, a Internet mudaria a forma como vivemos no dia a dia, desde o trabalho até o modo de nos comunicarmos, o comércio e todas as áreas intermediárias. Não é de se admirar que, até 2021, a receita tenha dramaticamente aumentado para 189,3 bilhões de dólares. Hoje, 56% dos orçamentos de marketing são dedicados a canais digitais. Não há nada errado com essa evolução, afinal vivemos em um mundo avançado no quesito tecnologia, o qual está se tornando cada vez mais digital. Mas esses avanços também levaram à fragmentação em como disseminamos e consumimos informações.

Há trinta anos, todos nos sentávamos na sala de estar, assistíamos aos mesmos sete canais de TV que nossos vizinhos, pessoas do outro lado da cidade ou em outro município ou estado estavam assistindo. Essa existência compartilhada levava a uma referência em comum e a valores compartilhados no que se tratava de notícias, entretenimento e informações em geral. Todos nós víamos os mesmos comerciais de trinta segundos, os mesmos programas, as mesmas programações noturnas. Era como se estivéssemos de mãos dadas por todo o país, talvez não exatamente cantando "Kumbaya",* mas geralmente em acordo quanto à realidade. Vivíamos em um mundo linear. Isso tudo acabou.

Com um dispositivo digital em cada mão, tornamo-nos saturados por milhares de mensagens, recebidas em diferentes momentos e por meio de diferentes veículos. Hoje em dia, podemos até ver uma mensagem personalizada criada para nós em especial. A gera-

---

* "Kumbaya" é uma canção espiritual afro-americana do povo Gullah que vive principalmente nas ilhas ao largo da Carolina do Sul e da Geórgia. Além de se tornar uma canção padrão em acampamentos de escoteiros e de verão, alcançou ainda mais popularidade durante o renascimento folk das décadas de 1950 e 1960.

ção de criação de conteúdo está em um ciclo interminável, tão contínuo que as marcas se sentem obrigadas a tentar engajar todos os dias para não serem deixadas de fora da roda de conversa. Elas estão com um caso grave de FOMO em marketing. Na tentativa de manter esse diálogo quase eterno, agarram-se a qualquer coisa, buscando dizer algo (*qualquer coisa*) para se conectarem, muitas vezes se afastando da mensagem real que a marca quer passar. Os consumidores acabam recebendo mensagens que só estão tangencialmente relacionadas, se é que se relacionam, aos benefícios e às capacidades da marca. O resultado? Os consumidores não entendem o que a marca representa ou como funciona, têm dificuldade em reconhecer o diferencial dela e carecem de um senso claro de quando a usar.

No processo, as equipes de criação ficam sobrecarregadas, produzindo o máximo que podem. Michael Farmer, presidente e CEO de consultoria estratégica da Farmer & Company e ex-parceiro da Bain, explica que, em 1992, cinquenta colaboradores da área de criação de uma agência de publicidade (que era cliente de Michael) completaram 380 entregas criativas e estratégicas, todas elas sendo trabalhos originais. Isso significa cerca de 7,6 entregas por colaborador por ano. Vinte e cinco anos depois, em 2017, em um escritório semelhante na mesma agência, cinquenta colaboradores completaram 15 mil entregas, das quais 13 mil eram "adaptações" de trabalhos desenvolvidos anteriormente. A carga de trabalho havia explodido para trezentas entregas por colaborador ao ano, abrangendo plataformas de mídia e incluindo postagens em redes sociais, anúncios digitais, e-mails em massa e muito mais.

Com esse nível de demanda por projetos, a quantidade de reflexão que pode ser dedicada a cada peça de conteúdo é, por necessidade, mínima, o que força os colaboradores de criação e as marcas a basicamente lançarem o máximo possível de coisas e ver o que funciona. Em vez de perguntar "O que precisamos fazer para avançar com a marca?", você é forçado a perguntar "O que precisamos fazer para que todas essas peças estejam no ar?". Assim como o personagem de Lucille Ball, em *I Love Lucy*, os profissionais de marketing e as equipes de criação estão lutando para se manterem de pé no ritmo que as coisas andam, disparando posts, como se fossem chocolates, a toda velocidade. O processo se tornou uma linha de montagem cujo foco é a produção, fazendo com que poucas mensagens efetivamente fiquem na memória dos consumidores.

É óbvio que essa abordagem não vai levar a uma identidade de marca coesa (é impossível, simples assim). Quando se está tentando criar o próximo post *ad nauseam*, as informações compartilhadas podem acabar não criando nada além de uma conexão tênue com o produto ou serviço. Como jogar uma pedra em um lago, à medida que os círculos concêntricos se expandem, você se afasta cada vez mais do centro da marca e aos poucos vai se desviando da sua origem. As mensagens-chave, benefícios e "razões para acreditar" (a substância por trás do motivo pelo qual os clientes devem confiar nas promessas da marca) começam a falhar, ou se tornam obscuras enquanto você tenta manter a linha de montagem em funcionamento. Sem uma mensagem unificada e clara entrando na estrutura de memória dos consumidores, as pessoas criam *as próprias* histórias sobre a marca, o que provoca equívocos.

O conectoma pode estar se formando, mas é mais provável que seja baseado na interpretação dos consumidores, e muito menos nas associações positivas específicas e na imagem que a empresa pretende transmitir. Uma meta-análise de marcas da Fortune 500 em diferentes setores ao longo da última década mostra que os

Conectomas de Marca estão cada vez mais sendo superados pelas narrativas próprias dos consumidores, muitas vezes falsas, que eles mesmos criaram. Como as pessoas não estão recebendo mensagens consistentes sobre o que as marcas representam, elas conectam os pontos por conta própria, chegando a conclusões erradas na maioria das vezes. Os ativos de diferenciação de marca, a imagem dela e a expertise são menos propensos a serem retidos ou compreendidos. A razão para isso é simples: como os líderes de marca estão fragmentando narrativa e imagem por intermédio dos canais, o marketing deles não tem sido eficaz.

As marcas precisam garantir que as mensagens tidas na mente dos consumidores sejam aquelas que de fato desejam transmitir. Para isso, precisam de mais do que um manual da marca. É necessário desenvolver um conjunto mais rigoroso de diretrizes para determinar quais mensagens, Gatilhos de Crescimento, associações e ativos de diferenciação reforçam o que elas representam ou não. Ao criar um portfólio de mensagens, Gatilhos de Crescimento, associações e DBAs previamente aprovados, você terá toda a marca sob seu domínio, e será menos provável de sair do caminho certo. Os profissionais de marketing e anunciantes costumam dizer "Me dê a liberdade de um briefing preciso", e este caso não é exceção. Quanto mais preciso for, mais provável é que sua marca permaneça transmitindo a mensagem certa enquanto permite espaço para a criatividade dentro dessas diretrizes. Seja uma empresa de uma pessoa só ou um conglomerado multinacional, ou se seu negócio é um disruptor digital ou uma marca tradicional, essas diretrizes apoiam o processo "Mantenha, Pare, Adicione" de evolução e crescimento contínuos da marca. Nunca é tarde demais. Ao criar e seguir as diretrizes certas é possível revitalizar e aumentar a longevidade de qualquer marca, não importando sua idade.

O EFEITO DE RECUPERAÇÃO DAS MARCAS HERDADAS

Talvez a melhor notícia sobre a vida útil das marcas seja a promessa de uma segunda chance (a promessa de reabilitação). Mesmo que tenha cometido alguns erros e deixado o legado negligenciado por um tempo, ela ainda pode reverter a situação e retomar a trajetória ascendente. Marcas herdadas, em particular, têm a capacidade de recuperar o crescimento de forma rápida devido à rede bem estabelecida de lembranças acumuladas. Chamamos essa habilidade de "efeito de recuperação". Mas isso não é o que você ouvirá de uma gama de especialistas em negócios que afirmam que marcas herdadas são antigas, ultrapassadas, e que não se deve investir nelas porque nunca vão proporcionar um crescimento significativo. Como resultado, até mesmo marcas grandes e lucrativas, que existem há muito tempo, perdem a prioridade nos portfólios das empresas enquanto as mais jovens recebem mais foco e recursos. Agora, se a marca menor está em uma categoria de alto crescimento ou possui um diferencial significativo, essa estratégia pode fazer sentido. Mas, se não for o caso, uma marca herdada não precisa ser descartada (nem deveria ser).

Na verdade, embora todas as marcas possam vivenciar um *comeback*, isso é mais difícil para marcas menores ou mais recentes, pois não estão implantadas com tanta firmeza na mente das pessoas. Marcas herdadas têm uma grande vantagem, pois possuem décadas de lembranças acumuladas e um Conectoma de Marca estabelecido na mente do público. Notavelmente, mesmo que algumas dessas associações sejam negativas, a rede neural é tão extensa e consolidada que, se associações positivas suficientes forem adicionadas, a marca pode sair da estagnação ou declínio. Suas raízes muitíssimo profundas tiveram anos para crescer e se aprofundar no cérebro do público. É como quando uma planta fica sem água por um tempo e começa a parecer murcha e sem vida. Assim que é regada, as raízes absorvem a umidade, as folhas se erguem e a planta volta à vida.

Tomemos o desodorante Old Spice e os produtos de cuidados masculinos como exemplo. Em 1937, William Lightfoot Schultz, fundador da Shulton Company, lançou o Early American Old Spice, uma fragrância para mulheres inspirada no pot-pourri da mãe dele. No ano seguinte, foi lançada uma linha Old Spice para homens, incluindo loção pós-barba e sabonete de barbear, com a mesma fragrância original que é usada ainda hoje. Tanto a marca masculina quanto a feminina incluíam imagens de navios coloniais, que se tornariam um símbolo característico e um ativo de diferenciação de marca reconhecidos, mesmo quando a linha masculina acabou canibalizando a feminina e solidificando a identidade da Old Spice.

Na década de 1970, a abordagem de marketing deles enfocava temas tradicionais de masculinidade, e os personagens refletiam isso. Em um comercial de 1972, um marinheiro bonito e um tanto rústico desembarca de um navio no porto com uma mochila na mão e caminha pelas ruas de São Francisco, logo então jogando um frasco de loção pós-barba em forma de boia para um homem sem camisa em uma janela que parece ter acabado de sair do banho. A companheira aprova enquanto o homem aplica o produto no rosto. "Acorde com Old Spice e sinta o frescor do mar aberto", diz o narrador, até que a tela corta para o mesmo marinheiro, caminhando por uma estrada rural em direção a uma fazenda com uma música country tocando ao fundo. Ao cruzar o caminho de um caubói, ele joga outro frasco: "Acorde com Old Spice. Sinta o spray no rosto e o vento nas costas."

As associações com a masculinidade rústica permaneceram à medida que a marca introduziu novos produtos, incluindo desodorante, colônia e sabonete líquido (um dos primeiros para homens), até que a Old Spice foi comprada pela P&G em 1990. Com o apoio da P&G, a marca prosperou por um tempo, mas havia um público-alvo que não estava sendo atingido de jeito algum: os homens jovens. Nos anos 2000, isso começou a prejudicar a marca, já que a Old Spice começou a perder participação no mercado, em especial para marcas mais jovens, como a Axe. O motivo era óbvio: os consumidores mais jovens viam a Old Spice como algo que pais e avôs usavam. A marca parecia ultrapassada, *old* (isso até estava no nome!), enquanto empresas como a Axe (que passou a ser introduzida nos Estados Unidos em 2002) davam uma sensação de juventude, de frescor, e de que era recém-chegada ao século XXI. Caubóis e marinheiros de estilo clássico não só eram de uma era passada, mas de outro milênio; por extensão, isso também valia para a Old Spice. Essa associação negativa era indireta, e é provável que tenha se infiltrado sem muita atenção até que fosse tarde demais.

Ou era o que parecia.

Surge, então, o salvador da marca: o Old Spice Guy. Interpretado pelo ator e ex-jogador de futebol americano Isaiah Mustafa, o Old Spice Guy apareceu em um comercial de 2010 ("The Man Your Man Could Smell Like"), que estreou durante o Super Bowl daquele ano. Foi um sucesso instantâneo. Embora mantivesse um pouco da arrogância masculina apresentada no antigo comercial quase quarenta anos antes, o anúncio estava longe de ser antiquado. Era um comercial irreverente de trinta segundos que, além de brincar um pouco com a imagem ultrapassada da marca, também conversava com um novo público: as mulheres.

A agência de publicidade Wieden+Kennedy, que produziu a campanha, percebeu que 60% dos sabonetes líquidos eram comprados por mulheres, presumivelmente para os homens na vida delas. "The Man Your Man Could Smell Like" convidava as espectadoras a olharem para o malhado e sem camisa Isaiah Mustafa na tela (saindo do chuveiro, em um grande veleiro, montado a um cavalo branco na praia), e depois para o homem sentado ao lado delas. O personagem de Mustafa apontava que, embora o homem delas não fosse o ex-jogador, pelo menos poderia cheirar como ele se usasse Old Spice, em vez de cheirar a "sabonete líquido de lady".

O comercial fez barulho com o público e revitalizou a marca. Na verdade, tornou-se viral, alcançando 40 milhões de visualizações na primeira semana. A conta do Twitter (atual X) da Old Spice teve um aumento de 2.700% no número de seguidores, o canal no YouTube se tornou temporariamente o mais visualizado de todos os tempos e o tráfego no site da marca aumentou em 300%. Embora a empresa tivesse estabelecido a meta de aumentar as vendas de seu sabonete líquido em 15% entre fevereiro, quando o anúncio foi ao ar pela primeira vez, e maio, o sabonete líquido Old Spice Red Zone teve um aumento de 60% nas vendas em comparação com o ano anterior. As vendas dobraram até julho, e o produto se tornou o sabonete líquido masculino mais vendido do mercado.

O comercial usou do humor não apenas para provocar uma risada rápida, como também para reforçar o benefício de cheirar bem para quem está ao seu lado, enquanto mantinha imagens relacionadas ao tema marítimo de longa data. Mas ele também acompanhou os tempos, criando então relevância cultural. O anúncio se afastou dos personagens rígidos que se levavam muito a sério (como mostrado no comercial de 1972), substituindo-os por um porta-voz sexy e irônico que promovia que todos estivessem cheirosos para as parceiras, e não apenas depois de sair do porto. Tudo no comercial era engraçado, até emocionante, e ainda destacava a eficácia do produto. Com um conectoma de quase 75 anos na época, a Old Spice foi capaz de se livrar da imagem antiga e das associações negativas enquanto incluía novas associações positivas que criariam raízes na mente do público. Um exemplo clássico do processo "Mantenha, Pare, Adicione" que levou à revitalização da marca e ao crescimento contínuo e bem-sucedido.

Mesmo com esse sucesso, entretanto, a Old Spice não pode ficar parada. A mesma mensagem que funcionou em 2010 pareceria desatualizada em 2024. Embora o posicionamento central da marca deva permanecer o mesmo, a mensagem específica deve evoluir para manter a relevância cultural. Hoje, a empresa desenvolveu uma nova abordagem. Os comerciais "Men Have Skin Too" mostram Deon Cole repreendendo a parceira romântica, interpretada por Gabrielle Dennis, por usar seu sabonete líquido Old Spice porque ela gosta da pele macia e da fragrância que o produto proporciona. Por que ela não deveria usá-lo? A associação implícita é que mulheres podem fazer qualquer coisa que homens podem, e o cheiro e o conforto do sabonete líquido são para todos.

Não deixe ninguém lhe dizer que o declínio é inevitável. Trata-se de uma atitude derrotista baseada em uma suposição imprecisa. Como provado pelas marcas centenárias e bicentenárias, e por aquelas que estão a caminho de alcançar esses marcos, a maturidade não é o fim. É apenas uma questão de monitorar a mente inconsciente dos clientes em potencial e antecipar quaisquer narrativas falsas; ao fazer isso, é possível ganhar a vantagem instintiva. Se cuidar do seu conectoma (mantendo as associações positivas já existentes, eliminando as negativas e adicionando novas positivas), ninguém poderá impedir que a marca cresça bem acima das demais, e por muitos anos. Lembre-se: as árvores mais antigas na natureza têm mais de 4 mil anos. Se tratar sua marca direitinho e continuar nutrindo o crescimento dela, não há razão para que ela não viva para sempre.

CONCLUSÃO

Um diretor de marketing de uma empresa da Fortune 500 recentemente procurou a Triggers para discutir uma marca de barras de cereal saudáveis que vinha apresentando um desempenho abaixo do esperado na última década (uma queda de 6% durante os últimos dez anos). O diretor havia sido contratado de outra grande empresa na tentativa de revitalizar a marca e levar o crescimento do vermelho para o azul. Conhecido por ter um "toque de Midas", tudo com o que ele trabalhara em empresas anteriores transformara-se em ouro. Mas este negócio em específico estava se mostrando mais difícil do que jamais esperara.

Ele explicou que a empresa havia passado por toda uma campanha de *rebranding*, baseada nas recomendações de uma grande firma de consultoria de gestão. A campanha destacava o aspecto de "saudável e delicioso" da barrinha. Na cabeça dele, estava perfeita. Com uma tendência aparentemente crescente para tudo que é natural e orgânico (produtos de limpeza e sabonetes, cuidados pessoais, alimentos e bebidas), "saudável" era a afirmação no patamar mais alto que poderiam fazer, alinhada com os gostos e as preferências atuais. Antes do lançamento, a publicidade havia passado por um teste quantitativo que contou com vários grupos focais, resultando em uma aprovação, a qual foi compartilhada com o diretor de marketing e outros executivos da empresa. Mas a campanha estava em andamento havia meses, e o negócio ainda andava perdendo participação de mercado.

Conclusão

Logo de cara nós identificamos o problema e, agora que você leu este livro, aposto que também o vê. Esse único fator não era forte o suficiente por si só, e é provável que os potenciais clientes carregassem algumas associações negativas implícitas que a empresa de consultoria não havia percebido. Foi exatamente isso que nosso trabalho revelou. Barreiras implícitas haviam se formado na mente dos consumidores em potencial ao longo dos anos: falta de autenticidade e de inspiração, insípido, pouco ousado e com ocasiões de uso percebidas como limitadas. Também descobrimos três fatores que, trabalhando em conjunto, removiam tais barreiras: "naturalmente deliciosa", um método patenteado de moagem para o grão integral, e as raízes da marca no mercado de agricultores. "Naturalmente deliciosa", em combinação com uma imagem colorida e vibrante de frutas, criou uma empolgação para sentir o sabor, o que tratou da personalidade sem inspiração e insípida. O método patenteado de moagem que preservava mais do germe (a parte nutricionalmente poderosa do grão integral) forneceu uma expertise superior e derrubou as barreiras da falta de autenticidade. E o terceiro fator, o humilde começo deles nos movimentados mercados de agricultores do noroeste estadunidense, deu à marca a personalidade distintiva que faltava, criando um lado inspirador para a empresa.

Quando a equipe do diretor de marketing e suas agências de publicidade começaram a incorporar os três fatores na comunicação por intermédio dos canais, a mudança nas vendas foi quase imediata. O diretor ficou bem feliz. Mas não pôde deixar de se perguntar por que uma grande firma de consultoria (que também realizou uma pesquisa significativa com os consumidores para fundamentar as próprias recomendações) chegou a uma conclusão oposta à que tínhamos obtido na Triggers. Era uma ótima pergunta, e eu pude ver por que isso era preocupante.

Os estudos eram muito diferentes tanto em filosofia, metodologia e resultados. A direção estratégica anterior ignorava três princípios críticos para um crescimento sustentável. Primeiro, a recomendação que davam levava a crer que um único benefício poderia impulsionar o crescimento da marca. Mas a ciência mostra que é necessária uma miríade de benefícios e associações positivas para construir saliência. Segundo, o trabalho da firma de consultoria foi desenvolvido com base em pesquisas tradicionais por meio de questionários em que perguntas conscientes eram respondidas pela mente consciente. É fácil obter boas avaliações em resposta a uma lista de atributos, benefícios ou até mesmo conceitos em tais estudos, mas esses resultados muitas vezes não são preditivos de compra. Isso também se aplica aos testes de publicidade. O trabalho da Triggers não apenas capturou as métricas quantitativas tradicionais, mas também identificou as associações positivas e negativas de cada posicionamento e mensagem publicitária que testamos.

Acontece que, embora "saudável e deliciosa" funcione em muitas situações, neste caso específico, na verdade, tinha associações negativas. Como uma das barreiras implícitas era a insipidez, "saudável e deliciosa", na prática, reforçava a ideia de que a barra de cereais não tinha um sabor muito bom. A empresa de consultoria só teria sabido disso monitorando as associações inconscientes dos consumidores. Mas estava concentrando-se em atributos, os quais são métricas unidimensionais e retrospectivas. Associações são a história orgânica e em constante mudança que afetará um negócio no futuro. Adicionar novas associações positivas constrói a estrutura de memória e expande o espaço mental de uma marca. Atributos não fazem isso. Sem entender as associações que a mente inconsciente dos clientes em potencial está fazendo sobre a marca, você tem apenas a primeira metade da história. A segunda metade são as conexões ocultas que o cérebro está fazendo (e essa é a parte que mais importa).

Em terceiro e último lugar, os testes foram realizados com consumidores leais da marca que já eram usuários frequentes. A Triggers identificou as barreiras que impediam os *potenciais* usuários de serem convertidos e construiu o posicionamento para derrubar tais barreiras. Ao adaptar o posicionamento para esses potenciais clientes (um grupo muito maior de usuários, incluindo os ocasionais e os moderados, e não apenas os frequentes), a empresa foi capaz de gerar mais volume de forma eficaz.

Quando ganhamos acessos a associações positivas latentes na mente inconsciente, cortamos conexões prejudiciais e empregamos atalhos cognitivos que estimulam a mente a formar novas conexões, e então podemos mudar o comportamento das pessoas. Ao aumentarmos fisicamente a participação mental, podemos aumentar a participação de mercado, ganhar eleições, converter pessoas para uma causa e criar crescimento contínuo.

Todos nós estamos tentando vender algo (um negócio, um produto, uma causa, um candidato, uma ideia). Cada um de nós é um profissional do marketing à própria maneira. E, se você é como a maioria das pessoas, sente-se frustrado por não progredir tão rápido quanto gostaria. Há um mar de desculpas: não estamos investindo o suficiente em marketing, a economia não está boa, o mercado está muito saturado ou a concorrência está muito acirrada. Mas a verdade é que nenhum desses problemas é o verdadeiro obstáculo. A verdadeira razão é que a maioria de nós está usando um manual antigo, cheio de regras criadas em uma época em que não sabíamos como a mente funciona ou como fazemos escolhas.

As escolhas não são o resultado de uma influência consciente ou de uma persuasão explícita. As decisões não são baseadas em fatos e números, nem são influenciadas por um apelo à lógica ou à emoção. Elas são instintivas, são o resultado das inúmeras memórias e associações armazenadas na mente, afetando o que fazemos todos os dias. Ao compreendermos as regras que governam essa abordagem instintiva para a tomada de decisões, podemos abandonar o manual tradicional e abordar cada desafio e oportunidade com a fórmula certa.

VENCENDO POR MEIO DO PODER DO INSTINTO

Não há pessoas, candidatos políticos ou marcas competindo pelo seu dinheiro ou voto. Existem apenas conectomas flutuantes lutando por dominância no cérebro. A batalha não acontece nas prateleiras ou na cabine de votação, mas na estrutura de memória da mente. Ao longo deste livro, vimos histórias de sucesso tremendo, como Harry Potter, M&M's e CeraVe. Agora você sabe que esses sucessos não foram aberrações ou uma questão de sorte ou acaso. Eles ocorreram porque obtiveram a vantagem instintiva, efetivamente escalando uma vasta rede de lembranças no inconsciente universal. Cada um deles criou uma miríade de conexões, compostas de pontos de contato diversificados e relevantes na vida das pessoas. Mas essas iniciativas bem-sucedidas demonstram que você não pode expandir a marca no mercado até que expanda a presença física dela na mente das pessoas. Para ganhar participação no mercado, é necessário ganhar participação na mente.

Conclusão

Vimos histórias de quedas de empresas como Kohl's, Bed Bath & Beyond e Victoria's Secret, cujos desempenhos empresariais despencaram, pelo que pareceu, do nada. Mas uma análise mais detalhada revela que associações negativas haviam se acumulado ao longo das últimas duas décadas (um vírus crescendo na mente inconsciente que as empresas não estavam monitorando). Os líderes dessas empresas foram pegos de surpresa. Grupos de ativistas e investidores de Wall Street atribuem essas situações à má gestão, o que em parte pode ser verdade. Mas essa é uma análise superficial. Cada uma dessas empresas caiu na Armadilha do Cliente Principal. Elas poderiam ter sido salvas se tivessem priorizado potenciais clientes, em vez de clientes já existentes, e sobrecarregado as associações negativas com positivas.

Nenhum desses problemas empresariais era inevitável. Como mostrado na liderança consciente de Ana na empresa de cosméticos e pelos líderes do McDonald's (cujas marcas também estavam perdendo participação na mente e ganhando associações negativas), a redenção e a revitalização são possíveis se você não demorar para agir. Eles não fizeram isso por meio de magia ou por conta da sorte. Em vez disso, diagnosticaram o que estava acontecendo na mente de clientes em potencial de forma proativa, mudaram de curso rapidamente e reverteram a situação.

Mas o verdadeiro poder do instinto não se trata apenas de estudar sucessos e fracassos passados de outros. Trata-se também da capacidade de criar um sucesso extraordinário por conta própria. Com uma nova visão de mundo, você agora tem a capacidade de diagnosticar o que está prejudicando qualquer marca (seja um negócio, uma organização sem fins lucrativos, uma marca pessoal, um candidato político, um candidato a faculdade ou a carreira de alguém), e tem os princípios para corrigi-lo. Se o crescimento financeiro ou a arrecadação de fundos estagnou, você sabe que talvez tenha um problema de saliência e que existem associações negativas se formando, e que esses fatores o estão impedindo de avançar.

Essa nova perspectiva não começa nem termina no mundo dos negócios. Na próxima eleição, seja para um congressista local ou para o presidente dos Estados Unidos, pense nos conectomas dos candidatos. Você deve ser capaz de prever quais candidatos têm mais chances de ganhar a nomeação do partido com base em quem possui os Conectomas de Marca mais bem-estabelecidos. Um candidato menos conhecido pode surgir e desbancar um outro mais estável? É possível, mas apenas se seguir o manual de Obama. E, da próxima vez que se encontrar em uma discussão acalorada com amigos ou familiares a respeito de política, respire fundo. A pessoa com quem está discutindo não é nem idiota nem má. Ela apenas tem a imagem espelhada dos seus conectomas de esquerda e direita (conectomas que são o oposto dos seus) — com associações positivas onde as suas são negativas, e associações negativas onde as suas são positivas. Também é possível considerar os pontos fortes e fracos das causas sociais e saber como incentivá-las. Ao escolher um lado, reserve um momento para refletir sobre o que, em seu próprio conectoma, fez com que tomasse essa decisão.

Este é o manual para a próxima geração do marketing. Ele revoga as regras antigas, substituindo-as pelas novas regras do instinto baseadas na ciência de como o cérebro funciona. Agora você sabe que ser diferente é mais poderoso do que ser único, que a fantasia triunfa sobre a realidade e que ativos de diferenciação de marca, reforçados por sinais superpotentes, são mais rápidos ao construir a estrutura de memória do que você é capaz de dizer Daniel Kahneman. Você é capaz de questionar teorias tradicionais, como o ciclo de vida do produto, a segmentação e o funil, porque elas vão contra a forma como o cérebro realmente funciona. O que vemos não é o que de fato ocorre. A verdade por trás das decisões das pessoas não é a ponta do iceberg, e sim o que está abaixo da linha-d'água, na estrutura física da memória. Em vez de bombardear informações, discutir ou incentivar alguém, é possível se afastar da persuasão consciente e concentrar-se em como as pessoas fazem escolhas de verdade. Pense nisso como um processo de tornar o invisível visível, mergulhando abaixo da superfície para inspecionar aquele imenso iceberg e expor as verdadeiras alavancas das decisões das pessoas.

Se os resultados da empresa ou organização estiverem enfraquecidos, é provável que haja um problema abaixo da linha-d'água (ou uma abundância de associações negativas pesando no Conectoma de Marca, ou uma rede escassa com associações positivas insuficientes). O resultado é o mesmo: o crescimento será prejudicado. É por isso que você deve continuar sendo um arborista de marca, cuidando da árvore, regando as raízes dela, fornecendo os nutrientes necessários e garantindo que quaisquer folhas ou galhos mortos sejam rapidamente podados. Se não fizer isso, as associações negativas continuarão a se proliferar e a marca encolherá, nunca alcançando o nível de saliência necessário para causar algum impacto.

Tudo se resume ao crescimento. Crescer uma marca, um negócio, as causas que apoia, o candidato que defende, suas ideias no trabalho ou em casa. Seu próprio cérebro. Sem crescimento, todos esses elementos deixam de existir. Mas, com crescimento, todos eles (marcas, negócios, causas, candidatos, ideias, pensamentos) podem prosperar. Apesar de quaisquer fatores externos, ele pode acontecer; se alguém lhe disser o contrário, não acredite. Sim, haverá altos e baixos no mercado. As economias mudam. A sociedade passa por tendências culturais. Desastres naturais ocorrem, assim como pandemias. Há escassez de suprimentos, problemas de distribuição e uma série de outros fatores que podem afetar sua marca... mas eles só vão afetar a marca se você deixar.

Se está culpando esses fatores pelo desempenho ruim ou pela queda da base de clientes, você está gastando muito tempo olhando para fora e não o suficiente olhando para dentro. O que de fato está acontecendo é um problema com seu conectoma. Saber disso lhe dá o poder de colocar a marca de volta nos trilhos. Ao preencher seu conteúdo com Gatilhos de Crescimento, será possível converter pessoas com mais rapidez e criar clientes para a vida toda. Enquanto o resto do mundo está atacando a mente consciente, tentando persuadir, bombardear e discutir na esperança de influenciar os meros 5% das escolhas feitas pela mente consciente, você pode dar um passo atrás e voltar-se para os 95% das decisões que vêm da mente inconsciente. É aí que encontrará o crescimento.

E o crescimento é o que mais precisamos hoje, embora talvez não da maneira que esperamos. Crescimento nos negócios, crescimento financeiro, crescimento em influência ou prestígio... tudo isso é ótimo, mas também precisamos de crescimento pessoal, do modo como entendemos uns aos outros, assim como o mundo em evolução ao nosso redor. Novos ramos brotando, criando vastos conectomas, são na verdade o nascimento de novas ideias, da educação e do conhecimento. Ao juntar tudo em uma esfera, todo esse processo é uma questão de aprendizado. Nós precisamos aprender uns com os outros. Precisamos nos educar acerca de todos os lados de uma questão, permitindo então que os conectomas que deixamos abandonados cresçam. Quando entendemos outros pontos de vista, esses conectomas se tornam mais fortes e nós, mais toleran-

Conclusão

tes. Se apenas olharmos para uma fração da informação, um pequeno fragmento do que está fora, o cérebro se contrai.

As ferramentas ao longo deste livro podem ajudá-lo a inspecionar, ou a inspecionar novamente, de onde vêm suas ideias, por que faz as escolhas que faz e como se tornar uma pessoa mais tolerante, compreensiva e empática. Tudo se resume à expansão, a conectar os pontos em sua mente e na dos outros. Com essas ferramentas, pode-se olhar para cada situação e se perguntar: "O que está segurando as rédeas do meu negócio? O que está impedindo meu progresso? Quais são as associações positivas? Quais são as negativas? Quais conexões posso fazer na vida das pessoas? Quais Gatilhos de Crescimento posso usar para acelerar a aceitação e o crescimento de ideias, causas ou valores de outras pessoas?"

E, ao encontrar as respostas para essas perguntas, podemos avançar e progredir juntos. Este é o novo manual para a Era do Instinto: um conjunto de princípios contraintuitivos que aproveitam o modo como o mundo realmente funciona e lhe permitem que siga o caminho de menor resistência para o crescimento. Daqui em diante, em qualquer empreendimento, você terá um novo tipo de poder, o poder do instinto, que, como pode ver, é o segredo para o sucesso nos negócios e na vida.

AGRADECIMENTOS

Este livro é a culminação de tudo o que aprendi ao longo da minha carreira sobre como fazer do marketing uma máquina de crescimento. É por isso que estes agradecimentos incluem não só as pessoas que foram fundamentais para me ajudar a escrevê-lo, mas também aquelas que me orientaram e me apoiaram ao longo dos últimos trinta anos e além. Minha maior gratidão vai para os que se seguem, sem os quais este livro não teria surgido.

A Lynn Johnston, minha agente, que acreditou neste livro e no potencial dele antes de qualquer outra pessoa. À minha atenta editora na Hachette Book Group's PublicAffairs, Colleen Lawrie, que apostou em uma autora estreante com base na crença do grande apelo deste assunto. Ela merece um prêmio por sobreviver aos debates intermináveis com minhas tendências meticulosas (a paciência dela não tem limites!). Meus agradecimentos a Lindsay Fradkoff, Brooke Parson, Jocelynn Pedro, Mark Fortier, Matt Wendell e Rebecca Bender por todo o conhecimento de vocês em marketing, relações públicas e redes sociais. Foi incrível trabalhar com todos vocês. Um grande agradecimento ao designer Pete Garceau pela radiante arte de capa original. E um agradecimento especial a Zach Gajewski, editor e colaborador brilhantemente talentoso que foi além do que eu esperava e forneceu contribuições reflexivas e concisas durante o desenvolvimento do manuscrito.

Tive a sorte de ter trabalhado com algumas das melhores mentes do marketing na Triggers Brand Consulting. O compromisso

Agradecimentos

deles com o que fazemos é implacável, e cada um traz um talento diferente para nossa empresa do coração. Agradeço a Heather Coyle, Morgan Seamark, Tom Gosline, Kelsey Sullivan, Mindy Harris, Jeffrey McElnea, Sara Haim, Stephanie Veraghen, Jolene LaBelle, Dave Silcock, Kyra Meringer, Michelle Rhoades e Celeste Stone. Meus agradecimentos adicionais vão para quem estava nos bastidores (Steve Zanon, Darren Cohen e Betty Graumlich) e tem apoiado nossa empresa há décadas.

Além dos meus colegas da Triggers, houve um grupo que generosamente me ajudou com vários aspectos do livro e que estava disposto a parar tudo para conversar comigo (mesmo em horários estranhos) sobre qualquer tópico. Os insights e a criatividade desse grupo, formado por Elyse Kane, Lisa Mirchin e Victoria Perla Guyardo, tiveram um impacto indelével em mim, e o apoio inabalável na minha vida pessoal me deixa para cima. O professor Michael Platt, da Wharton, e o CEO da Farmer & Company e ex-sócio da Bain, Michael Farmer, forneceram não apenas contribuições para o livro, como também uma ajuda contínua sempre que eu tinha dúvidas quanto às áreas de especialização deles. Jill Tipograph, Lisa Gable, Christi Botello e Jennefer Witter estão sempre presentes oferecendo uma assistência inestimável.

Sem nossos clientes, alguns dos quais estão conosco há três décadas, e a capacidade de trabalhar nas marcas mais incríveis do planeta, escrever este livro não teria sido possível. Esses líderes alimentam nossa determinação de ultrapassar os limites do desconhecido, de tornar o invisível visível e de ajudá-los a alcançar seus objetivos mais altos. Mas somos ainda mais abençoados aqui na Triggers porque os líderes empresariais com quem trabalhamos não são só visionários; eles também são pessoas incríveis (uma combinação rara). Meus muitos agradecimentos a Greg Lyons,

Michael Roberts, Ann Mukherjee, David Edelman, Wes Wilkes, Umi Patel, JP Bittencourt, Doug Healy, Pam Forbus, Jaime Friedman, Kevin Moeller, Kyle Lazarus, Dan O'Leary, Mark Mandell, Barry Tatelman, Paul Guyardo, Helen Cai, Keira Krausz, Kathy Price, Michaela Pardubicka-Jenkins, Zach Harris, Darrin Rahn, Koley Corte, Steve Caracappa, Joahne Carter, April Jeffries, Robin Kaminsky e Geri Yoshioka.

Além de grandes clientes e colegas, tive a sorte de ter mentores maravilhosos no início da carreira, incluindo Kathy Dwyer, Michael White, Don Petit e Libby Daniel. Essas pessoas talentosas me acolheram, influenciaram meu senso comum, em especial no que diz respeito às nuances visuais e verbais, e ao funcionamento das marcas e do desenvolvimento de negócios.

E há aqueles que, com ou sem livro, estão sempre ao meu lado. Sou muito sortuda por poder contar com Richard Nanula, Scott Delman, Doron Grosman e Paul Cusenza como meus amigos queridos. A presença e conselhos encorajadores deles têm sido uma constante na minha vida. Agradecimentos adicionais ao meu NYC HBS Forum e ao Scarsdale "Sisterhood" Forum (vocês sabem quem são) pelos conselhos, a amizade e o incentivo. E meus agradecimentos especiais a Karen Strauss, minha melhor amiga de toda a vida, com cujo enorme apoio emocional sempre conto e cujas impressões digitais estão na capa deste livro.

Por último, mas não menos importante, à minha família, incluindo minha incrível irmã, Liz Hirsh, e aos entes da família do meu marido; à minha mãe poderosa, Charlotte Picot, uma líder comunitária em Forest Hills; e ao meu querido pai, Pierre Picot, que faleceu em 2015. A experiência do meu pai em inteligência militar, os insights dele sobre psicologia humana e o senso visual aguçado se refletiram em meus genes, embora tenham se manifestado em

Agradecimentos

um âmbito diferente. Meus pais, meus maiores campeões, me ensinaram a trabalhar duro, a pensar por conta própria e a superar o fracasso (e que nada está fora de alcance se houver persistência).

E, por fim, ao meu marido, Andrew Zane, que suportou ficar sem me ver por mais de dois anos (talvez até mais) enquanto eu trabalhava neste livro tarde da noite, cedo pela manhã e em muitos fins de semana. Um agradecimento sincero, Andy, por ser o marido perfeito para uma mulher determinada, e por sempre estar ao meu lado, não importando em qual nova e ambiciosa "viagem doida" eu embarque. E, por último, agradeço aos meus filhos crescidos, Dylan e Austen, cuja sabedoria e perspicácia superam os anos que têm e que, sem falta, fornecem as respostas mais honestas que eu preciso ouvir (e, vez e outra, aquelas que eu gostaria de não ter perguntado).

BIBLIOGRAFIA

INTRODUÇÃO

MILMO, Dan. ChatGPT reaches 100 million users two months after launch. *The Guardian*, 2 fev. 2023. Disponível em: https://theguardian.com/technology/2023/feb/02/chatgpt-100-million-users-open-ai-fastest-growing-app.

MORSE, Gardiner. Hidden minds. *Harvard Business Review*, jun. 2002. Disponível em: https://hbr.org/2002/06/hidden-minds.

ROACH, Tom. Most marketing is bad because it ignores the most basic data. *TheTomRoach.com*, 10 nov. 2020. Disponível em: https://thetomroach.com/2020/11/10/most-marketing-is-bad-because-it-ignores-the-most-basic-data.

SHARP, Byron. *How brands grow: what marketers don't know*. Nova York: Oxford University Press, 2010.

WENDEL, Stephen. Who is doing applied behavioral science? Results from a global survey of behavioral teams. *Behavioral Scientist*, 5 out. 2020. Disponível em: http://behavioralscientist.org/who-is-doing-applied-behavioral-science-results-from-a-global-survey-of-behavioral-teams.

Bibliografia

CAPÍTULO 1: O MODELO DE MARKETING CONSCIENTE ESTÁ MORTO

#1 New York Yankees. *Forbes*, mar. 2023. Disponível em: https://forbes.com/teams/new-york-yankees.

BERNACCHI, Chris; AGUILAR, Julio; GRANT, Kelsey e MADISON, David. Baseball's Most Valuable Teams 2022: Yankees Hit $6 Billion as New CBA Creates New Revenue Streams. *Forbes*, 24 mar 2022. Disponível em: https://forbes.com/sites/mikeozanian/2022/03/24/baseballs-most-valuable-teams-2022-yankees-hit-6-billion-as-new-cba-creates-new-revenue-streams.

CHEN, Quanjing *et al.* Autonomic flexibility reflects learning and associated neuroplasticity in old age. *Human Brain Mapping*, v. 41, nº 13, pp. 3608–3619, set. 2020. Disponível em: https://doi.org/10.1002/hbm.25034.

CHERRY, Kendra. What is neuroplasticity? *Verywell Mind*, 8 nov. 2022. Disponível em: https://verywellmind.com/what-is-brain-plasticity-2794886#toc-how-neuroplasticity-was-discovered.

COOKE, Kirsty. Mastering momentum: Fewer than one percent of brands master growth momentum. *Kantar*, 2019. Disponível em: https://kantar.com/north-america/inspiration/brands/mastering-momentum-fewer-than-one-percent-of-brandsmaster-growth-momentum.

DAY, Julia. Nike: "No guarantee on child labour". *The Guardian*, 19 out. 2001. Disponível em: https://theguardian.com/media/2001/oct/19/marketingandpr.

DE LOS SANTOS, Brian. Sole searching. *Mashable*. Disponível em: https://mashable.com/feature/nike-snkrs-app-drops. Acesso em: out. 2023.

FIFIELD, Anna. China compels Uighurs to work in shoe factory that supplies Nike. *Washington Post*, 29 fev. 2020. Disponível em: https://washingtonpost.com/world/asia_pacific/chinacompelsuighurstoworkinshoefactorythatsuppliesnike/2020/02/28/ebddf5f457b211ea8efd-0f904bdd8057_story.html.

FLYNN, Jack. 35+ amazing advertising statistics [2023]: Data + trends. *Zippia*, 13 jun. 2023. Disponível em: https://zippia.com/advice/advertising-statistics/#General_Digital_Advertising_Statistics.

HEAVEN, Will D. Geoffrey Hinton tells us why he's now scared of the tech he helped build. *MIT Technology Review*, 2 mai. 2023. Disponível em: https://www.technologyreview.com/2023/05/02/1072528/geoffrey-hinton-google-why-scared-ai.

HINTON, Geoffrey. How neural networks revolutionized AI. Em entrevista a Brooke Gladstone. *On the Media*, WNYC, 13 jan. 2023. Disponível em: https://wnycstudios.org/podcasts/otm/segments/how-neural-networks-revolutionized-ai-on-the-media.

How Nike became successful and the leader in the sports product market. *Profitworks*. Disponível em: https://profitworks.ca/blog/marketing-strategy/545-nike-strategy-how-nike-became-successful-and-the-leader-in-the-sports-product-market.html. Acesso em: ago. 2023.

JABR, Ferris. Cache cab: Taxi drivers' brains grow to navigate London's streets. *Scientific American*, 8 dez. 2011. Disponível em: https://scientificamerican.com/article/london-taxi-memory.

JEOPARDY PRODUCTIONS. Ken Jennings. *Jeopardy!*, 2022. Disponível em: www.jeopardy.com/about/cast/ken-jennings.

LEITCH, Luke. Nike at the museum: Inside the private view of Virgil Abloh's design legacy. *Vogue*, 1º dez. 2022. Disponível em: https://vogue.com/article/virgil-abloh-rubell-museum.

Bibliografia

MAHONEY, Manda. The subconscious mind of the consumer (and how to reach it). *Working Knowledge*, Harvard Business School, 13 jan. 2003. Disponível em: https://hbswk.hbs.edu/item/the-subconscious-mind-of-the-consumer-and-how-to-reach-it.

MCLACHLAN, Stacey. 85+ important social media advertising statistics to know. *Hootsuite*, 6 abr. 2023. Disponível em: https://blog.hootsuite.com/social-media-advertising-stats.

MORSE, Gardiner. Hidden minds. *Harvard Business Review*, jun. 2002. Disponível em: https://hbr.org/2002/06/hidden-minds.

PUSATERI, Rich. What is neuromarketing with Dr. Michael Platt. *Postal.com*, 5 ago. 2021. Disponível em: www.postal.com/blog/what-is-neuromarketing-with-dr-michael-platt.

QUEENSLAND BRAIN INSTITUTE. Adult neurogenesis. *University of Queensland*, Austrália, 2023. Disponível em: https://qbi.uq.edu.au/brain-basics/brain-physiology/adult-neurogenesis.

QUEENSLAND BRAIN INSTITUTE. Understanding the brain: A brief history. *University of Queensland*, Austrália, 2023. Disponível em: https://qbi.uq.edu.au/brain/intelligent-machines/understanding-brain-brief-history.

ROSEN, Jody. The knowledge, London's legendary taxi-driver test, puts up a fight in the age of GPS. *New York Times*, 10 nov. 2014. Disponível em: https://nytimes.com/2014/11/10/t-magazine/london-taxi-test-knowledge.html.

Social media advertising — Worldwide. *Statista*, mar. 2023. Disponível em: https://statista.com/outlook/dmo/digital-advertising/social-media-advertising/worldwide.

The bigger brains of London taxi drivers. *National Geographic*, 29 maio 2013. Disponível em: https://nationalgeographic.com/culture/article/the-bigger-brains-of-london-taxi-drivers.

UDDIN, Lucina Q. Salience processing and insular cortical function and dysfunction. *Nature Reviews Neuroscience*, v. 16, pp. 55–61, 2015. Disponível em: https://nature.com/articles/nrn3857.

WEINTRAUB, Karen. The adult brain does grow new neurons after all, study says. *Scientific American*, 25 mar. 2019. Disponível em: https://scientificamerican.com/article/the-adult-brain-does-grow-new-neurons-after-all-study-says.

WOLF, Cam. "The vibe of the times": How Nike became the biggest fashion brand in the world. *GQ*, 24 set. 2018. Disponível em: https://gq.com/story/how-nike-became-the-biggest-fashion-brand-in-the-world.

WOOLLETT, Katherine e MAGUIRE, Eleanor A. Navigational expertise may compromise anterograde associative memory. *Neuropsychologia*, v. 47, nº 4, pp. 1088–1095, mar. 2009. Disponível em: https://doi.org/10.1016/j.neuropsychologia.2008.12.036.

YAHR, Emily. Ken Jennings broke "Jeopardy!" in 2004. In 2022, he helped save it. *Washington Post*, 31 out. 2022. Disponível em: https://washingtonpost.com/arts-entertainment/2022/10/31/ken-jennings-jeopardy-host-interview.

CAPÍTULO 2: O CENTRO INSTINTIVO

BEADLE, Robert. All about peanut M&Ms and more. *Candy Retailer*, 11 set. 2021. Disponível em: https://candyretailer.com/blog/all-about-peanut-mms-and-more.

BIBEL, Sara. 5 little-known facts about how J.K. Rowling brought Harry Potter to life. *Biography*, 13 maio 2020. Disponível em: https://biography.com/news/jk-rowling-harry-potter-facts.

Election results, 2020: Incumbent win rates by state. *Ballotpedia*, 11 fev. 2021. Disponível em: https://ballotpedia.org/Election_results_2020:_Incumbent_win_rates_by_state.

Bibliografia

ESCOBAR, Natalie. The remarkable influence of "A Wrinkle in Time". *Smithsonian Magazine*, jan. 2018. Disponível em: https://smithsonianmag.com/arts-culture/remarkable-influence-wrinkle-in-time-180967509.

GRIFFITHS, Chris. Thimmamma Marrimanu: The world's largest single tree canopy. *BBC*, 20 fev. 2020. Disponível em: https://bbc.com/travel/article/20200219-thimmamma-marrimanu-the-worlds-largest-single-tree-canopy.

HANNA, Katie T. Mindshare (share of mind). *TechTarget*. Disponível em: www.techtarget.com/searchcustomerexperience/definition/mindshare-share-of-mind. Acesso em: ago. 2023.

Harry Potter books stats and facts. *WordsRated*, 19 out. 2021. Disponível em: https://wordsrated.com/harry-potter-stats.

Harry Potter franchise's magical money-making. *LoveMoney*, 24 dez. 2021. Disponível em: https://lovemoney.com/galleries/122033/the-harry-potter-franchises-magical-moneymaking.

LINDELL, Crystal. State of the candy industry 2021: Chocolate bar sales are up overall compared to pre-pandemic levels. *Candy Industry*, 21 jul. 2021. Disponível em: https://snackandbakery.com/articles/103255-state-of-the-candy-industry-chocolate-bar-sales-are-up-overall-compared-to-pre-pandemic-levels.

LIVINGSTON, Michael. Burbank Public Library offering digital copies of first "Harry Potter" novel to recognize the book's 20th anniversary. *Los Angeles Times*, Burbank Leader, 4 set. 2018. Disponível em: https://latimes.com/socal/burbank-leader/news/tn-blr-me-burbank-library-harry-potter-20180831-story.html.

NASH INFORMATION SERVICES. Box office history for Harry Potter movies. *The Numbers*, 2023. Disponível em: https://the-numbers.com/movies/franchise/Harry-Potter.

PENN MEDICINE. Penn Medicine researchers introduce new brain mapping model which could improve effectiveness of transcranial magnetic stimulation. *News release*, 17 abr. 2015. Disponível em: https://pennmedicine.org/news/news-releases/2015/april/penn-medicine-researchers-intr.

POPOMARONIS, Tom. Google's hiring process was designed to rule out toxic hires — Here's how. *LinkedIn*, 18 maio 2022. Disponível em: https://linkedin.com/pulse/googles-hiring-process-designed-rule-out-toxic-hires-how-popomaronis.

Reelection rates over the years. *OpenSecrets*. Disponível em: https://opensecrets.org/elections-overview/reelection-rates. Acesso em: ago. 2023.

SANTHANAM, Laura. Poll: Most Americans don't want Oprah to run for president. *PBS NewsHour*, 12 jan. 2018. Disponível em: https://pbs.org/newshour/nation/poll-most-americans-dont-want-oprah-to-run-for-president.

SCHUMM, Laura. Six times M&Ms made history. *History*, 28 mar. 2023. Disponível em: https://history.com/news/the-wartime-origins-of-the-mm.

SHARP, Byron. How to measure brand salience. *Marketing Science*, 26 mar. 2008. Disponível em: https://byronsharp.wordpress.com/2008/03/26/how-to-measure-brand-salience.

SIECZKOWSKI, Cavan. This is the "Harry Potter" synopsis publishers rejected over 20 years ago. *HuffPost*, 26 out. 2017. Disponível em: www.huffpost.com/entry/harry-potter-synopsis-jk-rowling_n_59f1e294e4b043885915a95c.

SMITH, Morgan. The 10 best U.S. places to work in 2022, according to Glassdoor. *CNBC*, 12 jan. 2022. Disponível em: https://cnbc.com/2022/01/12/the-10-best-us-places-to-work-in-2022-according-to-glassdoor.html.

Tolkien's Hobbit fetches £60,000. *BBC News*, 18 mar. 2008. Disponível em: http://news.bbc.co.uk/2/hi/uk_news/england/7302101.stm.

WEISSMANN, Jordan. Stranger than fiction: Oprah was bad for book sales. *The Atlantic*, 19 mar. 2012. Disponível em: https://theatlantic.com/business/archive/2012/03/stranger-than-fiction-oprah-was-bad-for-book-sales/254733/.

WUNSCH, Nils-Gerrit. Market share of leading chocolate companies worldwide in 2016. *Statista*, 27 jul. 2022. Disponível em: https://statista.com/statistics/629534/market-share-leading-chocolate-companies-worldwide.

ZANE, Leslie e PLATT, Michael. Cracking the code on brand growth. *Knowledge at Wharton*, Wharton School of the University of Pennsylvania, 7 jan. 2019. Disponível em: https://knowledge.wharton.upenn.edu/podcast/knowledge-at-wharton-podcast/cracking-code-brand-growth.

ZETLIN, Minda. You need to prove your "Googleyness" if you want to get a job at Google. Here's how to show off this most desired personality trait during your interview. *Business Insider*, 30 ago. 2020. Disponível em: https://businessinsider.com/google-hiring-how-to-job-searchgoogleyness-personality-traits-2020-8.

CAPÍTULO 3: O ATALHO PARA A ESCOLHA INSTINTIVA

BATH & BODY WORKS. Bath & Body Works celebrates 25th anniversary of nostalgic icon, Cucumber Melon. *Cision PR Newswire*, 1º jun. 2023. Disponível em: https://www.prnewswire.com/news-releases/bath-body-works-celebrates-25th-anniversary-of-nostalgic-icon-cucumber-melon-301840063.html.

CALLAHAN, Patricia. Fruit additions spoon out new life for cereal players. *Wall Street Journal*, 15 maio 2003. Disponível em: https://wsj.com/articles/SB105295323888157300.

GILLESPIE, Claire. This is why we associate memories so strongly with specific smells. *Verywell Mind*, 4 out. 2021. Disponível em: https://verywellmind.com/why-do-we-associate-memories-so-strongly-with-specific-smells-5203963.

HUMPHREY, Judith. 5 ways women can be heard more at work. *Fast Company*, 31 out. 2018. Disponível em: https://fastcompany.com/90256171/5-ways-for-women-can-be-heard-more-at-work.

MEDIA EDUCATION CENTER. Using images effectively in media. *Williams Office for Information Technology*, fev. 2010. Disponível em: https://oit.williams.edu/files/2010/02/using-images-effectively.pdf.

QUINTON, Amy. Cows and climate change: Making cattle more sustainable. *InFocus*, UC Davis, 27 jun. 2019. Disponível em: https://ucdavis.edu/food/news/making-cattle-more-sustainable.

RICHARDSON, Chris. How Chick-fil-A creates an outstanding customer experience. *Effective Retail Leader*, nov. 2022. Disponível em: https://effectiveretailleader.com/effective-retail-leader/how-chick-fil-a-creates-an-outstanding-customer-experience.

ROSS, Sean. Financial services: Sizing the sector in the global economy. *Investopedia*, 30 set. 2021. Disponível em: https://investopedia.com/ask/answers/030515/what-percentage-global-economy-comprised-financial-services-sector.asp.

What is the picture superiority effect? *Simpleshow*, 9 ago. 2017. Disponível em: https://simpleshow.com/blog/picture-superiority-effect.

CAPÍTULO 4: A MALDIÇÃO DAS ASSOCIAÇÕES NEGATIVAS

AKHTAR, Allana. Wellness-focused, "sober curious" consumers are driving interest in booze-free cocktails, a relative newcomer to the $180 billion beverage industry. *Business Insider*, 3 nov. 2021. Disponível em:

Bibliografia

https://businessinsider.com/beverage-analysts-predict-non-alcoholi-spirits-to-grow-in-2022-2021-11.

ANIMAL HEALTH & WELFARE. *McDonald's*, atualizado 2022. Disponível em: https://corporate.mcdonalds.com/corpmcd/our-purpose-and-impact/food-quality-and-sourcing/animal-health-and-welfare.html.

Are all the eggs you use free range? *McDonald's*, 21 maio 2018. Disponível em: https://mcdonalds.com/gb/en-gb/help/faq/are-all-the-eggs-you-use-free-range.html.

BURGERS FAQs. *McDonald's*, atualizado 2023. Disponível em: https://mcdonalds.com/us/en-us/faq/burgers.html.

Churchill's reputation in the 1930s. *Churchill Archives Centre*. Disponível em: https://archives.chu.cam.ac.uk/education/churchill-era/exercises/appeasement/churchill-rearmament-and-appeasement/churchills-reputation-1930s.

CNN. McDonald's sets record straight on what's in a... *YouTube*, 5 fev. 2014. Disponível em: https://youtube.com/watch?v=IjObCa9bXT0.

COURTESY CORPORATION — McDonald's. McDonald's — Our food, your questions — Beef. *YouTube*, 16 fev. 2015. Disponível em: https://youtube.com/live/Q6IMQaiYKeg.

DENWORTH, Lydia. Conservative and liberal brains might have some real differences. *Scientific American*, 26 out. 2020. Disponível em: https://scientificamerican.com/article/conservative-and-liberal-brainsmight-have-some-real-differences.

ESPN.COM NEWS SERVICES. Survey: Fewer peers believe Tiger Woods will win another major. *ESPN*, 4 abr. 2016. Disponível em: https://espn.com/golf/story/_/id/15129601/survey-shows-pga-tour-golfers-less-belief-tiger-woods-winning-another-major.

GATHERING storm (1930s). *America's National Churchill Museum*. Disponível em: https://nationalchurchillmuseum.org/winston-churchill-and-the-gathering-storm.html.

HELLING, Steve. Tiger Woods and ex-wife Elin Nordegren "get along really well" 9 years after scandal, says source. *People*, 8 abr. 2018. Disponível em: https://people.com/sports/tiger-woods-ex-wife-elin-nordegren-get-along-well-source.

JAVED, Saman. Negative social media posts get twice as much engagement than positive ones, study finds. *Independent*, 22 jun. 2021. Disponível em: https://independent.co.uk/life-style/social-media-facebook-twitter-politics-b1870628.html.

KLEIN, Christopher. Winston Churchill's World War disaster. *History*, 21 maio 2014, atualizado 3 set. 2018. Disponível em: https://history.com/news/winston-churchills-world-war-disaster.

KLEIN, Ezra. How technology is designed to bring out the worst in us. *Vox*, 19 fev. 2018. Disponível em: https://vox.com/technology/2018/2/19/17020310/tristan-harris-facebook-twitter-humane-tech-time.

Kohls — 31 year stock price history. *Macrotrends*. Disponível em: https://macrotrends.net/stocks/charts/KSS/kohls/stock-price-history. Acesso em: ago. 2023.

MAHESHWARI, Sapna. Victoria's Secret had troubles, even before Jeffrey Epstein. *New York Times*, 6 set. 2019, atualizado 21 jun. 2021. Disponível em: https://nytimes.com/2019/09/06/business/l-brands-victorias-secret-les-wexner-epstein.html.

MCDONALD'S CANADA. McDonald's burgers don't rot? McDonald's Canada answers. *YouTube*, 19 ago. 2015. Disponível em: https://www.youtube.com/watch?v=gidsNjq0icw&t=57s.

MCDONALD'S CANADA. Pink goo in chicken McNuggets? McDonald's Canada answers. *YouTube*, 31 jan. 2014. Disponível em: https://www.youtube.com/watch?v=Ua5PaSqKD6k.

MCDONALD'S FOOD suppliers. *McDonald's*, atualizado 2023. Disponível em: https://mcdonalds.com/us/en-us/about-our-food/meet-our-suppliers.html.

Median hourly earnings of female wage and salary workers in the United States from 1979 to 2021. *Statista*, 7 mar. 2023. Disponível em: https://statista.com/statistics/185345/median-hourly-earnings-of-female-wage-and-salary-workers.

MEYERSOHN, Nathaniel. How Kohl's became such a mess. *CNN Business*, 19 mar. 2022. Disponível em: https://cnn.com/2022/03/19/business/kohls-stock-department-stores-activist-investor/index.html.

MEYERSOHN, Nathaniel. How Kohl's figured out the Amazon era. *CNN Business*, 30 out. 2018. Disponível em: https://cnn.com/2018/10/30/business/kohls-stores-amazon-retail/index.html.

MORFIT, Cameron. Tiger Woods wins TOUR Championship to break five-year win drought. *PGAtour.com*, 23 set. 2018. Disponível em: https://pgatour.com/article/news/latest/2018/09/23/tiger-woods-wins-2018-tour-championship-fedexcup-playoffs-east-lake.

Number of employed women in the United States from 1990 to 2022. *Statista*, 3 fev. 2023. Disponível em: https://statista.com/statistics/192378/number-of-employed-women-in-the-us-since-1990.

O'KEEFE, Michael. Nearly a quarter of Tiger Woods' PGA Tour peers thinks he used performance-enhancing drugs. *New York Daily News*, 30 abr. 2010. Disponível em: https://nydailynews.com/sports/more-sports/quarter-tiger-woods-pga-tour-peers-thinks-performance-enhancing-drugs-article-1.170007.

PAPPAS, Stephanie. Republican brains differ from Democrats' in new FMRI study. *HuffPost*, 20 fev. 2013, atualizado 22 fev. 2013. Disponível em: https://www.huffpost.com/entry/republican-democrat-brain-politics-fmri-study_n_2717731.

Past prime ministers: Sir Winston Churchill. *Gov.uk*. Disponível em: https://gov.uk/government/history/past-prime-ministers/winston-churchill. Acesso em: ago. 2023.

Percentage of the U.S. population who have completed four years of college or more from 1940 to 2022, by gender. *Statista*, 21 jul. 2023. Disponível em: https://statista.com/statistics/184272/educational-attainment-of-college-diploma-or-higher-by-gender.

Revenue for McDonald (MCD). *CompaniesMarketCap*. Disponível em: https://companiesmarketcap.com/mcdonald/revenue. Acesso em: ago. 2023.

ROBERTSON, Claire E.; PRÖLLOCHS, Nicolas; SCHWARZENEGGER, Kaoru *et al*. Negativity drives on-line news consumption. *Nature Human Behaviour*, v. 7, pp. 812–822, 2023. Disponível em: https://nature.com/articles/s41562-023-01538-4.

SILVER-GREENBERG, Jessica; ROSMAN, Katherine; MAHESHWARI, Sapna e STEWART, James B. "Angels" in hell: The culture of misogyny inside Victoria's Secret. *New York Times*, 1º fev. 2020, atualizado 16 jun. 2021. Disponível em: https://nytimes.com/2020/02/01/business/victorias-secret-razek-harassment.html.

SIR WINSTON Churchill. *UK Parliament*. Disponível em: www.parliament.uk/about/livingheritage/transformingsociety/privatelives/yourcountrycollections/churchillexhibition/churchill-and-ww2/sir-winston-churchill. Acesso em: ago. 2023.

STEIN, Ed. What Are McDonald's Chicken McNuggets Made Of. *YouTube*, 12. dez 2014. Disponível em: www.youtube.com/watch?v=NCm6IN-Q09yY.

UNITED STATES SECURITIES AND EXCHANGE COMMISSION. Form 10-K: Kohl's Corporation. Commission file number 1-11084. *United States Securities and Exchange Commission*, 2018. Disponível em: https://sec.gov/Archives/edgar/data/885639/000156459018006671/kss10k_20180203.htm.

Victoria's Secret Revenue. *Zippia*, 21 jul. 2023. Disponível em: https://zippia.com/victoria-s-secret-careers-1580221/revenue.

CAPÍTULO 5: O EFEITO DA MONTANHA COBERTA DE NEVE

2020 State of the beverage industry: all bottled water segments see growth. *Beverage Industry*, 24 jun. 2020. Disponível em: https://bevindustry.com/articles/93226-state-of-the-beverage-industry-all-bottled-water-segments-see-growth.

ANDRIVET, Marion. What to learn from Tropicana's packaging redesign failure? *Branding Journal*, 9 mar. 2022. Disponível em: https://thebrandingjournal.com/2015/05/what-to-learn-from-tropicanas-packaging-redesign-failure.

Aquafina logo. *1000 Logos*, 20 jun. 2023. Disponível em: https://1000logos.net/aquafina-logo.

GÖKE, Niklas. The Tropicana rebranding failure. *Better Marketing*, 22 abr. 2020. Disponível em: https://bettermarketing.pub/the-worst-rebrand-in-the-history-of-orange-juice-1fc68e99ad81.

HOLCOMB, Jay. The DAWNing of oiled bird washing. *International Bird Rescue*, 22 abr. 2010. Disponível em: https://youtube.com/watch?v=a-xEpVTaK1-k.

LUCAS, Amelia. Consumer brands didn't reap a huge windfall from panic buying, are adjusting to life under lockdown. *CNBC*, 22 abr. 2020. Disponível em: https://cnbc.com/2020/04/22/coronavirus-consumer-brands-didnt-reap-a-windfall-from-panic-buying.html.

MENDELSON, Scott. "The Addams Family" was one of Hollywood's first successful attempts at replicating "Batman". *Forbes*, 7 out. 2019. Disponível em: https://forbes.com/sites/scottmendelson/2019/10/07/theaddams-family-was-one-of-hollywoods-first-successful-attempt-sat-replicating-batman-oscar-isaac-charlize-theron-raul-julia-christina-ricci-terminator.

Most famous logos with a mountain. *1000 Logos*, 26 fev. 2023. Disponível em: https://1000logos.net/most-famous-logos-with-a-mountain.

NEWMAN, Andrew A. Tough on crude oil, soft on ducklings. *New York Times*, 24 set. 2009. Disponível em: https://nytimes.com/2009/09/25/business/media/25adco.html.

PAREKH, Rupal. End of an era: Omnicom's Arnell Group to close. *AdAge*, 18 mar. 2013. Disponível em: https://adage.com/article/agency-news/end-era-omnicom-s-arnell-group-close/240387.

Peter Arnell explains failed Tropicana package design. *AdAge*, 26 fev. 2009. Disponível em: https://www.youtube.com/watch?v=WJ4yF4F-74vc.

PORTERFIELD, Carlie. "Wednesday" breaks out: scores second-highest weekly streaming debut ever for Netflix—launches viral dance. *Forbes*, 21 dez. 2022. Disponível em: https://forbes.com/sites/carlieporterfield/2022/12/21/wednesday-breaks-out-scores-second-highest-weekly-streaming-debut-ever-for-netflix-launches-viral-dance.

RIDDER, M. Leading brands of refrigerated orange juice in the United States in 2022, based on sales. *Statista*, 1º dez. 2022. Disponível em:

Bibliografia

https://statista.com/statistics/188749/top-refrigerated-orange-juice-brands-in-the-united-states.

ROOKS, Martha. 30,000 different products and counting: the average grocery store. *International Council of Societies of Industrial Design*, 16 fev. 2022. Disponível em: https://icsid.org/uncategorized/how-many-products-are-in-a-typical-grocery-store.

SHERIDAN, Adam. The power of you: why distinctive brand assets are a driving force of creative effectiveness. *Ipsos*, fev. 2020. Disponível em: https://ipsos.com/sites/default/files/2022-03/power-of-you-ipsos.pdf.

SHOGREN, Elizabeth. Why Dawn is the bird cleaner of choice in oil spills. *Morning Edition*, 22 jun. 2010. Disponível em: https://npr.org/2010/06/22/127999735/why-dawn-is-the-bird-cleaner-of-choicein-oil-spills.

SOLSMAN, Joan E. "Wednesday" is Netflix's No. 3 most watched show of all time (so far). *CNET*, 13 dez. 2022. Disponível em: https://cnet.com/culture/entertainment/wednesday-is-netflixs-no-3-most-watched-show-of-all-time-so-far.

TAYLOR, Erica. Mother daughter "Wednesday Addams" duo. *TikTok*, acessado em ago. 2023. Disponível em: https://tiktok.com/@ericataylor2347/video/7184247045568384299.

Top 50 scanned: Dorito. *Nutritionix*. Disponível em: https://nutritionix.com/grocery/category/chips/dorito/1669. Acesso em: ago. 2023.

Top 50 scanned: Orange Juice. *Nutritionix*. Disponível em: https://nutritionix.com/grocery/category/juice/orange-juice/271. Acesso em: ago. 2023.

Top Gun: Maverick. *Box Office Mojo*. Disponível em: https://boxofficemojo.com/release/rl2500036097. Acesso em: ago. 2023.

UNIVERSITY of Glasgow. What our eyes can't see, the brain fills in. *Medical Xpress*, 4 abr. 2011. Disponível em: https://medicalxpress.com/news/2011-04-eyes-brain.html.

WHITTEN, Sarah. "Top Gun: Maverick" and Disney were the box office leaders in an otherwise soft 2022. *CNBC*, 10 jan. 2023. Disponível em: https://cnbc.com/2023/01/10/top-gun-maverick-disney-top-box-office-2022.html.

"You're soaking in it!" Vintage Palmolive ads featuring Madge the Manicurist. *Click Americana*. Disponível em: https://clickamericana.com/topics/beauty-fashion/palmolive-ads-featuring-madge-the-manicurist. Acesso em: ago. 2023.

CAPÍTULO 6: POR QUE CONSTRUIR CAMADAS É MELHOR DO QUE SE CONCENTRAR EM UMA SÓ

AUGUSTINE, Amanda. This personality trait is an interview killer. *Fast Company*, 4 set. 2019. Disponível em: https://fastcompany.com/90397790/this-personality-trait-is-an-interview-killer.

BARRETT, Evie. Unilever "misstepped" with initial purpose message, says head of comms. *PRWeek*. Disponível em: https://prweek.com/article/1814096/unilever-misstepped-initial-purpose-message-says-head-comms. Acesso em: ago. 2023.

BERK, Brett. No longer boxed in, Volvo wins over buyers with its sleeker look. *New York Times*, 22 out. 2021. Disponível em: https://nytimes.com/2021/10/22/business/volvo-electric-future-design-ipo.html.

CeraVe to launch globally after L'Oréal acquisition. *Cosmetics Business*, 21 maio 2018. Disponível em: https://cosmeticsbusiness.com/news/article_page/CeraVe_to_launch_globally_after_LOreal_acquisition/143145.

Bibliografia

DESIMONE, Mike e JENSSEN, Jeff. While U.S. wine sales are expected to decline, one brand is defying the trend. *Forbes*, 23 maio 2019. Disponível em: https://forbes.com/sites/theworldwineguys/2019/05/23/asus-wine-sales-are-expected-to-decline-one-wine-brand-defies-the-trend.

HERNANDEZ, Morela. The impossibility of focusing on two things at once. *MIT Sloan Management Review*, 9 abr. 2018. Disponível em: https://sloanreview.mit.edu/article/the-impossibility-of-focusing-on-two-things-at-once.

IRI WORLDWIDE. Hand & body lotion, facial cleansers, facial moisturizers, dollar sales, rolling 52 weeks, ending 03-21-21. IRI Market Research Data Report, 2021.

KUNCEL, Nathan R.; ONES, Deniz S. e KLIEGER, David M. In hiring, algorithms beat instinct. *Harvard Business Review*, maio 2014. Disponível em: https://hbr.org/2014/05/in-hiring-algorithms-beat-instinct.

L'ORÉAL. CeraVe: A simple, accessible dermatologist-recommended range. *L'Oréal 2017 Annual Report*, 2017. Disponível em: https://loreal-finance.com/en/annual-report-2017/active-cosmetics/cerave-acquisition-dermatologists.

L'ORÉAL FINANCE. L'Oréal signs agreement with Valeant to acquire CeraVe and two other brands. *News release*, 10 jan. 2017. Disponível em: https://loreal-finance.com/eng/news-release/loreal-signs-agreement-valeant-acquire-cerave-and-two-other-brands.

SANDLER, Emma. CeraVe head of global digital marketing & VP Adam Kornblum: 2022 top marketer. *Glossy*, 1º jun. 2022. Disponível em: https://glossy.co/beauty/cerave-adam-kornblum-head-of-global-digitalmarketing-vp-top-marketer.

STRUGATZ, Rachel. The content creator who can make or break a skin care brand. *New York Times*, 8 set. 2020, atualizado em 2 dez. 2020.

Disponível em: https://nytimes.com/2020/09/08/style/Gen-Z-thecontent-creator-who-can-make-or-break-your-skin-care-brand.html.

VOELK, Tom. Crash scene investigations, with automakers on the case. *New York Times*, 9 maio 2019. Disponível em: https://nytimes.com/2019/05/09/business/crash-scene-investigations.html.

WHITE, Katherine; HARDISTY, David J. e HABIB, Rishad. The elusive green consumer. *Harvard Business Review*, jul.-ago. 2019. Disponível em: https://hbr.org/2019/07/the-elusive-green-consumer.

WILLIAMS, Amy. Unilever's investor backlash illustrates the need for responsible capitalism. *Adweek*, 31 jan. 2022. Disponível em: https://adweek.com/brand-marketing/unilevers-investor-backlash-illustrates-the-need-for-responsible-capitalism.

WILLIGE, Andrea. People prefer brands with aligned corporate purpose and values. *World Economic Forum*, 17 dez. 2021. Disponível em: https://weforum.org/agenda/2021/12/people-prefer-brands-with-aligned-corporate-purpose-and-values.

WINEBUSINESS. Josh Cellars surpasses 5 million cases annually. *Press release*, 9 abr. 2023. Disponível em: www.winebusiness.com/news/article/269463.

WOMERSLEY, James. Hellmann's, Terry Smith and the paradox of purposeful brands. *Contagious*, 19 jan. 2023. Disponível em: https://contagious.com/news-and-views/hellmanns-terry-smith-and-the-paradox-of-purposeful-brands.

ZANGER, Doug. 10 years after setting "audacious goals", Unilever shows how purpose and profit can coexist. *Adweek*, 21 dez. 2020. Disponível em: https://adweek.com/agencies/10-years-after-setting-audacious-goals-unilever-shows-how-purpose-and-profit-can-coexist.

Bibliografia

CAPÍTULO 7: A NECESSIDADE INCONSCIENTE PELA FANTASIA

ASSOCIATED PRESS. Madoff victims: big banks, hedge funds, celebrities. *CNBC*, 15 dez. 2008. Atualizado em 5 ago. 2010. Disponível em: https://cnbc.com/id/28235916.

ATWAL, Sanj. Khaby Lame overtakes Charli D'Amelio as most followed person on TikTok. *Guinness World Records*, 23 jun. 2022. Disponível em: https://guinnessworldrecords.com/news/2022/6/khaby-lame-overtakes-charli-damelio-as-most-followed-person-on-tiktok-708392.

BALLEW, Matthew; VAN DER LINDEN, Sander; GUSTAFSON, Abel *et al*. The Greta Thunberg effect. *Yale Program on Climate Change Communication*, 26 jan. 2021. Disponível em: https://climatecommunication.yale.edu/publications/the-greta-thunberg-effect.

BERLINGER, Joe, dir. *Madoff: the monster of Wall Street*. RadicalMedia in association with Third Eye Motion Picture Company, 2023.

BIRD, Deirdre; CALDWELL, Helen e DEFANTI, Mark. A fragrance to empower women: the history of "Charlie". *Marketing History in the New World*, v. 15, pp. 217–219, maio 2011. Disponível em: https://ojs.library.carleton.ca/index.php/pcharm/article/view/1434.

BRUYCKERE, Pedro de. What's the link between Jennifer Anniston [*sic*] and how our memory works? *From Experience to Meaning...* Disponível em: https://theeconomyofmeaning.com/2015/08/03/whats-the-link-between-jennifer-anniston-and-how-our-memory-works. Acesso em: ago. 2023

CLARK, Lucy. HGTV confirms what we suspected all along about home renovation shows. *House Digest*, 2 fev. 2022. Disponível em: https://housedigest.com/755007/hgtv-confirms-what-we-suspected-all-along--about-home-renovation-shows.

CLAVIN, Thomas. The good and bad of indulging in fantasy and daydreaming. *New York Times*, 28 jul. 1996. Disponível em: https://nytimes.

com/1996/07/28/nyregion/the-good-and-bad-of-indulging-in-fantasy-and-daydreaming.html.

DOUGLAS, Sylvie. Gen Z's dream job in the influencer industry. *The Indicator from Planet Money*, NPR, 26 abr. 2023. Disponível em: https://npr.org/transcripts/1170524085.

DUCHARME, Jamie. Why people are obsessed with the Royals, according to psychologists. *Time*, 16 maio 2018. Disponível em: https://time.com/5253199/royal-obsession-psychology.

EDITORS OF ENCYCLOPAEDIA BRITANNICA. Bernie Madoff: American hedge-fund investor. *Encyclopedia Britannica*. Disponível em: https://britannica.com/biography/Bernie-Madoff.

Finding top influencers: 4 influencer statistics to look for. *Traackr*, 16 mar. 2023. Disponível em: https://traackr.com/blog/finding-top-influencers-influencer-statistics.

GOLODRYGA, Bianna e BRADY, Jonann. Spielberg among the big names allegedly burned by Madoff in $50 billion fraud case. *ABC News*, 15 dez. 2008. Disponível em: https://abcnews.go.com/GMA/story?id=6463587.

GORDON, Marcy e ASSOCIATED PRESS. How Ponzi king Bernie Madoff conned investors and seduced regulators. *Fortune*, 15 abr. 2021. Disponível em: https://fortune.com/2021/04/15/how-ponzi-king-bernie-madoff-conned-investors-and-seduced-regulators.

GUGGENHEIM, Davis, dir. *An inconvenient truth*. Paramount Classics and Participant Productions, 2006.

HASSABIS, Demis; KUMARAN, Dharshan e MAGUIRE, Eleanor A. Using imagination to understand the neural basis of episodic memory. *Journal of Neuroscience*, v. 27, nº 52, pp. 14365–14374, dez. 2007. Disponível em: https://doi.org/10.1523/JNEUROSCI.4549-07.2007.

HENRICH, Joseph e GIL-WHITE, Francisco J. The evolution of prestige: freely conferred deference as a mechanism for enhancing the benefits of cultural transmission. *Evolution and Human Behavior*, v. 22, nº 3, pp. 165–196, maio 2001. Disponível em: https://doi.org/10.1016/S1090-5138(00)00071-4.

HENRIQUES, Diana B. e BERENSON, Alex. The 17th floor, where wealth went to vanish. *New York Times*, 14 dez. 2008. Disponível em: https://nytimes.com/2008/12/15/business/15madoff.html.

In Depth: Topics A to Z—environment. *Gallup*. Disponível em: https://news.gallup.com/poll/1615/environment.aspx. Acesso em: ago. 2023.

Industry Demographics. *Fantasy Sports & Gaming Association*. Disponível em: https://thefsga.org/industry-demographics. Acesso em: ago. 2023.

ISRAEL, Sarah. Top influencers in 2023: who to watch and why they're great. *Hootsuite*, 14 fev. 2023. Disponível em: https://blog.hootsuite.com/top-influencers.

JOHNSTON, Laura W. How *An Inconvenient Truth* expanded the climate change dialogue and reignited an ethical purpose in the United States. *Master's thesis, Georgetown University, 2013*. Disponível em: http://hdl.handle.net/10822/558371.

KAMMERLOHR, Emily. How home renovation shows have changed homebuying trends. *House Digest*, 31 jan. 2023. Disponível em: https://housedigest.com/723791/how-home-renovation-shows-have-changed-homebuying-trends.

KIGER, Patrick J. What *An Inconvenient Truth* got right (and wrong) about climate change. *HowStuffWorks*, 12 maio 2021. Disponível em: https://science.howstuffworks.com/environmental/conservation/conservationists/inconvenient-truth-sequel-al-gore.htm.

KURZIUS, Rachel. HGTV is making our homes boring and us sad, one study says. *Washington Post*, 7 jul. 2023. Disponível em: https://washingtonpost.com/home/2023/07/07/hgtv-makes-homes-boring-sad.

LEFTON, Terry. The story behind Gatorade's iconic Jordan campaign. *Sports Business Journal*, 11 out. 2021. Disponível em: https://sportsbusinessjournal.com/Journal/Issues/2021/10/11/In-Depth/Gatorade.

MAJD, Azadeh Hosseini. 10 best makeup influencers to watch in 2023. *Hoothemes*, 11 mar. 2023. Disponível em: https://hoothemes.com/makeup-influencers.

Market Size of the fantasy sports sector in the United States from 2013 to 2022, with a forecast for 2023. *Statista*, 11 maio 2023. Disponível em: https://statista.com/statistics/1175890/fantasy-sports-service-industry-market-size-us.

MARLON, Jennifer; NEYENS, Liz; JEFFERSON, Martial; HOWE, Peter; MILDENBERGER, Matto e LEISEROWITZ, Anthony. Yale climate opinion maps 2021. *Yale Program on Climate Change Communication*, 23 fev. 2022. Disponível em: https://climatecommunication.yale.edu/visualizations-data/ycom-us.

MCMARLIN, Shirley. How popular is Taylor Swift? It's the 2023 version of Beatlemania. *TribLive*, 13 jun. 2023. Disponível em: https://triblive.com/aande/music/theres-something-about-taylor-swift-fans-explain-singers-mass-appeal.

MOSCATELLO, Caitlin. Welcome to the era of very earnest parenting. *New York Times*, 13 maio 2023, atualizado em 31 maio 2023. Disponível em: https://nytimes.com/2023/05/13/style/millennial-earnest-parenting.html.

Most Valuable fashion brands. *FashionUnited*. Disponível em: https://fashionunited.com/i/most-valuable-fashion-brands. Acesso em: ago. 2023.

NPR STAFF. Transcript: Greta Thunberg's speech at the U.N. Climate Action Summit. *NPR*, 23 set. 2019. Disponível em: https://npr.org/2019/09/23/763452863/transcript-greta-thunbergs-speech-at-the-u-n-climate-action-summit.

Bibliografia

Number of fantasy sports players in the United States from 2015 to 2022. *Statista*, 11 maio 2023. Disponível em: https://statista.com/statistics/820976/fantasy-sports-players-usa.

Parahippocampal Gyrus. *ScienceDirect*. Disponível em: https://sciencedirect.com/topics/neuroscience/parahippocampal-gyrus. Acesso em: ago. 2023.

POMPLIANO, Joe. How four scientists created Gatorade and became billionaires. *Huddle Up*, 6 mar. 2023. Disponível em: https://huddleup.substack.com/p/how-four-scientists-created-gatorade.

SAAD, Lydia. Global warming attitudes frozen since 2016. *Gallup*, 5 abr. 2021. Disponível em: https://news.gallup.com/poll/343025/global-warming-attitudes-frozen-2016.aspx.

SABHERWAL, Anandita e VAN DER LINDEN, Sander. Great Thunberg effect: people familiar with young climate activist may be more likely to act. *The Conversation*, 4 fev. 2021. Disponível em: https://theconversation.com/greta-thunberg-effect-people-familiar-with-young-climate-activist-may-be-more-likely-to-act-154146.

SCHAEDLER, Jeremy. How obsessed with Zillow are you? A survey. *Surety First*, 7 abr. 2021. Disponível em: www.californiacontractorbonds.com/house-hunting-zillow-users.

SHERIDAN, Adam. The power of you: why distinctive brand assets are a driving force of creative effectiveness. *Ipsos*, fev. 2020. Disponível em: https://ipsos.com/sites/default/files/2022-03/power-of-you-ipsos.pdf.

SILVER, Laura. Americans see different global threats facing the country now than in March 2020. *Pew Research Center*, 6 jun. 2022. Disponível em: https://pewresearch.org/short-reads/2022/06/06/americans-see-different-global-threats-facing-the-country-now-than-in-march-2020.

TARGET Corporation. Target Corporation reports fourth quarter and full-year 2022 earnings. *Press release*, 28 fev. 2023. Disponível em:

https://corporate.target.com/press/releases/2023/02/Target-Corporation-Reports-Fourth-Quarter-and-Full.

Taylor Swift: the Eras Tour onsale explained. *Ticketmaster Business*, 19 nov. 2022. Disponível em: https://business.ticketmaster.com/business-solutions/taylor-swift-the-eras-tour-onsale-explained.

TERRELL, Ellen. The Black Monday stock market crash. *Library of Congress*. Disponível em: https://guides.loc.gov/this-month-in-business-history/october/black-monday-stock-market-crash. Acesso em: ago. 2023.

The Influencer Report: engaging Gen Z and Millennials. *Morning Consult*, nov. 2019. Disponível em: https://morningconsult.com/wp-content/uploads/2019/11/The-Influencer-Report-Engaging-Gen-Z-and-Millennials.pdf.

Then. Now. Always. *Folgers*. Disponível em: https://folgerscoffee.com/our-story/history. Acesso em: ago. 2023.

US influencer marketing spend (2019–2024). *Oberlo*. Disponível em: www.oberlo.com/statistics/influencer-marketing-spend. Acesso em: ago. 2023.

VANN, Seralynne D.; AGGLETON, John P. e MAGUIRE, Eleanor A. What does the retrosplenial cortex do? *Nature Reviews Neuroscience*, v. 10, pp. 792-802, 2009. Disponível em: https://doi.org/10.1038/nrn2733.

VENTROMEDIAL prefrontal cortex. *ScienceDirect*. Disponível em: https://sciencedirect.com/topics/neuroscience/ventromedial-prefrontal-cortex. Acesso em: ago. 2023.

WHAT were the most popular perfumes in the '70s? *Fragrance Outlet*. Disponível em: https://fragranceoutlet.com/blogs/article/what-were-the-most-popular-perfumes-in-the-70s. Acesso em: ago. 2023.

When was the word "influencer" added to the dictionary? *Atisfyreach*. Disponível em: https://blog.atisfyreach.com/when-was-the-word-influencer-added-to-the-dictionary. Acesso em: ago. 2023.

WILSON, Randy. Maxwell House coffee history. *FoodEditorials*. Disponível em: www.streetdirectory.com/food_editorials/beverages/coffee/maxwell_house_coffee_history.html. Acesso em: ago. 2023.

YANG, Stephanie. 5 years ago Bernie Madoff was sentenced to 150 years in prison — Here's how his scheme worked. *Business Insider India*, 2 jul. 2014. Disponível em: https://businessinsider.in/5-years-ago-bernie-madoff-was-sentenced-to-150-years-in-prison-heres-how-his-scheme-worked/articleshow/37604176.cms.

ZILLOW.com. *Similarweb*. Disponível em: https://similarweb.com/website/zillow.com/#traffic. Acesso em: ago. 2023.

CAPÍTULO 8: ABRACE O NOVO

BALLARD, John. 3 reasons Lululemon's growth is accelerating. *Motley Fool*, 10 jun. 2021. Disponível em: https://fool.com/investing/2021/06/10/3-reasons-lululemons-growth-is-accelerating.

BRUSSELMANS, Guy; BLASBERG, John e ROOT, James. The biggest contributor to brand growth. *Bain & Company*, 19 mar. 2014. Disponível em: https://bain.com/insights/the-biggest-contributor-to-brand-growth.

EVANS, Jonathan. Lululemon's ABC pants are a cult classic for a reason. *Esquire*, 26 out. 2022. Disponível em: https://esquire.com/style/mens-fashion/a41779660/lululemon-abc-pants-review-endorsement.

FARIA, Julia. Loyalty management market size worldwide from 2020 to 2029. *Statista*, 18 jul. 2023. Disponível em: https://statista.com/statistics/1295852/loyalty-management-market-size-world.

GALLAGHER, Jacob. A secret to Lululemon's success? Men who are obsessed with its pants. *Wall Street Journal*, 15 ago. 2022. Disponível em:

https://wsj.com/articles/lululemon-mens-pants-abc-commission-customer-growth-11660345934.

HISTORY. *Lululemon*. Disponível em: https://info.lululemon.com/about/our-story/history. Acesso em: ago. 2023.

KAVILANZ, Parija. Got a stash of Bed Bath & Beyond coupons? You'd better use them soon. *CNN Business*, 6 jan. 2023. Disponível em: https://cnn.com/2023/01/06/business/bed-bath-beyond-coupon-future/index.html.

LULULEMON Athletica. Lululemon athletica inc. announces fourth quarter and full year fiscal 2022 results. *Press release*, 28 mar. 2023. Disponível em: https://corporate.lululemon.com/media/press-releases/2023/03-28-2023-210523147.

MEYERSOHN, Nathaniel. Bed Bath & Beyond plans to liquidate all inventory and go out of business. *CNN Business*, 24 abr. 2023. Disponível em: https://cnn.com/2023/04/23/business/bed-bath-beyond-bankruptcy/index.html.

MORRIS, Chris. Overstock rebrands as Bed Bath & Beyond—and the big blue coupon lives on. *Fast Company*, 1º ago. 2023. Disponível em: https://fastcompany.com/90931179/overstock-branding-bed-bath-beyond-coupon-lives-on.

Our Heritage — Celebrating the last 75 years. *Tide*. Disponível em: https://tide.com/en-us/our-commitment/americas-number-one-detergent/our-heritage. Acesso em: ago. 2023.

PETRUZZI, Dominique. Leading home care brands' household penetration rates in the United States in 2022. *Statista*, 13 jun. 2023. Disponível em: https://statista.com/statistics/945305/home-care-brands-household-penetration-rates-us.

REICHHELD, Frederick F. The one number you need to grow. *Harvard Business Review*, dez. 2003. Disponível em: https://hbr.org/2003/12/the-one-number-you-need-to-grow.

TIGHE, D. Total number of Lululemon Athletica stores worldwide from 2019 to 2022, by country. *Statista*, 11 mai. 2023. Disponível em: https://statista.com/statistics/291231/number-of-lululemon-stores-worldwide-by-country.

WILSON, Chip. Lululemon Athletica: Chip Wilson. Interview by Guy Raz. *How I Built This*, NPR, 18 jun. 2018. Disponível em: https://npr.org/2018/06/14/620113439/lululemon-athletica-chip-wilson.

CAPÍTULO 9: DEIXE O FUNIL NO PASSADO

BLAKELY, Lindsay. How a $4,500 YouTube video turned into a $1 billion company. *Inc.*, jul. 2017. Disponível em: https://inc.com/magazine/201707/lindsay-blakely/how-i-did-it-michael-dubin-dollar-shave-club.html.

COSTA, Elísio; GIARDINI, Anna; SAVIN, Magda *et al.* Interventional tools to improve medication adherence: review of literature. *Patient Preference and Adherence*, v. 9, pp. 1303-1314, set. 2015. Disponível em: https://doi.org/10.2147/PPA.S87551.

DOLLAR Shave Club. Our blades are f***ing great. *YouTube*, 6 mar. 2012. Disponível em: https://youtube.com/watch?v=ZUG9qYTJMsI.

GEORGE, Maureen e BENDER, Bruce. New insights to improve treatment adherence in asthma and COPD. *Patient Preference and Adherence*, v. 13, pp. 1325-1334, 2019. Disponível em: https://doi.org/10.2147/PPA.S209532.

HANDLEY, Rachel. The marketing funnel: what it is & how it works. *Semrush Blog*, 3 mar. 2023. Disponível em: https://semrush.com/blog/marketing-funnel/#top-of-the-funnel-marketing.

KIM, Jennifer; COMBS, Kelsy; DOWNS, Jonathan e TILLMAN III, Frank. Medication adherence: the elephant in the room. *U.S. Pharmacist*, nov. 2023. Disponível em: https://uspharmacist.com/article/medication-adherence-the-elephant-in-the-room.

KLEIN, Dan. Medication non-adherence: a common and costly problem. *PAN Foundation*, 2 jun. 2020. Disponível em: https://panfoundation.org/medication-non-adherence.

Marketing funnel. *Sprout Social*. Disponível em: https://sproutsocial.com/glossary/marketing-funnel. Acesso em: ago. 2023

MATTHEWS, Chris e MITCHELL, Andrea. "Hardball with Chris Matthews" for July 27 11 pm. *NBC News*, 28 jul. 2004. Disponível em: https://nbcnews.com/id/wbna5537683.

OBAMA, Barack. Barack Obama's keynote address at the 2004 Democratic National Convention. *PBS NewsHour*, 27 jul. 2004. Disponível em: https://pbs.org/newshour/show/barack-obamas-keynote-address-at-the-2004-democratic-national-convention.

PARKES, Gary; GREENHALGH, Trisha; GRIFFIN, Mark e DENT, Richard. Effect on smoking quit rate of telling patients their lung age: The Step2quit randomized controlled trial. *BMJ*, 13 mar. 2008. Disponível em: www.bmj.com/content/336/7644/598/rapid-responses.

RITSON, Mark. If you think the sales funnel is dead, you've mistaken tactics for strategy. *MarketingWeek*, 6 abr. 2016. Disponível em: https://marketingweek.com/mark-ritson-if-you-think-the-sales-funnel-is-dead-youve-mistaken-tactics-for-strategy.

Ronald Reagan Presidential Foundation & Institute. October 21, 1984: Reagan quotes and speeches: Debate between the President and former Vice President Walter F. Mondale in Kansas City, Missouri. Disponível em: https://reaganfoundation.org/ronald-reagan/reagan-quotes-speeches/debate-between-the-president-and-former-vice-president-walter-f-mondale-in-kansas-city-missouri. Acesso em: ago. 2023.

Sales funnel vs. marketing funnel: what's the difference? *LinkedIn Sales Blog*, 13 jul. 2022. Disponível em: https://linkedin.com/business/sales/blog/management/sales-funnel-versus-marketing-funnel.

SEPULVADO, John. Obama's "overnight success" in 2004 was a year in the making. *OPB*, 19 maio 2016. Disponível em: https://opb.org/news/series/election-2016/president-barack-obama-2004-convention-speech-legacy.

U.S. Razor market. *Prescient & Strategic Intelligence*, jun. 2022. Disponível em: https://psmarketresearch.com/market-analysis/us-razor-market-demand.

WEISSMANN, Jordan. Beyond the bayonets: what Romney had right and wrong about our Navy. *The Atlantic*, 23 out. 2012. Disponível em: https://theatlantic.com/business/archive/2012/10/beyond-the-bayonetswhat-romney-had-right-and-wrong-about-our-navy/264025.

CAPÍTULO 10: A MARCA IMORTAL

ABELSON, Reed. Wal-Mart's health care struggle is corporate America's, too. *New York Times*, 29 out. 2005. Disponível em: https://nytimes.com/2005/10/29/business/businessspecial2/walmarts-health-care-struggle-is-corporate.html.

AXE. *Unilever*. Disponível em: www.unileverusa.com/brands/personal-care/axe. Acesso em: 11 ago. 2024.

BAERTLEIN, Lisa. U.S. grocers add plexiglass sneeze guards to protect cashiers from coronavirus. *Reuters*, 30 mar. 2020. Disponível em: https://reuters.com/article/us-health-coronavirus-kroger/u-s-grocers-add-plexiglass-sneeze-guards-to-protect-cashiers-from-coronavirus-idUSKBN21H3G1.

BAKER, Jackson e AYYAPPAN, Anjali. Walmart's history and economic cycle. *Sutori*. Disponível em: https://sutori.com/en/story/walmart-s-history-and-economic-cycle--FiQ3F95hiK0eeF41hWDmDYdD.

BARRERA, Daniela. Walmart minimum wages: how much did the retail giant increase their employees' wages by? *AS USA*, 9 maio 2023. Disponível em: https://en.as.com/latest_news/walmart-minimum-wages-how-much-did-the-retail-giant-increase-their-employees-wages-by-n.

BLODGET, Henry. Walmart employs 1% of America. Should it be forced to pay its employees more? *Business Insider*, 20 set. 2010. Disponível em: https://businessinsider.com/walmart-employees-pay.

BOMEY, Nathan. Walmart boosts minimum wage again, hands out $1,000 bonuses. *USA Today*, 11 jan. 2018. Disponível em: https://usatoday.com/story/money/2018/01/11/walmart-boosts-minimum-wage-11-hands-out-bonuses-up-1-000-hourly-workers/1023606001.

BROWN, Abram. Facebook's new metaverse project will cost "billions" of dollars. *Forbes*, 28 jul. 2021. Disponível em: https://forbes.com/sites/abrambrown/2021/07/28/facebook-metaverse.

BROWN, Stillman. Twenty 100+ year old American brands still making awesome, authentic products. *Primer*. Disponível em: https://primer-magazine.com/2020/learn/100-year-old-american-brands. Acesso em: ago. 2023.

CHURCH, Bianca. Iconic brands that have prospered for over 100 years. *Truly Belong*, 16 nov. 2020. Disponível em: https://trulybelong.com/lifestyle/2020/11/16/iconic-brands-that-have-prospered-for-over-100-years.

CONICK, Hal. Philip Kotler, the father of modern marketing, will never retire. *American Marketing Association*, 12 dez. 2018. Disponível em: https://ama.org/marketing-news/philip-kotler-the-father-of-modern-marketing-will-never-retire.

FITZPATRICK, Alex e DAVIS, Erin. The most popular grocery stores in the U.S. *Axios*, 20 abr. 2023. Disponível em: https://axios.com/2023/04/20/most-popular-grocery-stores.

Bibliografia

Fortune 500: Walmart, rank 1. *Fortune*. Disponível em: https://fortune.com/company/walmart/fortune500. Acesso em: ago. 2023.

GODDIES, Samantha. 10 largest paper towel brands in the United States. *Zippia*, 16 jun. 2021. Disponível em: https://zippia.com/advice/largest-paper-towel-brands.

GUEST WRITER SERIES. The history of Old Spice. *The Razor Company*, 10 maio 2023. Disponível em: https://therazorcompany.com/blogs/history-of-wet-shaving/the-history-of-old-spice.

HARRIS, Richard. White House announces new social distancing guidelines around coronavirus. *NPR*, 16 mar. 2020. Disponível em: https://npr.org/2020/03/16/816658125/white-house-announces-new-social-distancing-guidelines-around-coronavirus.

HERN, Alex. Mark Zuckerberg's metaverse vision is over. Can Apple save it? *The Guardian*, 21 maio 2023. Disponível em: https://theguardian.com/technology/2023/may/21/mark-zuckerbergs-metaverse-vision-is-over-can-apple-save-it.

HESS, Amanda. The pandemic ad salutes you. *New York Times*, 22 maio 2020, atualizado em 28 maio 2020. Disponível em: https://nytimes.com/2020/05/22/arts/pandemic-ads-salute-you.html.

KIM, Lisa. Facebook announces new name: Meta. *Forbes*, 28 out. 2021. Disponível em: https://forbes.com/sites/lisakim/2021/10/28/facebook-announces-new-name-meta.

KURTZLEBEN, Danielle. Walmart struggles to overcome environmental criticism. *U.S. News & World Report*, 20 abr. 2012. Disponível em: https://usnews.com/news/articles/2012/04/20/walmart-struggles-to--overcome-environmental-criticism.

LEONE, Chris. How much should you budget for marketing in 2023? *WebStrategies*, 11 nov. 2022. Disponível em: https://webstrategiesinc.com/blog/how-much-budget-for-on-line-marketing.

LOCATION FACTS. *Walmart Corporate*. Disponível em: https://corporate.walmart.com/about/location-facts. Acesso em: ago. 2023.

MEISENZAHL, Mary. Walmart grew ecommerce sales 24% in Q2. *Digital Commerce 360*, 17 ago. 2023. Disponível em: https://digitalcommerce360.com/article/walmart-on-line-sales.

NEFF, Jack. The battle of the brands: Old Spice vs. Axe. *AdAge*, 17 nov. 2008. Disponível em: https://adage.com/article/news/battle-brands-spice-axe/132559.

Old Spice Guy Brings 107% Increase In Sales. *Kinesis*. Disponível em: https://kinesisinc.com/old-spice-guy-brings-107-increase-in-sales. Acesso em: ago. 2023.

Old Spice: Smell Like A Man, Man. *Wieden+Kennedy*, fev. 2010. Disponível em: https://wk.com/work/old-spice-smell-like-a-man-man.

Procter & Gamble Revenue 2010–2023 | PG. *Macrotrends*. Disponível em: https://macrotrends.net/stocks/charts/PG/procter-gamble/revenue

RUPE, Susan. How Walmart is taking on the cost of employee health care with "innovation". *Insurance Newsnet*, 16 mar. 2023. Disponível em: https://insurancenewsnet.com/innarticle/how-walmart-is-taking-on-the-cost-of-employee-health-care-with-innovation.

SEGAL, Edward. How Walmart is responding to covid-related challenges. *Forbes*, 1º set. 2021. Disponível em: https://forbes.com/sites/edwardsegal/2021/09/01/how-covid-repeatedly-put-walmart-to-the-test.

SMITH, Matt. Store and club associates adapt after the first week of social distancing. *Walmart Corporate Affairs*, 24 mar. 2020. Disponível em: https://corporate.walmart.com/newsroom/2020/03/24/store-and-club-associates-adapt-after-the-first-week-of-social-distancing.

SPECTOR, Nicole. 100-year-old companies still in business today. *GOBankingRates*, 5 jun. 2023. Disponível em: https://gobankingrates.com/money/business/big-name-brands-around-century.

Bibliografia

The Procter & Gamble Company—Company Profile, Information, Business Description, History, Background Information on the Procter & Gamble Company. *Reference for Business Company History Index*. Disponível em: https://referenceforbusiness.com/history2/83/The-Procter-Gamble-Company.html. Acesso em: ago. 2023.

TIGHE, D. Leading 100 retailers in the United States in 2022, based on U.S. retail sales. *Statista*, 12 jul. 2023. Disponível em: https://statista.com/statistics/195992/usa-retail-sales-of-the-top-retailers.

US Digital Ad Spend Grew Faster Last Year Than At Any Point in the Previous 15 Years. *Marketing Charts*, 18 maio 2022. Disponível em: https://marketingcharts.com/advertising-trends/spending-and-spenders-225723.

VALINSKY, Jordan. Walmart, Albertsons, Kroger and Whole Foods are adding sneeze guards to checkout lanes. *CNN Business*, 23 nov. 2020. Disponível em: https://cnn.com/2020/03/25/business/walmart-kroger-changes-coronavirus-wellness/index.html.

Walmart Revenue 2010–2023 | WMT. *Macrotrends*. Disponível em: https://macrotrends.net/stocks/charts/WMT/walmart/revenue. Acesso em: ago. 2023.

Impressão e Acabamento:
GRÁFICA GRAFILAR